Sineb El Masrar

Muslim Girls

DAS BUCH

Selbstbewusst, selbstbestimmt und lebensfroh!
Da sind sie nicht anders als ihre deutsch-deutschen Altersgenossinnen. Sie studieren und arbeiten nicht nur, sie sind auch Privatsekretärin ihrer in Bürokratiefragen oft unbeholfenen Eltern. Man trifft sie in Moscheen oder auf Partys. Sie flirten mit Mehmet, Christoph oder Enrico. Sie sind Mütter, Macherinnen und Muslima 2.0 und alles andere als Opfer, denn sie nehmen ihr Leben selbst in die Hand. Mit oder ohne Kopftuch. Was Leyla, Suheila oder Hatice hervorhebt, sind die erschwerten Ausgangbedingungen, denen sie häufig unterworfen sind. Chronisch unterschätzt werden sie von so manchem Elternhaus, Lehrer, Professor oder Arbeitgeber, die sich als Bildungs- und Aufstiegsbremse entpuppen. Das alles hindert sie aber nicht daran, hartnäckig und mit viel Durchhaltevermögen ihre Ziele zu verfolgen.
Sineb El Masrar erzählt, wie muslimische Frauen hierzulande ihr Leben leben. Wie sie um Unabhängigkeit kämpfen und wo sie ihren Platz in der Gesellschaft sehen. Ihr Bild in der Öffentlichkeit trifft nicht die Lebenswirklichkeit vieler junger Musliminnen. Sineb El Masrar spricht aus, was viele von ihnen denken: Augen auf, wir sind längst angekommen!

DIE AUTORIN

Sineb El Masrar wurde 1981 als Tochter marokkanischer Einwanderer in Hannover geboren. 2006 gründete sie das multikulturelle Frauenmagazin Gazelle (*www.gazelle-magazin.de*); sie ist Herausgeberin und Chefredakteurin. 2006 saß sie in der Arbeitsgruppe »Medien und Integration« im Kanzleramt. Von 2010–2013 war sie Teilnehmerin der Deutschen Islam Konferenz. Sie lebt heute in Berlin und wurde 2011 mit dem European Muslim Women of Influence Award ausgezeichnet und 2014 ins Kuratorium »Interkultur Ruhr« berufen.

Sineb El Masrar

MUSLIM GIRLS

Wer sie sind, wie sie leben

HERDER

FREIBURG · BASEL · WIEN

HERDER spektrum Band 6779

MIX
Papier aus verantwor-
tungsvollen Quellen
FSC® C083411
www.fsc.org

Aktualisierte und erweiterte Neuausgabe
des gleichnamigen Buches von 2010

©Verlag Herder GmbH, Freiburg im Breisgau 2015
Alle Rechte vorbehalten
www.herder.de
Dieses Werk wurde vermittelt durch die
AVA international GmbH Autoren- und Verlagsagentur, München.

Umschlaggestaltung: Designbüro Gestaltungssaal
Umschlagmotiv: © shutterstock

Satz: Arnold & Domnick, Leipzig
Herstellung: CPI books GmbH, Leck

Printed in Germany

ISBN 978-3-451-06779-2

Für meine Mutter!
Und all den Muslim Girls dieser Welt!
Go for it!

INHALT

»Es ist leichter, einen Atomkern
zu zertrümmern als ein Vorurteil.«
Albert Einstein

MUSLIM GIRLS GO NOBELPREIS

Woran denken Sie, wenn Sie an muslimische Mädchen und Frauen denken? An die schöne, geheimnisvolle und spitzfindige Scheherazade, oder kommt Ihnen das Bild eines gequälten und unterdrückten Geschöpfs in den Sinn? Haben Sie sich dabei auch schon gefragt, warum Sie ausgerechnet diese Fantasien vor Ihrem inneren Auge mit sich herumtragen? Keine Sorge! Auf fast alles gibt es Antworten, und zum Thema Muslima oder Muslim Girls, wie ich sie im vorliegenden Buch bezeichne, halten Sie hilfreiche Lektüre in der Hand. Hier finden Sie fast alle Antworten zum Thema Muslimas in Deutschland und deren Herkunftsländern geballt zusammengefasst. Und sollte eine Frage unbeantwortet bleiben, dann werden Sie nach der Lektüre verstehen, warum. Nun fragen Sie sich mit Sicherheit, welches Muslim Girl Ihnen persönlich bekannt ist. Berechtigte Frage. Schließlich sind diese Geschöpfe in aller Munde. Das wohl bekannteste Muslim Girl unserer Tage ist die Friedens-Nobelpreisträgerin Malala Yousafzai – mit gerade einmal 17 Jahren. Damit ist die Pakistanerin die jüngste Nobelpreisträgerin der Geschichte. Diese Ehre teilt sie sich sogar mit weiteren Muslim Girls. Genau genommen Muslim Women. Von insgesamt 16 ausgezeichneten Frauen erhielten in den letzten Jahren zwei weitere Muslimas diesen Preis: 2003 die iranische Menschenrechtlerin Shirin Ebadi und 2011 die jemenitische Frauenrechtlerin Tawakkol Karman. Im Jahre 2009 überreichte das Nobelpreiskomitee dem amerikanischen Präsidenten Barack Obama diese Auszeichnung für seine Verdienste um die »außergewöhnlichen Bemühungen, die internationale Diplomatie und die Zusammenarbeit zwischen den Völkern«. Nun brennt es immer noch allerorten auf unserer Welt – trotz seiner Bemühungen –, aber als erster kongo-amerikanischer US-Präsident kann Mann sich schon mal zu Beginn der Amtszeit einen Nobelpreis verdienen. Schließlich erntet so mancher Zeitgenosse Lorbeeren, bevor er sie überhaupt ausgesät hat. Ganz anders bei Malala Yousafzai aus dem pakistanischen Swat-Tal. Sie musste den Kampf um Bildung beinahe mit ihrem Leben bezahlen. Es ist der 09. Oktober, als die Taliban den ebenso feigen wie menschenverachtenden Entschluss treffen, den Schulbus mit ihren Mitschülerinnen anzugreifen und gezielt nach Malala zu fragen, um sie eiskalt zu erschießen. Sie überlebt wie durch ein Wunder. Der Schuss, der tödlich sein sollte, bohrt sich durch das Trommelfell in ihren Hals und bleibt tief in der Schulter stecken. Alles nachzulesen in der Biografie *Ich bin Malala*. Sie ist ein Kind an der Schwelle zum Erwachsenwerden. Wer so früh so viel erlebt hat, wird gezwungenermaßen schneller erwachsen. Nichtsdestotrotz bleibt Malala ein junges Mädchen, das Cupcakes und Pizza genauso mag wie die Musik von Teenieschwarm Justin Bieber. Ein typisches Muslim Girl, wie man sie allerorten antrifft. Die vermeintlichen Widersprüche sind nur auf den ersten Blick Widersprüche. Malala Yousafzai ist gläubige Muslima, die mit Stolz stets die weibliche Landeskleidung Salwar Kamiz – zu Deutsch Hose und Hemd – trägt. Dazu ein langes, locker um den Kopf gelegtes Tuch. Auf den Islam angesprochen sagte sie in der Dokumentation *Angeschossen – Malala, das Mädchen aus Pakistan* von Filmemacherin Alicia Arce: »Der Islam lehrt uns den Frieden!« Und mensch wünscht sich, dass die Taliban und andere fanatische Gestalten dieser Erde, die ihre frauenverachtende Ideologie mit dem islamischen Glauben begründen, diese Botschaft vernehmen und sie endlich verinnerlichen. Aber das bleibt wohl ein sehnsüchtiger Traum. Heute lebt Malala Yousafzai mit ihrer Familie in England und geht zur Schule wie zahlreiche andere Muslim Girls in Europa auch. Sie ist ein

Flüchtling der besonderen Art. Eine, wie es sie wohl nur sehr selten gibt. Doch das junge Mädchen mit der besonderen Auszeichnung musste ihre geliebte Heimat verlassen, um ein sicheres Leben leben und vielleicht dank ihres Engagements eines Tages in ein friedlicheres Pakistan zurückkehren zu können. Ob und wie, das wird allein die Zukunft zeigen. Bis dahin braucht es Menschen und Staaten, die ausgestoßene, verfolgte und bedrohte Menschen aufnehmen und ihnen ein Zuhause bieten. Anstatt gegen sie anzubrüllen wie die Anhänger von Pegida (Patriotische Europäer gegen die Islamisierung des Abendlands). Menschen, wie arm und ungebildet sie auch sein mögen, verdienen genauso Respekt wie Menschen, die das Bruttosozialprodukt ankurbeln. Das nennt sich Menschlichkeit und sollte für ein aufgeklärtes Europa eigentlich selbstverständlich sein. Schließlich wollte man doch schon immer die Welt außerhalb Europas zivilisieren. Daher wäre es nur angebracht, die eigenen Maßstäbe auch vorzuleben. Immer vorausgesetzt, es ging und geht einem wirklich nicht nur um die Ausbeutung fremder Bodenschätze und Arbeitskräfte. Dass so manches Muslim Girl in Deutschland nicht nur leere Worthülsen produziert, sondern so handelt, wie zivilisierte Menschen sich verhalten sollten, hat der Einsatz der Deutsch-Türkin Tuğçe Albayrak gezeigt. Ihre Zivilcourage bezahlte sie mit ihrem Leben. Die damals 23-jährige Studentin, die Lehrerin werden wollte, kam im November 2014 in einem Offenbacher Schnellrestaurant anderen Mädchen zu Hilfe, die von dem 18-jährigen Sanel M. belästigt wurden. Sanel, in seinem falschen Stolz verletzt, trat so sehr auf Tuğçe ein, dass sie später im Krankenhaus ihren Verletzungen erlag. Sanel M. war in seinem Leben gescheitert, im Gegensatz zu ihr. Ein Schulabbrecher, der zum Tatzeitpunkt bereits vier Mal wegen Körperverletzung und Diebstahl verurteilt worden war. Beide haben nur eines gemeinsam: ihre türkischen Wurzeln. Beide beweisen, dass ethnische und religiöse Herkunft nichts über den zukünftigen Werdegang aussagen. Das soziale Umfeld, die Familie und Bildung sind die entscheidenden Faktoren, die jeden Einzelnen von uns entscheidend beeinflussen. In Zeiten von Islam- und Integrationsdebatten eine wichtige Tatsache, die allzu gern übersehen wird. Es scheint so viel einfacher, Versagen mit der ethnischen Herkunft, der Hautfarbe oder der Religionszugehörigkeit zu erklären. Rassismus wäre ein Megabestseller, würde er in Regalen zum Verkauf angeboten. Doch er ist perfide. Er hat sich in unseren Gedanken eingenistet. Egal für wie aufgeklärt, links oder liberal wir uns auch halten mögen. Er schleicht sich immer wieder in Form eines unguten Bauchgefühls ein. Niemand ist frei von ihm. Doch wir sind dazu fähig, ihn zu erkennen und ihn in seine Schranken zu weisen, wenn er sich heranschleicht und sich uns als die universelle Antwort präsentieren will. Ein Kampf, den zu kämpfen es sich lohnt. Ohne Waffen, nur mit der Kraft des Willens. Es gibt viele weitere Arten von Kämpfen. Kämpfe um Anerkennung, Freiheit und Teilhabe.

Alle Mädchen und Frauen, die sich Tag für Tag dafür einsetzen, haben gezeigt – und tun es noch heute – was es bedeutet zu kämpfen. Manche von ihnen bleiben uns mit ihrem engagierten Handeln ewig in Erinnerung und mahnen uns, nicht wegzusehen, wenn Hilfe notwendig ist. Andere kämpfen eisern für Gleichberechtigung, so lange es ihnen möglich ist. Allen ist gemein, dass sie uns daran erinnern, wie wichtig es ist, unsere Erfahrungen zu teilen. Sie nicht zu begraben und andere Hilfsbedürftige nicht links liegen zu lassen. Viele der heute hier lebenden Muslim Girls sind einstige Flüchtlinge aus dem Iran, Irak, Afghanistan, Sudan, Palästina oder Bosnien. Andere sind im Schoße einer sogenannten Gastarbeiterfamilie aufgewachsen, wieder andere hat der Wunsch nach einer guten Ausbildung nach Deutschland gebracht. Sie alle eint die Erfahrung, was es bedeutet, auf die Aufnahmegesellschaft zu wirken und auf sie angewiesen zu sein. Sonderbar haben wir Muslim Girls und unsere Familien in unserem Aussehen, Glauben und Sprachen sowie Essgewohnheiten auf diese oftmals gewirkt. Als

Neuankömmlinge waren wir oft mit all der Bürokratie überfordert, die auf uns einschlug. Nicht selten waren es wir jungen Muslim Girls, die unseren Familien in all diesen Korrespondenzen und Terminen – selbst noch nicht fit genug in der Sprache – beistanden und es bis heute noch tun. Heute sind wir Muslim Girls der 1970er-, 1980er- oder 1990er-Jahre oftmals angekommen in dieser Gesellschaft, der wir leider oft genug noch fremd vorkommen, wenn wir das Haar verhüllen oder uns außergewöhnlich kleiden. Es ist schmerzhaft, wie im Zuge von IS-Terror und der Berichterstattung über diese barbarische Terrorgruppe hierzulande Frauen, die Kopftücher tragen, gewalttätig angefeindet und bespuckt werden. Es kann jedes Muslim Girl treffen, die als Ausdruck ihres Glaubens die Verhüllung wählt. Sei sie nun von Geburt an Muslima oder zum Islam konvertiert. Und trotz dieser Erfahrungen können und sollten Muslim Girls Verantwortung übernehmen. Denn für jeden Menschen sollte verbindlich gelten: Bedürftigen zu helfen. Unsere Erfahrungen als Einwanderer und Nachkommen von Einwanderern und Flüchtlingen bieten uns trotz manch erlebter Ablehnung die Möglichkeiten, anderen die Hand zu reichen, sie an unseren Erfahrungen teilhaben zu lassen, ihnen den Weg in der neuen Gesellschaft zu ebnen, damit sie schnell Teil ihres neues Zuhauses werden, um wieder anderen zu helfen und der Verbitterung keine Chance zu geben. Selbstständig zu werden, um die Last nicht wieder an noch junge Muslim Girls weiterzugeben. Die aktuellen Flüchtlingsströme sind so hoch wie seit dem Zweiten Weltkrieg nicht mehr. Wichtiger denn je wird es sein, diesen Menschen beizustehen. Niemand wünscht sich, mit menschlicher Kälte konfrontiert zu werden.

Vieles, was sogenannte Muslim Girls erlebt haben, werden Einwanderer und Flüchtlinge in Zukunft hierzulande ebenfalls durchleben müssen, die aufgrund von Vertreibung, Krieg, wirtschaftlicher Verbesserung, Liebesheirat oder um der Selbstverwirklichung willen ihren Weg nach Deutschland antraten. Es wäre unmenschlich und egoistisch, unsere Erfahrungen mit diesen Menschen nicht zu teilen. Schließlich waren auch wir einst auf Menschen angewiesen, die uns ihre helfenden Hände ausstreckten. Das waren nicht immer Muslime, und wir sind ihnen bis heute zu Dank verpflichtet.

In diesem Sinne: Lasst uns einander mit Respekt und auf Augenhöhe begegnen. Egal, woran wer glauben oder nicht glauben mag! So lässt es sich nämlich besser und schöner leben.

IHR MUSLIM GIRL
SINEB EL MASRAR

1. GESTATTEN, MUSLIM GIRLS!

Wer sind die? Woher kommen die? Was wollen die?

Da sind wir also! Diese Horde dahergelaufener Terrorismus-Sympathisantinnen. Die sich mit ihren muslimischen Männern wie die Karnickel vermehren, ein Kopftuchmädchen nach dem anderen produzieren und willenlos in der Küche des Hauses auf die Befehle ihrer Väter, Brüder und Ehemänner warten. Um dann noch schamlos das deutsche Sozialsystem wie eine reife Zitrone auszuquetschen. Wenn Sie derlei oder ähnliche Bekenntnisse auf den kommenden Seiten erwarten, dann sollten Sie dringend weiterlesen – zwecks Horizonterweiterung!

Wir sind heute überall. Wir, die Muslim Girls, die nicht nur in der islamischen Welt zu Hause sind, sondern seit Jahrzehnten auch in Deutschland. Ich zum Beispiel habe die Schallmauer der großen »Drei Null« durchbrochen, lebe genauso lange in Deutschland und wahrscheinlich werden es sogar noch ein paar Jahre mehr. Und da bin ich nicht die Einzige.

Die Chancen sind groß, dass Sie eine wie mich kennenlernen. Früher oder später trifft eigentlich jeder auf uns Muslim Girls. Doch wer uns nur verstohlen aus der Ferne – in der Bahn, beim Einkaufen oder beim Arzt – beobachtet, trägt meist einen Sack voll Fragen mit sich herum: Wer sind die? Woher kommen die? Was wollen die?

Und wenn wir bei *H&M*, bei *Lidl* oder *Rossmann* zusammen zwischen den Regalen oder in der Schlange an der Kasse stehen, dann schwirren manchem Kunden und Verkäufer Fragen wie diese durch den Kopf: Ist die wohl schon zwangsverheiratet? Darf die hier eigentlich ohne männliche Begleitung herumlaufen? Oder liegt das

Einkaufszentrum noch im Radius dieser legendären und von CDU-Politiker Wolfgang Bosbach oft zitierten »Kamel-Fatwa«?

Manche wissen so gut wie nichts über uns, aber die »Kamel-Fatwa«, die kennen sie: Jene Regel, die einer Frau erlaubt, sich nur so weit von ihrem Haus zu entfernen, wie ein Kamel an einem Tag an Schritten zurücklegen kann.

Doch nur wenige wissen, dass eine Kamelkarawane in 24 Stunden etwa 81 Kilometer zurücklegen kann. Im dicht besiedelten Deutschland kommen wir da an vielen Einkaufszentren vorbei, erst recht im Ruhrgebiet, wo so viele von uns leben. Und die allerwenigsten »Kenner« dieser Fatwa werden wissen, dass es sich dabei keineswegs um ein allgemeingültiges islamisches Gesetz handelt, sondern dass es von einem einzelnen syrischen Koranübersetzer namens Amir Zaidan aus Hessen stammt: Der war 1998 von mehreren volljährigen Oberstufenschülerinnen gefragt worden, ob sie eine zweiwöchige Klassenfahrt nach Spanien mitmachen dürften. Sein Urteil lautete, dass eine Teilnahme an derartigen schulischen Veranstaltungen ohne männliche Verwandte nicht erlaubt sei.

Muslim Girls sind alle so furchtbar schleierhaft

Ach je, seufzt der Laie, bei den Muslim Girls ist alles so furchtbar schleierhaft. Prompt vergisst der deutsch-deutsche Kunde hinter uns an der Kasse, die Tampons für seine Frau einzukaufen, während er aus dem Anstarrmodus nicht mehr herauskommt. Aber wenn jetzt ein Drogerie-Manager glaubt, die Antwort auf seine sinkenden Umsätze gefunden zu haben, dann muss ich ihn leider enttäuschen: An uns liegt es definitiv nicht! Wir nämlich lieben Drogerien und Parfümerien. Wir kaufen euch die Läden leer, wenn ihr nicht rechtzeitig für Nachschub sorgt. Wenn etwas in unseren Herkunftsländern floriert, dann Kosmetikprodukte. Achten Sie mal darauf, in Ihrem nächsten Badeurlaub in der Türkei, in Tunesien und in

Marokko oder in Ihrem Kultururlaub im Iran oder in Ägypten. Die ganzen Fläschchen, Döschen und Tuben – die werden nicht nur von Touristen gekauft.

Doch das ist nur eine Facette unserer Realität. Muslim Girls sind nicht nur Kosmetik- und Modeliebhaberinnen mit unnachgiebiger Zupfgenauigkeit. Nein, wir lieben es auch, zu lauter amerikanischer, iranischer, türkischer, arabischer oder auch deutscher Musik zu tanzen. Wir lernen ununterbrochen für unsere Schultests, Masterarbeiten, Ausbildungsprüfungen. Forschen bis zur Erschöpfung für unsere Doktorarbeiten. Haben nach unbezahlten Praktika und Jahren der Arbeitslosigkeit keine Lust mehr drauf. Fluchen auf dem Damenklo in einer Mischung aus Deutsch, Arabisch, Türkisch oder Bosnisch über unseren sexistischen Arbeitskollegen.

Nicht selten plagen uns auch noch Selbstzweifel, ob wir unsere Sache überhaupt gut genug machen. Nach Mr. Right suchen wir nebenbei auch. Der darf ruhig auch mal ein wenig Macho sein. Aber bitte auf keinen Fall in den eigenen vier Wänden.

Wir lieben unsere Heimatstädte wie Düsseldorf, Köln, Duisburg oder Hamburg und finden, dass keine andere Stadt sie toppen kann. Wir haben Heimweh, wenn es uns von Düsseldorf nach Berlin verschlägt, und zählen die Tage, bis es wieder zurückgeht.

Wir posten ununterbrochen bei *Facebook*, stellen mehr oder weniger geistreiche Kommentare unter die Statusmeldungen unserer virtuellen Freunde und finden das mit erhobenem Daumen zu allem Überfluss auch noch gut. Zudem gestehen wir widerspruchslos unsere Internetsucht ein.

Eine homogene Gruppe sind wir schon mal gar nicht

Es gibt das erfolgshungrige *High-Potential-Muslim-Girl*. Immer mit einem Ziel vor Augen, arbeitet sie hart und viel. Wenn sie gläubig ist, dann lebt sie ihren muslimischen Glauben oft in Phasen; je älter sie wird, desto gläubiger wird sie. Familie und Kinder sind ihr genauso wichtig wie ihre Karriere. Wenn der Mann dabei nicht hilft oder sogar stört, wird er auch mal abserviert. Zur Not geht sie als Alleinerziehende ihren Weg. Modebewusst und konsumfreudig, ist sie der Traum eines jeden Warenherstellers. Sie will viel und das Beste – nicht nur für sich. Dabei ist sie stets kreativ und weiß Mode und auch Verhüllung in Form ihres Kopftuchs oder Schals immer zu kombinieren.

Es gibt das bodenständige *Natural-Muslim-Girl*. Sie möchte ebenfalls Familie und Beruf vereinen. Stößt sie dabei (meist beruflich) auf Hindernisse, bleibt sie pragmatisch und füllt im Zweifel einfach ihre Rolle als Mutter und Hausfrau mit viel Engagement und Energie aus. Wenn sie gläubig ist, bemüht sie sich, mit oder ohne Kopftuch, den Pflichten ihres Glaubens nachzukommen. Sie ist humorvoll, hilfsbereit und engagiert sich, wenn möglich, gerne sozial. Sie ist gepflegt, aber Mode ist ihr prinzipiell egal.

Es gibt das stolze *Black-Beauty-Muslim-Girl* im langen Schwarzen. Sie trägt als Ausdruck ihres Glaubens bewusst den Niqab oder Hidschah, einen überlangen und dunklen Überwurf, der nur die Augen oder das Gesicht unverhüllt lässt. Manche von ihnen verfügen über einen guten Bildungsgrad und praktizieren ihren Glauben entsprechend engagiert, manchmal auch ein bisschen übereifrig. Wenn sie will, kann sie sehr humorvoll sein. Berufstätig ist sie aufgrund ihrer »abschreckenden« Kleidung in den seltensten Fällen. Sie sieht sich ohnehin als Ehefrau und Mutter in ihrer vorbestimmten Rolle und bemüht sich, ihren Kindern viel über den Glauben beizubringen. Aber auch schulisch unterstützt sie ihren Nachwuchs.

Es gibt das nervtötende *Muslim-It-Girl* mit wenig Grips. Sie widmet die meiste Aufmerksamkeit ihrem Äußeren und den Männern, durchforstet die Mode- und Handyshops Deutschlands. Da wird gefeilt, geschminkt, operiert und vor allem »geposed«, was das Zeug hält. Glücklich ist sie, solange sie sich präsentieren darf und man ihr dafür applaudiert. Berufswunsch ist Model, Moderatorin, Schauspielerin, It-Girl oder Frau eines reichen Mannes. Manche schaffen sogar einen Universitätsabschluss, bei dem man sich aber nach einem kurzen Gespräch fragt, in welchem Shop sie diesen erstanden hat. Weil Regeln sie langweilen, spielt der Glaube in ihrem Leben keine Rolle. Wenn sie Kopftuch trägt, dann nur als Kompromiss, zum Schein für ihre Familie oder als modisches Accessoire – schließlich ist Aufmerksamkeit damit garantiert. Nicht selten ist sie egoistisch. Familie ist zwar eine schöne Idee, aber Kinder fordern in der Praxis definitiv zu viel Aufmerksamkeit. Berufstätig ist sie nur so lange, wie ihr der Job Spaß macht. Ansonsten hat sie kein Problem damit, von der öffentlichen Hand zu leben, solange das Geld für das neuste Handy, Schuhe, Solarium oder die Maniküre reicht und sich kein Mann findet, der das nötige Geld in die Beautykasse spült.

Dann gibt es auch noch das intrigante *Heuchel-Muslim-Girl* mit einem besonderen Hang zur Tristesse. Ihre Betrübtheit ist schier unüberwindlich. Frustriert, gehässig und eifersüchtig suhlt sie sich am liebsten in Selbstmitleid. Es sei denn, sie findet ein Muslim-Girl oder auch gerne mehrere, die sie ins Visier nehmen kann, um sie später nach allen Regeln der Kunst in der Öffentlichkeit zu diskreditieren. Sie ist nicht selten Mutter und Ehefrau, doch ihr Fokus ist stets auf andere gerichtet, um sie an den vermeintlichen Schwachstellen anzugreifen. Sie läuft ihren eigenen Problemen davon, indem sie den Fehlern und Schwächen anderer nachjagt. Sie kann beruflich recht erfolgreich sein, wenn sie Förderer hat. Endet aber nicht selten als frustrierte Hausfrau. Keine ihrer Familien- oder Freizeitaktivitäten verschaffen ihr Befriedigung. Sie hält sich für gläubig, realisiert aber nicht, dass ihr Verhalten oftmals dem Kern des Glaubens widerspricht.

Und es gibt noch viele weitere Varianten von Muslim Girls. Nicht alle lassen sich lustig-flott etikettieren. Manche sind von Kindesbeinen an zahlreichen Verboten ausgesetzt. Fremdbestimmt und einem archaischen Ehrbegriff ausgeliefert, müssen sie aufgrund ihres Geschlechts selbst kleinen Jungen Respekt zollen. Für die »Ehre«, einem oder mehreren Männern das Ego aufzupäppeln, muss sie ihr Leben opfern – meistens im übertragenen Sinn. Jedes Stückchen Freiheit ist mit einem mühsamen Kampf verbunden. Nicht selten arrangiert sie sich resigniert mit den Forderungen der Familie und der Gemeinschaft. Mit Erlaubnis der Eltern oder des Mannes ist sie berufstätig. Ansonsten bleibt sie eine Haussklavin. Manche aber wechseln den Opferaltar und werfen sich den Medien zum Fraß vor, die ihre dramatischen Geschichten dankbar zu Schlagzeilen verwursten. Die dadurch gewonnene Freiheit entpuppt sich umgehend als Fluch, weswegen sich diese muslimischen Frauen dann nach neuem Halt umsehen müssen.

Ach ja. Unter uns Muslim Girls finden sich auch *Konvertierte*. Sie haben keine muslimischen Eltern und trotzdem keine Vorbehalte. Als Jugendliche und Erwachsene wurden sie – meist aus eigenem Antrieb – zu einem Muslim Girl, vielleicht, weil muslimische Freunde oder Freundinnen sie für den Islam begeistert haben. Da findet dann auch mal eine gefeierte Fernseh-Moderatorin den Weg *»Von MTV nach Mekka«*, wie es zum Beispiel die Moderatorin Kristiane Backer in ihrem gleichnamigen Buch geschildert hat.

Es gibt viel über uns Muslim-Girls zu erzählen. So viel, dass nur ein kleiner Bruchteil auf 200 Seiten zu erfassen ist. Denn nicht nur mit Opfergeschichten lassen sich Bücherregale füllen.

Dieses Buch will, soll und muss den Anfang machen

So manches ist schon über uns geschrieben und behauptet worden. Leider nicht selten Randaspekte von Randfiguren, kleine Mosaiksteinchen unseres facettenreichen Lebens, die zu Monumenten unserer Kultur aufgeblasen wurden. Dieses Buch will deswegen auch den einen oder anderen Nadelstich setzen, um die vorurteilsbeladenen Seifenblasen zum Platzen zu bringen. Wir würden uns freuen, wenn jemand mit einem Zewa-wisch-und-weg endlich für klaren Durchblick sorgen würde und die Mehrheitsgesellschaft offen und frei auf uns Mit-und-ohne-Kopftuch-Mädchen schauen würde. Dieses Buch will, soll und muss den Anfang machen.

Wer einen Einblick erhaschen möchte, wer wir sind, wie wir denken und wie wir leben, der findet auf den folgenden Seiten hoffentlich ein paar Antworten auf seine zahlreichen Fragen.

Doch Vorsicht: Muslim Girls sind vielfältig! So vielfältig wie alle Frauen. Unsere konkrete religiöse Praxis ist für uns genauso privat und persönlich wie für alle anderen, auch wenn einzelne Muslima ihren Glauben extrem öffentlich leben. Doch jedes Muslim Girl muss ihren eigenen Weg finden, ihren Glauben zu praktizieren – angepasst an die gesellschaftlichen Rahmenbedingungen, unter denen sie lebt. So wie einige Katholikinnen mit dem Rosenkranz in der Hand beten, werfen sich einige Muslim Girls nieder und verrichten ihr Gebet. So wie manche evangelische Frau im Neuen Testament liest, liest manches Muslim Girl im Koran. Manche Frauen glauben weder an Gott noch an Allah. Andere beten und fasten nicht und bezeichnen sich dennoch als Muslima, genauso, wie manche sich als Christin fühlt, obgleich sie nie in eine Kirche geht. Wieder andere haben sich vom Islam gelöst und ihren Frieden im Christentum oder im Hinduismus gefunden, genauso wie manche Atheistin oder Christin ihr Heil im Islam gefunden hat.

Uns Muslim Girls als Gruppe gibt es eigentlich nur in den Köpfen von Menschen, die in festen Kategorien denken. Auch ich bediene hiermit das ewige Schubladendenken und entwerfe die Marke »Muslim Girls«. Doch das tue ich nur, damit Sie uns nach der Lektüre dieses Buches in Ihren Köpfen als Individuen in die freie Welt entlassen.

Wer wirklich wissen will, wie wir Muslim Girls ticken, kommt um einen echten Kontakt nicht drumherum. Keine Sorge, wir gehen dabei auch nicht explosionsartig hoch.

In diesem Sinne: Wir freuen uns schon, Sie kennenzulernen!

2. PARDON, WIR HÄTTEN DA MAL WAS ZU SAGEN!

»Ich bin Muslima und das ist auch gut so.«

Uns Muslim Girls mangelt es eigentlich nie an Aufmerksamkeit. Schließlich ergötzt sich an uns eine ganze Nation. Es gibt genügend Geschichten und Skandale, die man hierzulande rund um Kopftuch, Zwangsheirat und Genitalverstümmelung nicht nur hinter vorgehaltener Hand aufgeregt diskutiert. Eine leise Andeutung reicht – etwa die harmlos gestellte Frage – »Ist da Schweinefleisch drin?« – und schon laufen die kleinen Vorurteilsmuster in den Köpfen auf Hochtouren. Im Vergleich zu muslimischen Männern, die oft schon etwas penetranter werden müssen »Ich möchte hier gern mal beten!«, um für Empörung zu sorgen, brauchen wir Frauen nicht mal den Mund aufzumachen: Ein kleines Stück Tuch, locker um den Kopf gewickelt, genügt. Schon heißt es wieder: Herzlich willkommen zu einer neuen Folge von »Fatma – im Tal der Tränen!«

Das Bekenntnis: »Ich heiße Fatma, bin Muslima, und das ist auch gut so«, klingt in den Ohren mancher eher wie ein bemitleidenswertes Statement denn wie ein hippes Großstadt-Postulat, mit dem frau zur Regierenden Bürgermeisterin von Berlin aufsteigen kann.

In der Regel wird nicht *mit* uns geredet, sondern gern *über* uns. Würdest du deine Tochter auch beschneiden? Darfst du hier im Schwimmbad überhaupt schwimmen? Bist du schon jemandem versprochen? Wurde dein Mann von deiner Familie ausgesucht? Haben deine Eltern kein Problem damit, dass du hier im Ausland arbeitest? Oder ganz kreativ: Gehst du auch mit Kopftuch unter die Dusche?

Ja, so macht es Spaß, in Deutschland zu leben. Wer braucht schon einen Glückskeks mit Sprüchen, wenn frau stattdessen fortwährend Überraschungsfragen gestellt bekommt, die uns eigentlich auch nicht mehr überraschen.

Wer hat uns das Gehirn gewaschen?

Eine der Fragen, die man sich in diesem Land stellt, ist, wie gut ausgebildete, attraktive, humorvolle und sogar deutsch-deutsche Frauen sich für den Islam entscheiden können. Eine Religion, von der man doch »weiß«, dass sie gewaltbereit und frauenverachtend ist ...?!

Eine andere Frage lautet, warum ausgerechnet Muslimas, deren Eltern aus den entlegensten und rückständigsten Ecken Marokkos, Pakistans oder der Türkei gekommen sind, sich Jahre später im freien Deutschland für das Tragen eines Kopftuchs oder – der absolute Horror! – einer »Burka« entscheiden.

Was ist da nur in unserer Erziehung schiefgegangen? Wer hat uns da das Gehirn gewaschen? Aber was ist, wenn nicht wir diejenigen sind, denen das Gehirn gewaschen worden ist? Denn wie kommt jemand auf solch brillante Fragen? Die, die solche Fragen formulieren, haben ja meist gar keinen oder nur flüchtigen und einseitigen Kontakt mit uns. Das vorherrschende Bild von uns wird von Meinungsmachern aus Politik und Medien mit schnellen Pinselstrichen auf eine Leinwand gemalt, mit Farben, die alles andere als bunt sind. Schließlich muss überall gespart werden. Schwarz und Weiß müssen genügen.

Diese Bilder sind mittlerweile in den Köpfen so fest verankert, dass es manchen gar nicht mehr gelingt, sich davon zu trennen. So sehr man es auch versucht. Zu hartnäckig haben sich die Bilder von dem traurigen, gequälten Kopftuchmädchen mit Sekundenkleber fast für die Ewigkeit in den Köpfen festgeklebt. Immer abrufbar bei den Stichworten *Muslime, Islam, Integration*.

Selbst wir Muslim Girls sind davon beeinflusst. Werden wir doch von klein auf von den ewig selben düsteren Geschichten begleitet, ja, regelrecht verfolgt, von denen wir uns bis heute nicht so recht befreien konnten.

Kein Wunder. In einem Interview mit der Jugendwebseite *www.exil-Club.de* sagte eine junge, nicht-muslimische Frau: »Mein ganz persönlicher, mein erster Eindruck von Kopftüchern war eigentlich, als ich mit sieben oder acht Jahren den Film ›Nicht ohne meine Tochter‹ geguckt habe. Ich fand es einfach ganz furchtbar, wie die Frauen unterdrückt wurden. Das war mein allererster Eindruck von Kopftüchern. Und ich versuche halt, ihn zu verändern, aber leider spielt das immer wieder mit rein.«

Folgenschwerer Kitsch: »Nicht ohne meine Tochter«

Nun, die Verfilmung des autobiografischen Bestsellers der amerikanischen Schriftstellerin Betty Mahmoody und ihres Ghostwriters William Hoffer hatte auch ich Anfang der 1990er gesehen. Meine Mutter und ich waren hoch berührt; an so mancher Stelle kullerte mir eine Träne über das Gesicht. Ich war verärgert über den kalten und autoritären Ehemann und Vater, der vom US-amerikanischen Schauspieler Alfred Molina so überzeugend finster gespielt wurde. 14,8 Millionen US-Dollar hat dieser Film eingespielt; eine höchst professionelle Arbeit, die weltweit nicht nur meine Tränendrüse aktivierte. Doch leider nicht nur das.

Dabei wird der Film vielerorts stark kritisiert. Im *Lexikon des internationalen Films* heißt es, der Film sei »formal durchschnittlich« und »auf Gefühlswirkung bedacht« sowie »geeignet, Ängste und Vorurteile gegenüber der Eigenart und Situation islamisch tradierter Länder zu verschlimmern«. Doch es dauerte lange, bis sich diese Erkenntnis durchsetze – und auch das nur unter Experten.

2002 drehten Kari Tervo und Alexis Kouros den Dokumentarfilm »Ohne meine Tochter«, in dem der Vater Dr. Bozorg Mahmoody seine Version der Geschichte erzählen durfte und auch Freunde und Familienangehörige zu Wort kamen, die ein vielschichtigeres Bild entwarfen.

Ich selbst traf erst viele Jahre nach meinem Filmerlebnis höchstpersönlich auf zwei Iranerinnen, die mir meine Befürchtung der einseitigen Darstellung der iranischen Gesellschaft bestätigten. Bis dahin fragte ich mich – ohne wirklich Antworten zu finden –, wie wohl der Alltag in diesem Land aussieht. Ich versuchte, mir in Bibliotheken, durch Bücher und Zeitungsartikel einen Überblick über die Geschichte und Gegenwart im Iran zu verschaffen. Egal, was ich las, die Bilder von Hinrichtungen, Verfolgung und Unterdrückung blieben stets dominant.

2001 lernte ich dann Malihe und Rodja kennen. Beide waren als Flüchtlingskinder während des Irak-Iran-Kriegs in den 1980er-Jahren nach Deutschland gekommen. Die eine allein mit ihrer Schwester, die andere mit ihrer sechsköpfigen Familie. Natürlich ließ ich es mir nicht nehmen, sie auf *Nicht ohne meine Tochter* anzusprechen. Endlich konnte ich Informationen aus erster Hand bekommen.

Beide waren über Betty Mahmoodys Biografie höchst erbost. Die fiktive Romanwelt und die Wirklichkeit klaffen nach ihren Empfindungen weit auseinander: Im Buch werden sämtliche Iraner mit sehr wenigen Ausnahmen als rückständige, schmutzige und egozentrische Menschen beschrieben; in der Realität sind Iraner genauso vielschichtig und vielfältig wie alle Menschen auf der Welt. Es gibt nette, freundliche, selbstlose Iraner, moderne, weltoffene Intellektuelle, fleißige, rücksichtsvolle, hart arbeitende Handwerker und Spaßvögel, die in all den schwierigen Zeiten damals wie heute ihren Humor nicht verloren haben.

Ärgerlicherweise verknüpfen sich die Darstellungen der politischen Lage in islamischen Ländern mit den Ereignissen hierzulande in unseren Köpfen zu einem völlig verzerrten Bild vom Islam und insbesondere von uns muslimischen Frauen. Immerwährend sind wir ausschließlich von Gewalt und Unterdrückung betroffen. Humor und Freude, innerer und äußerer Reichtum, Kreativität und starker Wille – das sind Vokabeln, die mit muslimischen Frauen kaum bis gar nicht in Verbindung gebracht werden. Sitzen wir wirklich den ganzen Tag weinend und eingesperrt zu Hause?

»Im Namen der Ehre« – leider gibt es das auch!

Ja, es gibt sie. Die Muslim Girls, die von ihren Eltern schlechter als ein Hund behandelt werden. Die mit niemandem sprechen, mit niemandem Kontakt halten dürfen und am besten immerfort schweigen sollen. Es gibt Ehemänner, die ihre Braut aus dem Heimatland einfliegen lassen und wie eine unterwürfige Haussklavin halten, weil ihre Mütter ihnen das von Kindesbeinen an eingetrichtert haben und sie ihre Macht später gleich an dem unschuldigen Ding ausleben können.

Es gibt Frauen, die die Schläge ihrer Väter, Brüder und Ehemänner nicht mehr aushalten und Hilfe in einem Frauenhaus suchen. Mädchen, die eben noch mit ihrer Puppe Kaffeekränzchen gespielt haben und im nächsten Moment im Flieger nach Mali oder Somalia neben ihrer Mutter sitzen, um einer Genitalverstümmelung unterzogen zu werden.

Und ja, es gibt kleine Mädchen, die von ihren Eltern gezwungen werden, gegen ihren Willen ein Kopftuch zu tragen. Es gibt auch Mädchen, die zur Ehe mit einem ihnen völlig Fremden mitten in Deutschland genötigt oder im Namen der »Ehre« erschossen werden.

Ich könnte die Liste noch weiterführen. Ich könnte auch ein ganzes Buch mit tragischen Schicksalen füllen, vielleicht sogar auch mehrere Bände. Es gibt solche Bücher schon zuhauf. Sie geben Zeugnis, was Frauen und Mädchen durchgemacht haben und immer wieder durchmachen. Es ist furchtbar, es ist kaum auszuhalten. Auch ich kann es nicht fassen, wie viel Elend, Gewalt und Trauer es auf der Welt und in unseren Reihen gibt. Und mit genau dieser Wut stehe ich nicht allein da.

Solche Schicksale berühren nicht nur deutsch-deutsche Herzen, sondern auch die Herzen von uns Muslim Girls und, man mag es nicht glauben, sogar Muslim Boys. Ja, wir sind genauso erschüttert und erbost darüber wie Christinnen, Jüdinnen und Atheistinnen oder Feministinnen. Vielleicht sind wir sogar noch einen Tick aufmerksamer beim Zuhören und Mitfühlen, weil es uns indirekt ja irgendwie auch betrifft. Warum? Weil es sich um unsere Glaubensschwestern handelt. Sie stammen denselben Kulturkreisen ab wie wir. Das harte Schicksal hätte uns genauso treffen können, gesetzt den Fall, dass es tatsächlich so ist, wie manche behaupten: nämlich, dass unser Glaube all diese Gewalt und Verachtung predigt.

Aber: Hatten wir etwa zwei verschiedene Koranversionen? Ich kann mich nicht erinnern, dass man Menschen gegen den eigenen Willen heiraten soll oder eine Frau im Namen irgendeiner Schafherdenehre auf offener Straße erschießen darf. Werden die Heuchler nicht immerwährend im heiligen Buch der Muslime ermahnt?

Können wir tatsächlich nur selbstbewusste, moderne und glückliche Menschen sein, wenn wir uns von unserer Religion abwenden und zum Christentum konvertieren oder an gar keinen Gott glauben? Sind tatsächlich alle Muslime hinterwäldlerische, pädophile, frauenverachtende und gewaltbereite Irre, die sich in die Luft sprengen, um ins Paradies zu kommen?

Liegen die Gründe für Gewalt gegen Frauen womöglich gar nicht in der Religion sondern in der Psychologie der Täter? Denn wie sonst kann man erklären, dass derartige Gewalttaten in jeder Kultur, in jeder Religionsgemeinschaft, in jeder sozialen Schicht, in jeder Nation, in jedem Viertel und in jeder Gemeinde existent sind?

Wie kann es sonst sein, dass in diesem christlich-abendländischen Land ein deutsch-deutscher Familienvater am Weihnachtsabend seine Frau und seine Kinder brutal niedersticht? Warum schießt ein deutsch-deutscher Junge christlichen Glaubens in seiner Schule wild um sich? Verletzt Mitschüler und Lehrer, tötet erst andere, dann sich selbst? Was ist mit den Kindern, die von Pfarrern und Priestern missbraucht werden? Ist das etwa die Botschaft Jesu Christi?

Dabei ist oft die Rede von der Befreiung und der Solidarität mit der muslimischen Frau. Ehrlich gesagt kennen wir sie nicht, diese eine muslimische Frau, von der hier immer die Rede ist. Soweit ich das überblicken kann, sind wir viele. Wir sind vielfältig. Wir müssen nicht befreit werden. Von was auch immer. Diese ach so vielbeschworene Solidarität, tut mir leid, die führt leider allzu häufig ins genaue Gegenteil!

Die Kunst, das Gegenteil zu erreichen

Belgien, Mai 2010 – das Gesetz zum Burkaverbot ist verabschiedet. Hierzulande wird darüber ebenfalls öffentlich diskutiert. Schnell wird klar: Gesetzlich können die Befürworter in Deutschland höchstwahrscheinlich bis zum Sankt Nimmerleinstag warten. Oder vielleicht doch nicht?

Ute Mager, Heidelberger Professorin für Öffentliches Recht, erklärt im *Deutschlandradio Kultur:* »Der Staat muss gute Gründe anführen, legitime Ziele, um Vorschriften zu machen über die Bekleidung.«

Na, dann ist ja gut. Obwohl: Was für Gründe könnten das sein?

»Zum Beispiel zum Schutz der Kommunikation in der Schule wäre es durchaus denkbar, ein Burkaverbot in dem Bereich der Schule einzuführen. Oder aber im Straßenverkehr zum Schutz der anderen Straßenverkehrsteilnehmer: Wenn eine Burka zum Beispiel die Sicht behindert und sich deshalb die Unfallgefahr klar oder nachweislich erhöht.«

Hmm, Burka im Physikunterricht. Klingt verlockend. Warum erfahre ich eigentlich erst jetzt davon? Könnte man ja eigentlich auf der Innenseite einen Spickzettel mit Formeln befestigen. Oder man stelle sich Burka on bike vor. Da verheddert sich womöglich die Schleppe in der Gangschaltung. Stand das eigentlich schon in der *BILD?* »Burkafrau flog als Märtyrerin vom Bordstein direkt ins Paradies!«

Ah, eine Idee hätte die Frau Professorin noch:

»Wenn wir jetzt gehäufte Fälle hätten von Banküberfällen von Burkaträgerinnen, womöglich auch -trägern, wäre das vielleicht auch ein Grund, in solchen Bereichen Verbote auszusprechen.«

Oh, dann müsste man vorher die Nylonstrumpfhose verbieten. Naja, hätte so mancher Chef bei seiner Sekretärin wenigstens wieder was zu gaffen. Nicht zu vergessen auch die Motorradmaske. Das sieht Professorin Mager auch so: »Für ein Verbot auf der Straße, muss ich Ihnen sagen, kann ich ein legitimes Ziel erst mal nicht erkennen.«

Eigentlich gälte das alles auch für Belgien. Denn das Grundrecht, sich zu kleiden, wie es einem gefällt, ist eine allgemeine europäische Verfassungstradition. Aber die Begründung für das Burkaverbot ist ja ohnehin eine andere und von größerer Bedeutung: nämlich der Unterdrückung der islamischen Frauen Einhalt zu gebieten!

Aber wie gestaltet sich das nun in der belgischen Realität in den tristen Vororten von Brüssel, Liège oder Charleroi? Wird die unterdrückte wehrlose Belgierin vor ihrem grausamen und intoleranten Mann jetzt kräftig mit der Faust auf den Tisch hauen und sagen: »Burka? Damit wisch ich ab heute den Boden!« Und was ist mit dem Vater, dem die Burka zuvor ganz unbekannt war? Der sagt bestimmt: »Kind! Burka ist ab sofort verboten. Ziehst du Bikini an, der ist erlaubt!« Von meinen Verwandten dort hab ich noch nichts gehört, aber vielleicht kann man mal ein Fernsehteam nach Belgien schicken. Ist ja ein überschaubares Land.

Aber was wird wohl wirklich passieren? Für eine tatsächlich unter die Burka gezwungene Frau wird ein Verbot voraussichtlich nur bewirken, dass sie das Haus nicht mehr verlassen darf. Für alle anderen Muslimas, die sie tatsächlich freiwillig tragen, bedeutet das Verbot eine sinnlose Kleiderordnung und vor allem verstärkte Aggressionen gegen die muslimische Religion und ihre Anhänger.

Amina, die sich als deutsch-deutsches Muslim Girl – aus freien Stücken wohlgemerkt – in der Öffentlichkeit nur verhüllt zeigt, fühlt sich plötzlich auf der Straße alles andere als sicher: »Mittlerweile rezitiere ich die Schutz-Suren, wenn ich bei Grün über die Straße gehe, aus Angst, ein Auto könnte starten, um mich umzufahren. Seit das Burka-Verbot in den Medien ist, ist es an manchen Tagen grausam. Manchmal geh ich hoch erhobenen Hauptes durch die Stadt, an anderen Tage versuche ich, mich durchsichtig zu machen. Es stören immer und immer wieder diese dummen Kommentare und Beleidigungen. Ich fühl mich mit Niqab freier als vorher. Aber wer versteht das schon!?«

Niqab? Wovon spricht die Frau denn jetzt schon wieder? Das Gesetz zum »Burka-Verbot« scheint so wichtig und dringend, dass man sich in der Eile um korrekte Begrifflichkeiten keine Mühen mehr macht. Und das, wo doch Juristen sonst alles immer so genau nehmen. Für die Journalisten ist sowieso der Einfachheit halber immer alles eins: Schwarzes Tuch in der Nähe des Kopfs ist Burka, außer man ist Filmstar und heißt Grace Kelly, die mit Kopftuch adrett gekleidet zur Fürstin Gracia Patricia aufstieg. Aber die war schließlich nicht unterdrückt. Die war ja christlich getauft.

Tausche vier Worte gegen ein Vorurteil!

Eine kurze Erklärung tut daher Not. Es geht um die Burka *in*, nicht *auf* den Köpfen. Ich weiß, dass man hierzulande sehr auf Eintöpfe steht. Trotzdem nicht einfach alles in einen Topf werfen und zum Brodeln bringen!

Man unterscheidet Burka, Niqab, Hidschab und Tschador. Schwierige Worte, keine Frage. Aber wenn es Analphabeten gelingt, »Arbeitserlaubnis« und »Rückkehrunterstützung von Drittstaatsangehörigen« zu sagen, werden Sie es auch schaffen, vier arabische und ein persisches Wort in Ihren Wortschatz aufzunehmen!

Burka, die (arab.) Das ist das lange Blaue vom Hindukusch. Die Ganzkörperverhüllung hat nur einen kleinen Sehschlitz, aber selbst diese schmale Augenpartie ist durch eine geklöppelte gitterartige Fläche bedeckt. Dem Afghanistankonflikt sei Dank konnte dieses Kleidungsstück seinen Bekanntheitsgrad innerhalb kürzester Zeit enorm steigern.

In Europa wird die Burka so gut wie nie getragen. »Allenfalls ein Dutzend Trägerinnen« gibt es nach Ansicht von Aiman Mazyek, Generalsekretär des Zentralrats der Muslime in Deutschland.

Niqab, der (arab.) So nennt man einen schwarzen Gesichtsschleier, der nur die Augen frei lässt. Er wird in Kombination mit einem langen Mantel getragen – und zwar überwiegend in der Golfregion wie Saudi-Arabien, zugegeben, kein echtes Vorbild in punkto Menschenrechte und Frauenbewegung. Aber selbst da arbeiten die Frauen hartnäckig daran, dass sich das bald ändert. Wie viele Niqabträgerinnen in Deutschland leben, ist schwer zu sagen. Ihre Zahl wird auf wenige 100 geschätzt. Und wer in Deutschland ein wenig rumgekommen ist – auch in den sogenannten Brennpunktvierteln –, wird selbst merken, dass einem eine Niqabträgerin äußerst selten über den Weg läuft. Meistens handelt es sich dann auch noch um dieselbe.

Hidschab, der (arab.) Gibt es in den verschiedensten Farbtönen. Ansonsten sieht der angezogene Hidschab fast genauso aus, wie wenn eine Frau Niqab und Mantel trägt, hier sieht man in der Regel das Gesicht. Praktischerweise muss man beim Hidschab nichts mehr binden und auch keinen Mantel anziehen: Einfach den Kopf durch die Öffnung und schon steht dem Spaziergang und Einkauf nichts mehr im Wege. Deswegen sieht man den Hidschab hierzulande wohl auch öfters.

Tschador, der (pers.) Der Tschador hat wie die Burka seine Berühmtheit ebenfalls einem Konfliktherd zu verdanken, nämlich dem Iran um die 1980er- und 1990er-Jahre, allerdings unter Mithilfe amerikanischer Filmkunst: Die gute Betty Mahmoody war es, die dem Tschador zu Weltruhm verhalf. Eine Zeit lang sagte man zu allem, was sich eine muslimische Frau schwarz und weit überwarf, »Tschador«. Erst mit dem Afghanistankonflikt hat die Burka den Platz eins der Schleier-Weltrangliste übernommen. Beim Tschador ist wie beim Hidschab meistens das Gesicht zu sehen. Die Hände kann man seitlich unter dem langen Stoff hervorholen. Während Niqab und Hidschab ihren Weg auch nach Europa gefunden haben, wird der Tschador vorrangig von älteren Frauen im Iran getragen.

Alle vier Ganzkörperschleier stammen aus der Golfregion und wurden nicht von jeher einheitlich in allen islamischen Ländern getragen. Handelsbeziehungen haben diesen Kleidungsformen den Weg in andere Länder geebnet. Man kann geteilter Meinung über alle diese Kleidungsstücke sein, doch sie sind Teil der Lebensrealität von Muslimas, die sich darin durchaus wohlfühlen. Was auch für so manches Muslim Girl, das Kopftuch trägt, nicht automatisch nachvollziehbar ist. Doch die Beweggründe, sich für ein bestimmtes Kleidungsstück oder einen Modestil zu entscheiden, sind wie überall auf der Welt unterschiedlicher Natur – nicht zuletzt schonen Niqab oder Hidschab auf angenehme Weise den Geldbeutel. Die lästige Frage »Was ziehe ich heute an?« erübrigt sich.

In einigen Regionen dürfte also das Kopftuch eine kleine Emanzipation darstellen. Denn mit der Zeit lösten sich die Frauen von den traditionellen, den ganzen Körper bedeckenden Überwürfen und banden sich für die Arbeit auf dem Feld aus praktischen Gründen ein Tuch um die Haare. Als Schutz vor Staub und Sonne. Aber auch gegenüber der aufkommenden westlichen Mode und im Zuge der weiblichen Emanzipation in den islamischen Ländern blieb als Mindestmaß der Verhüllung das Kopftuch.

In der Publikation »Who speaks for Islam« haben die Autoren Dalia Mogahed und John Esposito unter anderem die Ergebnisse einer Studie des Gallup-Instituts von 2005 veröffentlicht. Befragt wurden 8 000 muslimische Frauen in acht vorwiegend islamischen Staaten unter der Überschrift »Was Frauen wollen – Die Stimmen muslimsicher Frauen«. Die Befragten stammten aus Ägypten, Marokko, Jordanien, Pakistan, dem Iran, dem Libanon sowie aus der Türkei und aus Saudi-Arabien.

Laut Studie ist die Mehrheit davon überzeugt, dass muslimische Frauen das Recht haben, frei einer Arbeit nachzugehen und sogar hohe Regierungspositionen zu bekleiden. Dringlicher als die Geschlechterfragen empfinden die Frauen die extremistische Gewalt aus ihren muslimischen Reihen, die Korruption in Wirtschaft und Politik sowie die fehlende Einheit innerhalb der muslimischen Staaten.

Die Meinungsforscher wiesen darauf hin, dass keine der Befragten Kopftücher, Niqab, Burka oder andere Verhüllungsformen überhaupt nur erwähnt hat. Uns Muslim Girls ist das Stück Stoff offenbar weniger wichtig, als der Rest der Welt denkt.

Stigmatisierung: Meine Mutter und ihr Kopftuch

Meine Mutter war eine der ersten in unserem niedersächsischen Provinznest, die ein Kopftuch trug. Nicht, weil sie Grace Kellys Kopftuchstil verehrte oder mein Vater eines Tages ihr ein Tuch aufdrängte, sondern weil sie es von anderen verheirateten Frauen aus ihrer Familie nicht anders kannte. Als Muslima und verheiratete Frau war es ihrer Ansicht nach an der Zeit, es zu tragen. Und während mein Vater es so lala fand, ging meine Mutter mit Tuch auf dem Kopf und mir an der Hand in meinem Minischritttempo einkaufen oder spazieren, während ich sie mit meinem Gebrabbel bei Laune hielt.

Im Dorf lächelten sie die Bewohner an. Man grüßte sie, wenn man ihr auf der Straße begegnete. Manche Männer zwinkerten ihr gar zu. Meinen Vater schien das weniger zu interessieren. So etwas wie Ehre von Frau oder Tochter spielte in seinem Denken keine Rolle. Es kam vor, dass ich im Urlaub am Strand von Tanger fast heulend zu meinen Eltern und meinen Tanten lief, um mich über die wie Magnete an uns Mädchen klebenden Typen zu beschweren. Dann nickte er nur gelassen, sonnte sich weiter und sprang lässig mit seinen lockig-wallenden Haaren ins Meer. Ob ich Kopftuch trug oder nicht, war ihm herzlich egal. Es gab Wichtigeres.

Heute aber ist das Kopftuch nicht mehr nur ein Kopftuch. Die Meldungen über terroristische Anschläge, Berichte über die Unterdrückung der muslimischen Frau und Kommentare zur drohenden Islamisierung Deutschlands füllen seit den 1980er-Jahren fast täglich Zeitungen und TV-Kanäle. Hatte man sich bis dahin um die muslimischen »Gastarbeiter« einfach nicht gekümmert, wuchs nun die Skepsis – das Augenmerk der verängstigten Menschen richtete sich vor allem auf die verhüllte Muslima: Versteckt sich womöglich unter dem Mantel ein Sprengstoffgürtel oder sind das doch nur Fettpolster, die sich mit den Jahren angesetzt haben?

Plötzlich waren wir Muslime diejenigen, vor denen man Angst haben sollte. Das war für uns mehr als erschreckend. Mal abgesehen davon, dass wir vor Terroranschlägen genauso Angst haben wie jeder andere auch. Da konnten die Knallköpfe ihre Aktionen als islamisch deklarieren, so viel sie wollten, fürs Paradies wollten wir auf Erden noch Sinnvolles leisten.

Plötzlich bekam meine Mutter auf der Straße zu hören, dass sie endlich das Tuch ablegen solle: »Du kannst es abnehmen; wir leben in Deutschland!« Oh danke, das war meiner Mutter nach so vielen Jahren fast entgangen. Für die Pariser Soziologin Dounia Bouzar,

Französin marokkanisch-algerischer Abstammung, ist die Sache klar: Der Niqab und die Burka sind die Kleidung einer »religiösen Sekte«, zudem ein Zeichen einer »extremistischen, totalitären Ideologie«. Sie begrüßte das Verbot. Die Schriftstellerin und Journalistin Hilal Sezgin aus Deutschland hält indes nichts von dem Verbot, denn wenn die Frauen durch das Verbot endgültig eingesperrt sind, dann sind sie auch für die Öffentlichkeit verloren und helfen kann man ihnen dann gar nicht mehr.

Langer Rede, kurzer Sinn: Die Mehrheit der Muslimas leidet weniger unter patriarchaler Unterdrückung als unter der Art, wie die Burka-Debatte in Europa geführt wird. Statt über Burka und Niqab an sich zu sprechen, gibt es allerorten pauschale Islam-Kritik. Das bestätigt selbst die Befürworterin des Burka-Verbots Dounia Bouzar: »Das Gesetz wird zur Stigmatisierung der Muslime beitragen.«

Damit sind wir wieder da, wo wir mal angefangen haben.

Ernsthafte Ursachenforschung

Keines der eingangs erwähnten Probleme ist zu leugnen. Tragödien in muslimischen Familien geschehen genauso wie in atheistischen, christlichen, hinduistischen oder jüdischen Familien. Schauen Sie sich um! Blicken Sie über Ihr Umfeld hinaus. Eifersucht, verletztes Ego, unkontrollierte Wut, gestörte Psyche sind die Auslöser in allen Familien. Falscher Ehrbegriff, der als islamisch deklariert wird, ist deswegen trotzdem nicht islamisch.

Ohne die Taten kleinreden zu wollen: Um einen Konflikt zu lösen, um ein Problem aus der Welt zu schaffen, bedarf es ernsthafter Ursachenforschung. Wo liegt also wirklich das Problem?

Ein junger Deutsch-Türke sagte einmal gegenüber dem *SWR*: »Das größte Problem ist nicht, dass meine Schwester ausgeht, sondern dass alle reden. Selbst wenn sie mit einem Jungen was trinken geht und sie gar nichts miteinander haben. Darüber wird ja schon gelästert. Wenn sie mit einem Jungen gesehen wird, dann reden sie schlecht über mich. Dann ist es schon Schande für die Familie.«

Vielsagende Sätze. Sie drehen sich nicht um den Islam, sie drehen sich um falsches Ehrgefühl und falsche Prioritäten. Die Angst, seinen »Ruf« zu verlieren, gehört nicht zu den Geboten des Islam.

Wer wirklich selbstbewusst ist, lässt sich vom Gerede nicht verrückt machen. Selbstbewusstsein braucht Erfolgserlebnisse, braucht Chancen und braucht Mut, Chancen auch zu nutzen. Und da ist noch viel zu tun. Und wir Muslim Girls und Boys der heutigen Generation sind da mehr als gefragt, diese sperrigen Ansichten mit über Bord zu werfen. Keine Frage. Es liegt auch an uns. Aber ich bin zuversichtlich, dass es uns gelingt.

Schließlich hingen die europäischen Männer und Frauen auch noch vor gar nicht langer Zeit ebenfalls an falschem Ehrgefühl und hatten eine patriarchale Denkweise. Nehmen wir zum Beispiel das »Kranzgeld«. Kennen Sie nicht? Gab es aber bis 1998 im Bürgerlichen Gesetzbuch der Bundesrepublik Deutschland. Nach diesem Gesetz konnte eine Frau auf Schadenersatz klagen, wenn ihr Verlobter das Heiratsversprechen nicht einlöste, aber vorher mit ihr Geschlechtsverkehr hatte. Noch 1993 hatte, wenngleich erfolglos, eine (deutsch-deutsche christliche) Frau auf Kranzgeld geklagt. Dreißig Jahre nach der viel beschrienen sexuellen Revolution wurde das Gesetz abgeschafft. *Dreißig* Jahre danach. War die sexuelle Revolution nicht laut genug gewesen?

Noch ein Beispiel? Bitte gern: Wir schwärmen von Appenzeller Käse und wissen dabei gar nicht, was für Käse lange Zeit gerade in diesem Schweizer Kanton praktiziert wurde: Zwar durften Frauen dort schon immer die Kühe melken und Brot backen, aber politisch hatten sie bis vor gar nicht langer Zeit überhaupt nichts zu melden. Selbst wenn die Appenzellerinnen in Heerscharen für eine Tempo-30-Zone demonstriert hätten, es hätte nichts genutzt. Ohne Männer, die politische Anliegen für sie vortrugen und sich dafür einsetzten, wurde nichts beschlossen. Denn erst 1989 ließen die Schweizer Herren im deutschsprachigen Kanton Appenzell-Ausserrhoden das Frauenwahlrecht zu. Damit hatten sie nur 18 Jahre länger gebraucht als die übrigen Schweizer, die das Frauenwahlrecht als Spätzünder immerhin 1971 einführten. Vergleich: Deutschland 1919, Türkei 1931, Ägypten 1956. Dies mitten im fortschrittlichen Europa, das so stolz auf seine Frauen- und Menschenrechte ist. Denken Sie dran, wenn Sie mal wieder an der Käsetheke stehen.

Wie Sie sehen: Unsere Chancen stehen vergleichsweise gut und wir »unterdrückten« Muslim Girls geben die Hoffnung noch lange nicht auf. Wie die europäischen Geschlechtsgenossen werden auch unsere Väter, Brüder und Ehemänner über kurz oder lang zu frauenbewegten Erkenntnissen kommen. Dafür werden wir schon sorgen. Bis dahin hätten wir allerdings, statt Verboten und Diskriminierung, lieber ein bisschen Unterstützung. Oder sollte ich sagen: Respekt?

Zeit für ein kleines bisschen Nachdenklichkeit

Statt für Überheblichkeit wäre es an der Zeit für ein kleines bisschen Nachdenklichkeit. Denn vor nicht allzu langer Zeit interessierten sich die so zivilisierten Europäer als Kolonialherren in unseren Herkunftsländern einen Kehricht für unsere Vorfahren, die ihre Länder zur Ausbeutung sämtlicher Bodenschätze freigaben und auf den Feldern oder in den Häusern der Ausländer als Angestellte arbeiten mussten und rechtlich Menschen zweiter Klasse waren – in ihrem eigenen Land wohlgemerkt.

Sicher, unter den Kolonialherren waren gewiss auch barmherzige Menschen. Doch als die europäischen Herrscher zunehmend auf Widerstände der Urbevölkerung stießen, hielten sie es für besser, sich zurückzuziehen. Ohne dabei jemals die wirtschaftlichen Interessen aus den Augen zu verlieren.

Der Preis der wiedererkämpften Unabhängigkeit war groß. Von Marokko über Ägypten bis in den Irak stand man vor einem Trümmerhaufen von verwirrten und überwiegend armen Identitäten: War man Franzose oder Algerier, Inder oder Engländer, Muslim oder Atheist? Republikaner oder Monarchist? Sind wir vielleicht eine große arabische Nation von Marokko bis Syrien? Ist vielleicht der Sozialismus die Antwort auf das Elend und auf die Misswirtschaft der neuen Machthaber in unseren Ländern?

Bis heute ist man in unseren Herkunftsländern auf der Suche nach der Balance zwischen Staat und Religion, Demokratie und Kapitalismus. In den an Bodenschätzen reichen Ländern leben zahlreiche Bewohner heute an der Armutsgrenze. Deswegen sucht mancher verzweifelt seinen Weg nach Europa und setzt dabei nicht selten sein Leben aufs Spiel.

Religion scheint für Millionen von Menschen in dieser Region die einzige Erlösung zu sein. Wohin sonst mit der Wut und der Verzweiflung? Der Schweizer Soziologe Jean Ziegler spricht von »Hass gegen den Westen«, der infolge des Kolonialismus in den armen Ländern gewachsen sei: »Dessen Nährboden sind gegenseitiges Unverständnis sowie das Bewusstsein jahrhundertelanger Verachtung und Unterdrückung.«

Wenn man über die lange Historie nachdenkt, in der unsere Urahnen von den selbst ernannten Kolonialherren bevormundet wurden, und wenn man dabei die kurze Historie der Einwanderungspolitik in Europa berücksichtigt, während der die »Gastländer« meinten, die »Gastarbeiter« bevormunden zu können, – glaubt tatsächlich irgendjemand, dass wir Muslim Girls uns heute in unser Leben reinreden und uns bevormunden lassen?

Revolution? Na, dann fangt mal selbst an!

»Der Islam braucht eine sexuelle Revolution«, fordert die Rechts-
anwältin und Autorin Seyran Ateş in einer gleichlautenden Streit-
schrift 2009. »Genau!«, sagen viele Deutsch-Deutsche und wundern sich, dass sie mit dieser Forderung bei nicht wenigen
Muslimen auf Granit beißen. Ganz besonders bei uns Muslim
Girls.

Denn eine sexuelle Revolution, wie sie Ende der 1960er »in
Deutschland« stattgefunden hat, kann nicht genauso »im Islam«
stattfinden. Das eine ist ein Land, das andere eine Religion. Äpfel
und Birnen. Schließlich hat es in Deutschland einen Widerstand
gegen die bürgerlichen Strukturen und die prüden Lebensumstände
innerhalb der deutschen Gesellschaft gegeben. Dabei hat man sich
zwar gegen die Kirchen gewandt, doch eine »sexuelle Revolution im
Christentum« hat es nicht gegeben.

Daher hinkt die Argumentation, dass dem Islam wie im Christentum eine Epoche der Aufklärung fehle. Den Modernisierungs-
schub in Sachen Menschenrechten und Entfaltung des Individu-
ums hat es eben nicht in der Religion gegeben, sondern in der
Gesellschaft. Deswegen predigen christliche Würdenträger heute
noch sexuelle Enthaltsamkeit, wettern gegen Verhütung und dif-
famieren homosexuelle Beziehungen. Warum sollte es eine sexuelle Revolution im Islam geben, die es auch im Christentum nie
gab?!

Wenn eine repressive Sexualmoral den Aufbau von Demokratie
tatsächlich verhindert, wie Seyran Ateş behauptet, dann stellt sich
nur zu Recht auch der Sachbuchautorin Sabine Kebir die Frage:
Warum konnte sich Demokratie sowohl in den USA wie auch in der
Bundesrepublik Adenauers entwickeln?

Niemand kann erwarten, dass wir Muslim Girls unsere »Befreiung« und die gesellschaftliche Neusortierung nach demselben Modell durchführen wie die »68er« in Deutschland. Besonders dann

nicht, wenn diese Art der »Revolution« nur bedingt den gewünschten Effekt hatte.

Sexualforscher Jakob Pastötter hält Deutschland in Wirklichkeit für eine »unaufgeklärte Nation«, wie er 2002 im *Spiegel* kundtat. Die ausgerufene sexuelle Revolution sei in Wahrheit ausgeblieben. Zwar sei die Gesetzgebung liberalisiert worden, doch die Gesellschaft eine Generation später nur »scheinaufgeklärt«. Das Wissen über Sex sei extrem gering, die Illusion, etwas darüber zu wissen, dagegen groß. Eine gefährliche Mischung.

Darüber kann auch nicht der trendige und hippe Boom von Sexbüchern à la »Guter Sex, schlechter Sex – Fallbeispiel 1 bis 100« hinwegtäuschen. Deren Autorinnen kommen nicht selten wie Heidis spießige Erzieherin Fräulein Rottenmeier im hippen Prenzlauerberg-Schick daher und wollen aller Welt suggerieren, wie unbefangen die Generation sogenannter Alphamädchen mit diesem Thema umgeht.

Schaut uns an und sagt uns, was ihr wirklich seht!

Permanent heißt es, dass Sex kein Tabuthema sei und der Umgang mit der eigenen, vor allem weiblichen Sexualität selbstverständlich – ach, wenn doch Glaube Berge versetzen könnte!

Im selben medialen Atemzug werden Frauen, die selbstbewusst ihre Sexualität ausleben und viele wechselnde Liebschaften haben, jedoch als billige Nutten abgestempelt, als Sexualbestien diffamiert oder als herzlose Schlampen ins Abseits gestellt. Von Frauen und Männern gleichermaßen. Da konnte auch die männerverschlingende Samantha Jones aus *Sex and the City* nichts ändern. So bleibt dieser Sexbüchertrend vorerst nichts als eine projektionsreiche Wichsvorlage.

Das wird auch nicht besser, wenn die Autorinnen stolz auf ihren akademischen Grad verweisen. Im Gegenteil: Es wirkt eher bemitleidenswert, wenn die Damen, die sich als Studentinnen für den vermeintlich gut bezahlten Job als Prostituierte entscheiden und darüber in ihren Büchern begeistert und amüsiert schreiben, mit derselben Selbstverständlichkeit ihre wahre Identität nicht preisgeben. Warum können sie sich in der Öffentlichkeit nicht ohne Sonnenbrille und Perücke zeigen, wenn man doch so aufgeklärt ist in diesem Land? Selbst wenn man nur anderer Leute intime Geschichten ausplaudert, versteckt man sich lieber hinter einem Pseudonym.

Aber wem es hilft, sich damit cool und sexy zu fühlen, dem soll es natürlich gestattet sein. Wir leben ja schließlich in einer Gesellschaft, die jedem eine individuelle Entfaltung ermöglicht.

Lasst uns daher bitte auch die Freiheit, uns so zu entfalten, wie wir es für richtig halten! Wir wollen uns nicht vorschreiben lassen, wie wir unsere Rechte einfordern und auch nicht, wie wir unsere Religion zu »reformieren« haben. Wir würden gern selbst vor unserer Haustür kehren. Wenn dieser Gesellschaft wirklich daran gelegen ist, dass wir unabhängige junge Mädchen und Frauen werden, dann hört auf, uns zu sagen, was wir zu tun haben. Nehmt wahr, was uns wirklich unter den Nägeln brennt. Und bitte hört auf, eure Bedürfnisse und Ängste in unser Leben zu projizieren. Copy and Paste geht vielleicht am Computer, im wahren Leben macht es wenig Sinn!

71 Prozent der muslimischen Kopftuchträgerinnen ist es wichtig, etwas in ihrem Leben zu erreichen. Nur 35 Prozent der deutsch-deutschen Frauen haben diesen Anspruch, hat die Konrad-Adenauer-Stiftung ermittelt. Wer hätte das gedacht. Wer weiß, vielleicht helfen die Tücher sogar, so manche Gedanken zusammenzuhalten? Muss nur noch rausgefunden werden, ob Baumwolle dabei effektiver ist als Seide.

Also lasst uns bitte selbst entscheiden, ob wir ein Tuch über unseren Bikini oder lieber um unsere Haare wickeln. Wenn wir uns unter einem langen schwarzen Gewand sicher fühlen, können wir gern über unsere Gründe reden, aber wir möchten keine Zwangs-entkleidung!

Jahrzehntelang habt ihr euch nicht um uns »Muslim Girls« gekümmert. Jetzt mit unglaubwürdigen Rettungskampagnen ob unserer »unerträglichen Benachteiligung« zu kommen, ist mehr als unpassend.

3. MUSLIME – SEIT JAHRHUNDERTEN IN DEUTSCHLAND

... ABER IMMER NOCH FREMD?

Die Welt ist riesig. Über sechs Milliarden Menschen tummeln sich auf dieser Weltkugel. Jeder von ihnen lebt unter anderen Lebensumständen und hat andere Freuden und Sorgen. Wir wissen nichts von jedem Einzelnen, glauben aber, ein wenig mehr über seine Kultur und Gewohnheiten zu wissen. So lernen wir zum Beispiel früh über die Franzosen, unsere christlich geprägten Nachbarn im Westen Deutschlands, dass sie stolze Patrioten sind, die ein Faible für Froschschenkel haben. Wir meinen, dass Engländer zum Frühstück das essen, was andere über eine Woche zu Mittag auftischen, und wir glauben, dass Spanier nicht ohne Mittagsschläfchen – ihre Siesta – leben können.

All dies Wissen haben wir irgendwann im Urlaub, im Schulunterricht, in Fernsehberichten oder in Filmen unbewusst aufgefangen und abgespeichert. Dieses vermeintlich gesunde Halbwissen begleitet uns durch das ganze Leben; jede bestätigende Begegnung wird als selbstverständlich genommen, jede widersprüchliche Erfahrung als Ausnahme abgetan. Kein Problem, auch nicht für die leidlich (miss)verstandenen Nachbarn, zumindest solange die fehlerhaften Klischees eher sympathisch als abfällig oder gar bedrohlich anmuten: Der französische Gourmet, der britische Gourmand und die spanische Siesta Schlafmütze sind gern gesehene Gäste in jedem deutschen Hinterkopf. Dagegen gibt es ein permanent abfälliges Gemurmel, sobald es um muslimische Länder und Menschen geht. Fremd seien die und fanatisch, aggressiv, aus dem letzten Jahrtausend, zurückgeblieben. Das Image der Muslime in Deutschland könnte kaum schlechter sein. Haben wir kein besseres Image verdient?

Man könnte es besser wissen, wenn man wollte. Denn unsere muslimischen Nachbarn tummeln sich nicht an den Landesgrenzen, sondern befinden sich direkt vor unserer Haustür im selben Bundesland, in derselben Stadt oder sogar in derselben Supermarktschlange. Muslime zum Greifen nahe! Trotzdem wissen wir über sie so gut wie nichts, und wenn, dann nur selten etwas Erfreuliches zu berichten. Halbwissen ist allgegenwärtig.

Selbst diejenigen, deren Beruf es ist, zu recherchieren und zu informieren, die Zeitungsredaktionen, die ihrer Leserschaft die Welt erklären wollen, tappen nicht selten im Dunkeln. Im April 2010 las ich in der Wochenzeitung *Die Zeit* einen Beitrag der ZDF-Moderatorin Dunja Hayali über eine kurios verlaufene Interviewanfrage:

Eine Journalistin einer überregionalen deutschen Tageszeitung wollte sie zum Thema »Islam« befragen. Wohl ahnend, welches Missverständnis dahinterstecken könnte, erklärte Dunja Hayali der Journalistin, dass sie keine Muslima, sondern Christin sei und deswegen nur wenig zum Thema »Islam« sagen könne. Worauf die Journalistin die Welt nicht mehr verstand. Ihre Gleichung verlief offenbar in einer simplen Gleichsetzung: Iraker = Muslime.

Nicht alle, die wie Muslime aussehen, Namen tragen, die muslimisch klingen, oder aus Ländern mit überwiegend muslimischer Bevölkerung stammen, sind Muslime. Und andersherum: Nicht jeder, der aussieht wie ein Nicht-Muslim, ist wirklich keiner – inzwischen gibt es deutsch-deutsche Männer und Frauen, die sich zum Islam bekennen.

Von den 80 Millionen Menschen in diesem Land sind vier Millionen Muslime, also fünf Prozent oder jeder 20. Würden alle in Deutschland lebenden Muslime in einer Stadt leben, bräuchte man ganz Berlin plus einige Randgemeinden. Ist das besorgniserregend? Nein! In Großbritannien leben etwa 1,6 Millionen Menschen muslimischen Glaubens, das sind drei Prozent der Bevölkerung, die Hälfte von London. In Frankreich leben rund fünf Millionen Muslime, acht Prozent, zweimal Paris plus Umland. Deutschland bewegt sich im europäischen Durchschnitt.

Besorgniserregend ist etwas anderes: Von den Muslimen in Deutschland betrachten sich nur 20 Prozent als »Deutsche«, demnach gibt es 800 000 deutsche Muslime oder muslimische Deutsche, die sich in Deutschland fremd fühlen. In Großbritannien ist das Verhältnis fast umgekehrt: 70 Prozent betrachten sich als Briten, also die große Mehrheit!

Wie kann es aber sein, dass sich Muslime in einem Land fremd fühlen, das seit über fünf Jahrzehnten Muslime beherbergt? Sie arbeiten hier, sie zahlen Steuern und Krankenkassenbeiträge, sie wohnen hier, sie gehen hier einkaufen und sie leben hier. Doch ein Gefühl der Zugehörigkeit will nur bei einer Minderheit aufkommen. Obwohl seit Jahren, seit Jahrzehnten oder genauer: seit Jahrhunderten Muslime in Deutschland leben.

Den Gastarbeitern schaute man wie einem Gaul aufs Gebiss

Genau genommen gibt es Muslime in Deutschland sogar schon seit über 200 Jahren. Nämlich seit im Jahre 1739 dem Preußenkönig Friedrich Wilhelm I. vom Herzog von Curland 22 türkische Kriegsgefangene »als Geschenk« zur Verstärkung der preußischen Armee übergeben wurden. Man richtete ihnen im »Königlichen Waisenhaus« ein Zimmer zum Gebet ein, entließ sie aber später aus »königlichem Großmut« wieder in ihre Heimat.

Die Verbindungen zwischen Preußen und dem Osmanischen Reich führten 1763 zur Errichtung einer ständigen osmanischen Gesandtschaft in Berlin. Dessen dritter Gesandter, Ali Aziz Efendi, starb 1798 in Berlin und wurde in Tempelhof bestattet. Seinetwegen stellte der preußische König Friedrich Wilhelm III. extra ein Gelände zur Verfügung, auf dem in den folgenden Jahren noch vier weitere islamische Bestattungen stattfanden. Die fünf Leichname wurden 1866 auf den bis heute erhaltenen türkischen Friedhof in Berlin-Neukölln überführt, wo heute auch die türkische Şehitlik-Moschee steht.

Aber es sollten noch einige Jahre vergehen, bis in Berlin lebende Muslime nach dem Ersten Weltkrieg, aus 41 Ländern des ehemaligen Osmanischen Reichs stammend, ihre Moscheegemeinde in Wilmersdorf gründeten. Erst 1928 feierten sie die Eröffnung der ersten Moschee auf deutschem Boden: Die Ahmadiyya-Moschee in Berlin-Wilmersdorf mit zwei großen, über dreißig Meter hohen Minaretttürmen wird heute – aus Mangel an Geld und Personal – nur noch zu besonderen Anlässen wie etwa dem »Tag des offenen Denkmals« geöffnet.

Erst in der jüngeren Geschichte, die so jung eigentlich auch nicht mehr ist, begann das Wachstum der muslimischen Bevölkerung in Deutschland: Denn die größere Zahl an Nachkommen hinterließen nicht die Wilmersdorfer Gemeindemitglieder, sondern Menschen, die ein halbes Jahrhundert später auf besondere Einladung an Bahnhöfen in Mannheim, Duisburg, Hamburg, Berlin oder andernorts ausstiegen und ihre Mäntel wegen der Kälte ein wenig fester zusammenzogen.

Vom Krieg erholt gelang es Deutschland, seine wissenschaftlichen und wirtschaftlichen Entwicklungen so auszubauen und sich zu entwickeln, dass dem Erblühen des Landes nichts mehr im Weg stand. Doch der Bedarf an Produkten und damit entstandener Arbeit benötigte Arbeitskräfte, die Deutschland allein nicht mehr aufbringen konnte. Zwischen 1960 bis 1970 lag die Arbeitslosenquote dank des Wirtschaftswunders unter einem Prozent.

Es musste also eine Lösung geschaffen werden, und man entschied, Ausländer ins Land zu holen. In einem systematischen Verfahren untersuchte man die zukünftigen jungen und starken

Arbeitskräfte in ihren Heimatländern gründlich auf ihre körperliche und gesundheitliche Verfassung, schaute ihnen wie einem jungen Gaul aufs Gebiss und in den Hals und ließ sie erst ins Land, wenn ihre Tauglichkeit außer Zweifel stand.

Als Erste kamen die Italiener. Am 20. Dezember 1955 wurde das erste Anwerbeabkommen zwischen den ehemaligen Kriegsverbündeten Italien und Deutschland unterzeichnet. Fünf Jahre später folgten Griechen und Spanier, bis dann ab 1961 die Großeltern und Eltern von uns heutigen Muslim Girls aus der Türkei, 1963 Marokko und 1965 Tunesien ihre Chance beim Schopf packten. Immer noch suchte Deutschland tüchtige Arbeitskräfte. Ursprünglich hatte man nicht vorgesehen, nicht-europäische Arbeitskräfte anzuwerben. Aber in der Not frisst der Teufel Fliegen und engagiert der Deutsche eben auch »Muselmanen«. Sie kamen ungeliebt, aber dankbar: In ihrer alten Heimat fanden sie keine Arbeit, um ihre Familien zu ernähren; nun konnten sie für ein paar Jahre als sogenannte »Gastarbeiter« Geld verdienen, indem sie körperlich schwere Arbeiten beim Straßen- und Brückenbau verrichteten.

Unsere Väter und Großväter stammten vorrangig aus den eher entlegenen Regionen der jeweiligen Staaten. Während die Türken aus dem ländlichen Anatolien anreisten, stammten die Marokkaner aus dem Rifgebirge dem nordöstlichen Teil Marokkos.

Hierbei machten allein die 750 000 Türken den größten Anteil der aus muslimischen Staaten stammenden Menschen aus. Wer sich fragt, warum Deutschland gerade mit diesen Ländern Verträge abgeschlossen hat, muss in die Geschichte zurückblicken. Mit Italien oder Spanien hatte sich Hitler-Deutschland unter deren faschistischen Führern Mussolini und Franco im Zweiten Weltkrieg verbündet. Mit der osmanisch beherrschten Türkei hatte das Deutsche Kaiserreich schon im Ersten Weltkrieg ein Bündnis geschlossen.

Um Marokko hatten sich die Kolonialmächte Frankreich und Deutschland zu Beginn des 20. Jahrhunderts vehement gestritten; doch 1911 musste Kaiser Wilhelm die französische Vorherrschaft in Marokko anerkennen. Im darauffolgenden Jahr wurde das Land in zwei Gebiete aufgeteilt: Der Norden kam unter spanisches und der Rest unter französisches Protektorat. Während des Zweiten Weltkriegs – als das faschistische Spanien auf der Seite Hitler-Deutschlands, das demokratische Frankreich auf der Seite der Alliierten kämpfte – wurde Marokko zum Schlachtfeld der Streitmächte. Die Stadt Tanger blieb ausgeschlossen und wurde als florierende Handelsstadt wie das ägyptische Alexandria zur internationalen Zone unter der Verwaltung mehrerer europäischer und muslimisch-jüdischer Vertreter. Im Februar 1943 zogen sich die deutsch-italienischen Achsenmächte nach der Landung der Alliierten in Marokko und Algerien zurück nach Tunesien, um dem anglo-amerikanischen Vormarsch zu begegnen. Im Mai 1943 kapitulierten die Achsenmächte in Nordafrika.

Es war also keineswegs so, dass die Menschen in den 1960er-Jahren aus purer Not aus der armen fernen Welt ins christliche Abendland geströmt wären, um es sich hier gut gehen zu lassen. Oder schlimmer noch, dass sich etwa einige Muselmanen eigenmächtig zusammengerottet hätten, um Deutschland zu überfallen und zu »überfremden«. Nein, die muslimischen Menschen leben in Deutschland, weil man mit ihren Herkunftsländern Abkommen schloss. Die Regierungen von Ländern, die langwährende historische Verbindungen hatten, haben eine Art »Leiharbeits-Geschäft« miteinander vereinbart. Sie hatten dabei übersehen, dass sie keine Roboter hin- und herschoben, sondern Menschen, die sich häuslich einrichten, wo sie leben und arbeiten. Menschen, die sogar Wurzeln schlagen und die man eben nicht verrücken kann wie eine Werkbank oder eine Produktionsmaschine, und selbst diese lassen sich nicht ohne Weiteres vom Fleck bewegen.

Wer seinen Job kündigte, musste auch die Wohnung räumen

Die in den 1960er-Jahren angeworbenen und auf ihre Arbeitstauglichkeit streng geprüften Muslime arbeiteten fortan im Bergbau, in den Hochöfen der Stahlindustrie oder am Fließband bei *Opel, Volkswagen, Ford* oder *Mercedes*. Zwar verrichteten die jungen Männer in der Regel niedrig qualifizierte, wenngleich körperlich sehr anstrengende Arbeiten, doch waren sie keineswegs alle ohne Ausbildung.

Manche hatten in ihrer Heimat zwar nicht Lesen und Schreiben, aber manch anspruchsvolles Handwerk wie Schreiner oder Gerber gelernt oder auch als Verkäufer gearbeitet. Andere waren in ihren Dörfern oder nahegelegenen Städtchen Lehrer gewesen. Die Bezahlung bestand dort allerdings nicht selten auch mal aus Naturalien wie Milch, Brot oder Fleisch. Daher nahmen auch sie das Abenteuer Deutschland auf sich. Als kleiner Witz machte damals auch die Runde, wo in Deutschland die größte Bäckerei stünde. *VW* oder *Ford*, weil einstige Bäcker nun Autoteile zusammenschraubten, statt Fladenbrot zu backen. Manche konnten aufgrund ihrer fundierten Ausbildung in der Heimat, etwa als Schweißer, in Deutschlands Großbetrieben auch gleich als Vorarbeiter eingesetzt werden.

Arbeiten und Wohnen wurde damals als Einheit gesehen – nämlich als Provisorium! Die ersten Gastarbeiter mussten noch in Holzbaracken leben. Bald wurden auch firmeneigene Wohnunterkünfte erbaut, die aber immer noch spartanisch mit Gemeinschaftsküchen und Hochbetten ausgestattet waren. Erst später, Mitte der 1970er, bauten die Bergbauunternehmen, sowie andere Industriezweige wie *Siemens, Opel* oder *Thyssen* spezielle Wohnungssiedlungen mit Reihen- oder Mehrfamilienhäusern, deren Mietverträge an die Arbeitsverträge gebunden waren: Wer seinen Job kündigte, musste auch die Wohnung räumen. Niemand störte sich daran. Die unmittelbare Nähe zur Arbeitsstelle, die unnötige Reisewege oder Zuspätkommen vermied, war für Arbeitgeber und Arbeitnehmer gleichermaßen von Interesse. Doch was einst als Vorteil galt, sollte sich später zu sogenannten »Problemvierteln« wie Duisburg-Marxloh entwickeln, ein heute türkisch dominierter Stadtteil mit »Ghetto-Charakter«.

Dieselbe Entwicklung nahmen auch die Vorortsiedlungen in Frankreich. In den 1970ern noch sehr beliebt, entwickelten sich die »Banlieues« mit dem Abbau der nahegelegenen Industrie und der damit einhergehenden Arbeitslosigkeit in geballte Zentren gravierender Perspektivlosigkeit, die letztlich die jüngere, vor allem männliche Generation in die Kriminalität trieb.

Die neuen Wohnungen ermöglichten den jungen »Gastarbeitern« endlich Frauen und Kinder nach Deutschland nachkommen zu lassen. Den grundsätzlichen Plan, bloß die finanziellen Grundlagen für die eigene Zukunft zu verdienen, hatte zu dieser Zeit noch keiner aufgegeben. Man wollte weiterhin nur so lange bleiben, bis der angesparte Lohn ausreichte, um den Eltern in der Heimat bei der Schuldentilgung zu helfen, einen Traktor zu kaufen oder einen eigenen Handel zu eröffnen. Baldmöglichst wollten die Männer in ihre Herkunftsländer zurück. Doch mit anderen Singlemännern in Etagenbetten schlafen und wohnen, das wollten sie nun wirklich nicht mehr.

Der »Anwerbestopp« und seine Folgen

Das Schicksal und die Lebensgeschichten der vielen 1 000 Gastarbeiter sind vielfältig. Deutschland suchte viele Arbeitskräfte, aber auch viele Arbeitskräfte wollten nach Deutschland – oder jedenfalls irgendwohin, wo sie mit ehrlicher Arbeit ordentliches Geld verdienen könnten. Die Wartelisten waren lang. Das führte vor Ort zu Korruption, was wiederum dazu führte, dass mancher der Einfachheit halber als Tourist einreiste, um dann doch als Arbeiter zu bleiben.

Der eine oder andere landete zuerst in Dänemark, bis er bemerkte, dass es ihm dort zu kalt war; wählerisch wechselte er nach Deutschland, wohin er dann auch seine Familie nachziehen ließ. Dort standen die bereits früher eingereisten Landsleute den Nachzüglern zur Seite und fungierten als Job-Vermittler und Übersetzer zwischen dem eigenen Arbeitgeber und dem neuen Freund. Bei Vertragsabschluss gab es die entsprechende Aufenthaltsgenehmigung oben drauf.

Mein Vater beispielsweise machte sich auf eigene Faust – und ohne Arbeitsvertrag in der Tasche – auf den Weg nach Deutschland. Er heuerte gemeinsam mit dem Mann seiner Schwester bei einem Wanderartistenzirkus an, der regelmäßig in Tanger gastierte und durch ganz Europa tingelte. Mein Vater und mein Onkel halfen beim Auf- und Abbau, bis sie über Spanien und Frankreich endlich im ersehnten Deutschland landeten und in München als Hilfsarbeiter in einer Schreinerei Arbeit fanden, während mein Onkel weiter nach Berlin zog, um bei *Siemens* Aufräumarbeiten zu verrichten.

Mein Vater ging weiter nach Niedersachsen, wo er eine Mechanikerausbildung abschloss. Mitte der 1970er ließ er sich im Umland von Hannover nieder. In modischer Hippie-Kleidung und mit sportlichem Wagen bereiste er Tanger und besuchte seine Familie. Dort lernte er seine erste Ehefrau kennen, die ihm daraufhin nach Deutschland folgte. Diese beiden bekamen zwei Kinder und – voilà: Mein Vater befand sich in derselben Situation wie Hunderttausende andere Gastarbeiter in Deutschland auch!

Insbesondere kehrten die europäischen Gastarbeiter – wie geplant – nach einigen Jahren oder spätestens zum Rentenbeginn in ihre Heimat zurück; vor allem, als ihre Herkunftsländer der Europäischen Union beitraten und sich selbst in ähnlicher Weise wirtschaftlich entwickelten wie das immer noch blühende Deutschland. Von den insgesamt vier Millionen Italienern, die zeitweilig in Deutschland lebten, sind heute nur noch etwa eine halbe Million übrig geblieben.

Anders war es bei den Türkischstämmigen. Hier kam Verschiedenes zusammen. Zum einen hatten sich sowohl die wirtschaftliche und die soziale als auch die politische Lage in den 1970ern in Deutschland verändert, sodass es 1973–79 zu einem sogenannten »Anwerbestopp« kam. Politisch wollte man dadurch nicht nur verhindern, dass immer neue Gastarbeiter ins Land zogen, sondern auch die Integration der bereits hier lebenden Gastarbeiter fördern. Man erhoffte sich eine »Konsolidierung« der Arbeitsverhältnisse.

Stattdessen beschwor gerade der Anwerbestopp den Zuzug weiterer Ausländer geradezu herauf: Denn der Familiennachzug war nunmehr die einzige legale Form der Zuwanderung und stellte den Einwandererfamilien eine bessere Eingliederungspolitik in Aussicht. So mancher, der vielleicht ansonsten – zumindest zeitweilig – in die Türkei zurückgegangen wäre, überlegte sich diese Entscheidung nun zweimal, weil er fürchten musste, dass ihm eine erneute Einreise nach Deutschland verwehrt würde.

Erschwerend kam hinzu, dass durch die Ölkrise und diverse Putschversuche in der Türkei oder in Marokko zum Beispiel die Heimatländer nicht gerade eine rosige Zukunft erwarten ließen. Um kein Risiko einzugehen, entschieden sich unsere Väter und Großväter deswegen lieber erst einmal in Deutschland zu bleiben, weiter ihrer Arbeit nachzugehen und – wenigstens vorübergehend – spätestens jetzt ihre Familien nach Deutschland zu holen. Heute lebt die größte türkische Community außerhalb der Türkei in Deutschland – mit 2,5 Millionen Deutsch-Türken.

Der Anwerbestopp beruhte nicht allein auf dem nachlassenden Bedarf an willigen, aber billigen Arbeitskräften, sondern hatte neben allen ökonomischen Motiven auch einen politischen Hintergrund: Die Sache mit den Gastarbeitern verlief nämlich nicht ganz so reibungslos wie erwartet. Überraschend kam es zu Problemen, mit denen keiner gerechnet hatte: So war die Krankenhausversorgung von schwangeren Frauen, die kein Deutsch verstanden, extrem schwierig oder die Betreuung von schulpflichtigen Kindern, deren Eltern man sprachlich kaum erreichte.

Muslime der »ersten Generation«: Studenten, Ärzte, Ingenieure

In diesem Zusammenhang wird aber häufig vergessen, dass besonders in den Jahren zwischen 1961 und 1971 auch viele Frauen nach Deutschland kamen. Sie waren häufig jünger als die Männer, die mehrheitlich 24 bis 25 Jahre alt waren – nämlich Anfang 20 und so manch eine sogar erst 15 Jahre alt. Frauen, die mit ihrem Ehemann auswanderten, mussten nicht selten aufgrund fehlenden Geldes oder weit auseinanderliegender Arbeitsstellen erst einmal in unterschiedlichen Wohnunterkünften und manchmal sogar unterschiedlichen Städten unterkommen. Die Kinder wurden deswegen oft bei den Eltern oder sonstiger Verwandtschaft in der Heimat gelassen. Das war nichts typisch Muslimisches, auch die orthodoxen Griechen oder die katholischen Spanier mussten das Familienleben auf diese Weise meistern.

Manche Frauen kamen noch vor ihren Männern oder ganz ohne Begleitung nach Deutschland. Für die ledigen Frauen war die Auswanderung eine gute Gelegenheit, dem patriarchalischen Umfeld zu entfliehen und ihre eigene Mitgift anzusparen. Gastarbeiterinnen aus den europäischen Ländern kamen nur in geringer Zahl; dagegen wurden bei den Anwerbeabkommen mit Marokko und Tunesien gezielt Frauen angesprochen: Sie wurden vor allem bei Arbeiten eingesetzt, die großer Fingerfertigkeit bedurften, beispielsweise in der Elektrotechnik bei *Siemens* oder in der Pralinenkonfektion bei *Stollwerk*.

Die Hände der türkischen und griechischen Frauen, so hieß es, seien für feine Arbeiten besser geeignet. Ihre Hände seien kleiner und geschickter als die der westeuropäischen Frauen. Beim Bau von Modellen, beim Bedienen und Zusammensetzen von elektrischen Geräten und Apparaten seien diese kleinen und weichen Hände sehr nützlich, berichtete ein damaliger Gastarbeiter in der Gastarbeiter-Broschüre *Fremde Heimat*. In Berlin waren die ersten Gastarbeiter zu zwei Drittel weiblich und löteten bei *DeTeWe* beispielsweise Schaltkreise der Telefone zusammen. Das von ihnen genannte »Wonaym« lag damals neben der heutigen SPD-Zentrale an der Stresemannstraße. Später errichtete *DeTeWe* Baracken direkt auf dem Kreuzberger Werksgelände.

Doch die heute in Deutschland lebenden Muslime »der ersten Generation« kamen nicht ausschließlich als »Gastarbeiter« für Niedriglohnjobs. Sie kamen auch als Studenten, als Ärzte oder als Ingenieure. Dabei konnten sie genauso aus der Türkei stammen wie die Männer, die unter Tage in der Zeche arbeiteten. Wieder bildeten die bestehenden bilateralen historisch-politischen Beziehungen die Basis für den Personen- und Wissenstransfer.

Vor allem Mediziner waren gefragt. Denn außer einem Mangel an Arbeitern gab es in den 1960er-Jahren in Deutschland auch einen Ärztemangel. Manch ausgebildetem türkischen Arzt wurde deswegen bereits in der Heimat ein Jobangebot für Deutschland offeriert. Andere absolvierten ihre Facharztausbildung in Deutschland und blieben.

Davon profitierten alle Beteiligten: Die vielen Gasarbeiter in Deutschland konnten nun in ihrer Muttersprache Details ihrer Beschwerden erklären oder den Unfallhergang beschreiben, die jungen Ärzte konnten neben den türkischen auch die deutsch-deutschen Patienten behandeln, in Krankenhäusern arbeiten und eigene Praxen führen. Deutschland war auf diese Weise doppelt geholfen: Man hatte gesunde Arbeitskräfte und genügend Ärzte.

Doch auch für die jungen Akademiker lohnte sich der Umzug ins ferne Deutschland. Sie bekamen neben dem qualifizierten Abschluss vor allem die Chance, ihre Fähigkeiten unter Beweis zu stellen und sich eine wirtschaftlich attraktive Position aufzubauen.

Dafür gingen sie hohe Risiken ein: Denn sie stammten keineswegs alle aus wohlhabenden oder Akademiker-Familien. Nicht selten wurden alle Ersparnisse der Familie in das Studium der Söhne und Töchter investiert, die – im Falle des Erfolges – von ihrem Einkommen auch den Lebensunterhalt und die Bildung der jüngeren Geschwister und der nicht mehr arbeitsfähigen Eltern unterstützen mussten.

Der Zustrom von Einwanderern nimmt stetig ab

Die vermutlich bestausgebildeten Muslime in Deutschland stammen überwiegend aus dem Iran. Rund 120 000 Iraner leben in Deutschland, von denen sich nur zehn Prozent als gläubige Muslime bezeichnen.

Die wechselvolle politische Geschichte des Iran, der aufgrund seines Ölreichtums immer im Mittelpunkt vielfältiger internationaler Interessenkonflikte stand, ließ in den letzten 50 Jahren immer wieder verschiedene wirtschaftliche oder intellektuelle Eliten aus dem Land flüchten. Sie wanderten wenn nicht als Kaufleute, dann meist als Ärzte nach Deutschland ein. Die sogenannte »Weiße Revolution«, die eine Enteignung der Großgrundbesitzer 1963 durch den Schah zur Folge hatte, brachte viele vermögende Iraner dazu, ihr Land zu verlassen. Schon 1961 entstand die »Vereinigung iranischer Ärzte und Zahnärzte in der Bundesrepublik Deutschland e. V.«

Nach der islamischen Revolution und der Absetzung des Schahs 1979 gab es eine weitere Flüchtlingswelle, während des Ersten Golfkriegs 1980 bis 1988 die nächste und auch danach riss der Strom der Flüchtlinge aus dem umkämpften Land nicht ab: Allein in der Zeit zwischen 1990 und 1995 kamen über 30 000 politisch verfolgte Iraner nach Deutschland. Sie waren hochqualifiziert und nahmen durch Handel, sei es als Taxiunternehmer, sei es als Gastronom, und durch akademische Arbeit, sei es als Wissenschaftler oder Arzt, am gesellschaftlichen Leben teil.

Auch alleinerziehende Mütter ergriffen die Flucht aus dem Iran, wenn ihr Ehemann vom Regime als ehemaliger Schah-Anhänger oder politischer Gefangener ermordet worden war. Darunter waren Pädagoginnen genauso wie Künstlerinnen.

Auch die DDR warb Gastarbeiter an, nämlich zwischen 1966 und 1989 ungefähr eine halbe Million Arbeitskräfte. Sie stammten vorrangig aus Vietnam, Polen und anderen afrikanischen und mit der ehemaligen Sowjetunion verbrüderten Staaten wie Mosambik oder Angola. Dadurch gelangten vor und nach der Wende Muslime aus Ägypten, dem ehemaligen Palästina oder Syrien nach Deutschland. Sie haben oftmals einen akademischen Hintergrund, kamen schon als Studenten nach Deutschland, blieben und arbeiten heute als Journalisten, Dolmetscher oder Ingenieure. Die meisten kehrten allerdings in ihre Heimatländer zurück.

Die zweitgrößte muslimische Gruppe machen heute die 550 000 südosteuropäischen Muslime aus Bosnien, Bulgarien und Albanien aus. Obgleich viele Menschen heute meinen, dass diese Bevölkerungsgruppe erst während und nach dem Bosnienkrieg 1992 bis 1995 einwanderte, kamen tatsächlich die meisten von ihnen schon viel früher nach Deutschland: 1968 wurden nämlich entsprechende Abkommen mit der Bundesrepublik und dem damaligen Jugoslawien geschlossen.

Seit dem Anwerbestopp und nach dem Golf- und Balkankrieg sowie dem Kurdenkonflikt sanken auch die Asylanträge aus dieser Region. Diese lagen 2006 insgesamt noch bei 0,8 Prozent im Gegensatz zu den turbulenten Zeiten Mitte der 1990er-Jahre. 2005 zogen rund 579 000 aus dem Ausland nach Deutschland, fast genauso viele zogen im selben Jahr von hier weg: nämlich 483 584.

Der Zustrom von Einwanderern, auch aus muslimischen Ländern, ist daher seit mehr als 20 Jahren gesunken. Auch sinkt heute die Einwohnerzahl Deutschlands, statt sich durch Einwanderung oder höhere Geburtenraten hier lebender Einwanderer zu erhöhen. Während wir heute rund 80 Millionen ausmachen, wird für 2060 eine Bevölkerungszahl von 70 Millionen vom Statistischen Bundesamt prognostiziert.

Dass am Ende besonders viele muslimische Gastarbeiter aus der Türkei und den arabischen Ländern in Deutschland blieben, hatte auch damit zu tun, dass zwar die Bundesregierung Arbeitsverträge von ein bis zwei Jahren vorsah, doch die Unternehmen bemerkten, dass dies nicht im Sinne der Arbeit und der Qualitätsansprüche war. Schließlich musste man jedes Mal jemand anderes einarbeiten, was unnötig Zeit kostete, und da besonders die Muslime im Gegensatz zu ihren europäischen Kollegen aufgrund der wirtschaftlichen Lage ihrer Heimatländer blieben, war es auch im Interesse der Wirtschaft, erst einmal mit denselben und vertrauten Mitarbeitern weiterzumachen.

Dies führte 1978 dazu, dass man aufgrund des entstehenden Wohnungsbedarfs, der in Deutschland geborenen Kinder und wegen der Schul- und Gesundheitsversorgung entschied, sich dem Thema Integration langsam auch politisch anzunähern, und das Amt des »Beauftragten zur Förderung der Integration der ausländischen Arbeitnehmer und ihrer Familienangehörigen« berief. Es war an das Arbeitsministerium angebunden und sollte sich fortan um die Belange der Einwanderer kümmern, aber auch in der Bevölkerung für die Notwendigkeit der Integration werben. Heute heißt das Amt »Beauftragte der Bundesregierung für Migration, Flüchtlinge und Integration« und ist seit 2013 mit der SPD-Politikerin Aydan Özoguz im Kanzleramt angesiedelt und damit das erste Muslim Girl auf diesem Posten.

Wann ist man Deutscher?

Heute lebt seit der gezielten Anwerbung der 1960er bereits die vierte Generation der Muslime in Deutschland. Dabei sind über dreißig Prozent zwischen null und fünf Jahre alt, gefolgt von 26- bis 35-Jährigen mit über 25 Prozent. Oder anders gesagt: Mehr als die Hälfte von uns deutschen Muslimen ist unter 35 Jahre alt und sieht sich mit anderen Problemen konfrontiert als die Generation unserer Eltern und Großeltern in diesem Land.

Während die Alten mit dem Gedanken häufig noch in ihren Heimatländern sind, sind wir Jungen in diesem Land zu Hause, werden auch zukünftig hier leben und setzen uns damit auseinander, wie dieses Leben aussehen kann und wie wir uns aktiv in die Gesellschaft einbringen können. Als gläubige Eltern der zweiten Generation sind wir dabei auch daran interessiert, unseren Glauben an unsere Kinder weiterzugeben, etwa durch deutschsprachigen Islamunterricht in der Schule.

Und trotzdem: Nur 20 Prozent von uns Muslimen fühlen sich als Deutsche, das heißt, auch unter den jungen Muslimen, die in Deutschland aufgewachsen sind, fühlen sich die meisten hier noch fremd. Liegt das an uns, den Türkisch-Deutschen, den Iranisch-Deutschen, den Tunesisch-Deutschen? Oder an den Deutsch-Deutschen? Ab wann ist man ein Deutscher?

2008 ließen sich über 24 000 Türken einbürgern. Die Zahl der Einbürgerungen aus den Reihen der Serben, Kosovaren, Polen, Iraker oder Iraner beispielsweise lag unter 8 000. Viele wählen die Einbürgerung, nicht weil sie deutsch-national gesinnt sind, sondern weil es dann einfacher ist zu reisen und man aktives und passives Wahlrecht bekommt. Wer politische Teilhabe will, braucht einen deutschen Pass. Doch ist man damit mehr als formal ein Deutscher? Oder ist man nicht schon vorher deutsch?

Viele Deutsch-Deutsche schämen sich, Deutsche zu sein. Seltsames Land. Uns Muslim Girls ist es tendenziell egal, welche Nationalität jemand hat – es gibt Wichtigeres! Zum Beispiel Respekt. Denn trotz aller Bemühungen, gleichberechtigter Teil dieses Landes zu sein, stoßen wir immer noch allenthalben auf Vorbehalte.

Noch immer wird unsere deutsche Identität von einigen in diesem Land in Frage gestellt: Wie können eine Muslima oder ein Muslim Deutsch sein? Ich bin es für meinen Teil! Ich heiße Sineb El Masrar und bin Deutsche. Ich habe einen deutschen Pass, ich arbeite in Deutschland, ich zahle hier Steuern. Doch als Teil dieses Landes fühle ich mich nicht nur, weil es auf einem Papier steht, sondern weil ich dieses Land besser kenne als jedes andere Land auf der Welt.

Ich bin in Hannover geboren und aufgewachsen. Seit meiner Geburt befinde ich mich in diesem Land. Fast dreißig Jahre lebe ich hier. Seit 2003 bin ich nun auch deutsche Staatsbürgerin. Warum? Weil es einfach an der Zeit war. Um wählen zu gehen. Um dieselben Rechte zu haben wie alle anderen Deutschen auch. Und um nicht formell weiterhin als Ausländerin zu gelten und dies auf behördlicher Ebene gelegentlich zu spüren zu bekommen. Mein Gefühl gegenüber Deutschland hat sich dadurch kein bisschen verändert. Ich fühle mich in diesem Land genauso verstanden wie zuvor – und genauso missverstanden.

Zum Glück schreiben wir das Jahr 2015. Seit 17 Jahren gilt das moderne deutsche Staatsangehörigkeitsrecht, das nicht mehr allein denjenigen die Bürgerrechte zugesteht, die deutsche Vorfahren beziehungsweise deutsches Blut in ihren Adern fließen haben. Inzwischen gilt man auch als Deutscher, wenn man hier geboren wird und die Eltern – egal welcher Herkunft – länger als acht Jahre rechtmäßig in Deutschland leben. Oder wenn man selbst seit acht Jahren in Deutschland lebt und eine unbefristete Aufenthaltsgenehmigung hat. Die kleinen Schwarzköpfe in Ihrer Nachbarschaft sind also höchstens noch im Hirn so mancher Deutsch-Deutschen »kleine Ausländerkinder«, in Wahrheit sind sie »kleine Germanen« – die Zukunft Deutschlands ist schon lange nicht mehr groß, blond und blauäugig. Und ehrlich gesagt, sieht es für mich so aus, als wenn das diesem Land sehr gut tut. Als Deutsche sind wir nämlich alle auch Bürger der Europäischen Union. Sind wir im Herzen nicht längst alle ein bisschen transkulturell?

Deswegen wäre es doch heute mehr als an der Zeit, allen Bürgern die doppelte Staatsbürgerschaft zu ermöglichen. Wie meine deutsch-iranischen oder israelisch-deutschen Freundinnen, die beide Staatsangehörigkeiten besitzen, weil diese Länder mit Deutschland ein entsprechendes Abkommen haben. Sie leiden deswegen nicht an Loyalitätskonflikten. Im Gegenteil: Erst wenn wir Muslim Girls vor die Wahl gestellt werden, uns zwischen der Heimat Deutschland und der Heimat Tunesien, oder wie auch immer die zweite Heimat heißen mag, entscheiden zu müssen, dann entstehen Loyalitätskonflikte.

Ist das wirklich so schwer zu verstehen? Während zahlreiche Muslim Girls sich bis heute bereits über Jahrzehnte am gleichen Ort befinden, gibt es ganz andere, wirklich Migranten. Nämlich deutsche Migranten, innerhalb von Deutschland: Menschen, die aus beruflichen oder familiären Gründen von einer Stadt in eine andere ziehen, der Bayer in Preußen, der Westfale in Schwaben. Vor 100 Jahren wäre das noch eine Sensation gewesen und sicher wäre es ein strittiges Problem gewesen, ob man als Friese in Württemberg Mitbestimmungsrechte bekommt. Oder als Alemanne in Vorpommern. Heutzutage gehören solche Ortswechsel zum Alltag – genauso wie die Ortswechsel von Marrakesch nach Mainz und von Accra nach Köln. Ein Pass macht kein Heimatgefühl, und umgekehrt.

Ich bin Deutsche und Marokkanerin zugleich, wenn ich zum Beispiel Freunde zu einem üppigen marokkanischen Mahl einlade oder mit ihnen über die sozialen Entwicklungen in Deutschland diskutiere. Und sollte ich in diesem Leben noch auswandern, dann werde ich gewiss eine weitere Nationalität aufnehmen können. Man kann schließlich auch alle seine Kinder lieben, und zwar jedes auf seine Weise, ohne dass man deswegen keine echte Mutter oder kein echter Vater ist.

Staatsangehörigkeit ist doch bloß das ernsthafte Bekenntnis, dass man an dem Ort, an dem man sich befindet, an der Gesellschaft partizipieren will: leben, arbeiten und seinen Beitrag für ein friedliches Miteinander leisten. Warum in aller Welt soll man das nicht an mehreren Orten der Welt gleichzeitig und überall von Herzen gern tun?

4. CLASH OF CULTURES? KAMPF DER SCHUL- SYSTEME

MUSLIM GIRLS IM DEUTSCHEN SCHULBETRIEB

In allen amerikanischen High-School-Filmen gibt es den Typ Anti- held, der erst nach dem Abschluss zu einer wirklich interessanten Persönlichkeit aufsteigt. Aus den vermeintlich kleinen Verlierern werden attraktive und erfolgreiche Männer und Frauen, die mit- ten im Leben stehen. So ähnlich gestaltet sich das bei den heute erwachsenen Muslim Girls, die in ihrer Schulzeit noch mit ihrer unterschiedlich gearteten Andersartigkeit aus der Schülermasse hervorstachen.

Inmitten der blonden Kinderschar fielen wir als Erstes durch unsere dunkle Haarpracht auf. Besonders auffällig waren dabei unsere dunklen Koteletten, die buschigen Augenbrauen und der allgemein beliebte Oberlippenflaum. Wir wurden zur Zielscheibe von flachen Witzen, wie »Versuch's mal mit Gillette – für das Beste im Mann«, aber das trieb uns Girls nicht in die Schönheitskrise. Im Gegenteil. Denn wir wussten: Es war nur eine Frage der Zeit, bis unsere Mütter oder großen Schwestern uns in die Kunst des Wach- sens und Zupfens einführen würden. Die Plüschpracht wurde also bis zur Verwandlung in eine orientalische Schönheit, pragmatisch wie eine *Scout*-Schultasche für Arme, mit sich herumgetragen.

Eine weitere Auffälligkeit waren Kleidung und Schulutensi- lien. Während *Benneton*-Pullover, *Esprit*-Shirts und *Levi's* Jeans unsere deutsch-deutschen Ober- und Mittelstands-Mitschülerin- nen begleiteten, beglückten uns unsere Eltern regelmäßig mit den abgelegten Kleidungsstücken unserer älteren Schwestern oder dem neuesten Schrei von *C&A*. Dabei war man damals, lange bevor Heidi Klums Sprösslinge diese Modekette aufwerteten, verdammt gut beraten, sich vor diesem Laden besser nicht sichten zu lassen.

Wenigstens die Schulhefte erstanden wir in denselben Schreibwarengeschäften wie unsere deutsch-deutschen Mitschüler. Wenn auch die Buntstifte und Füller eher der Preisklasse »günstig und funktional« angehörten. Sie hatten keine Aquarell-Eigenschaft und sahen selten so stylisch aus wie der Kalligrafie-*Lamy*, aber sie erfüllten ihren Zweck. Ergebnisse und Texte ließen sich ohne Schwierigkeiten niederschreiben. Und darauf sollte es ja ankommen in der Schule. Glaubten wir zumindest.

Die erste Lektion, die ein Muslim Girl lernen musste, lautete: Für dunklen Teint, verirrte Haare im Gesicht und fehlende Markenlogos auf der Kleidung trug man keine Verantwortung. Genauso wenig für die Eltern, die einem der liebe Allah beschert hatte. Alhamdu-lillah – Gott sei Dank –, man war gesund, hatte zu essen, ein Dach über dem Kopf und, ganz wichtig, man konnte eine ordentliche und nahegelegene Schule besuchen.

Letzteres war ein Privileg, das so manchem Elternteil als Kind verwehrt geblieben war. Umso glücklicher verwiesen unsere Eltern auf das Erreichte: Es ging aufwärts in der neuen Generation. Die eigenen Kinder würden einem eines Tages helfend zur Seite stehen, man wäre stolz auf sie und vielleicht würde aus der einen oder anderen von uns sogar mal eine angesehen Ärztin oder Anwältin werden, so der Traum unserer Eltern. Dass die eigenen Kinder aber schon mal Lesen, Schreiben und Rechnen lernten, war bereits ein Triumph und ließ die Strapazen in Deutschland wieder von der positiven Seite sehen. Schließlich stammte der Großteil der hier lebenden Einwanderer aus eher bildungsfernen Gegenden und sah die flächendeckende Schulpflicht als eine Bereicherung an.

Für so manchen Lehrkörper stellte unser Auftauchen im deutschen Schulbetrieb dagegen eine Überforderung dar. Die ersten

Schüler nicht-deutscher Herkunft tauchten bereits Ende der 1960er auf. Sie stammten aus den ersten Gastarbeiterländern wie Italien, Spanien oder Griechenland, waren inzwischen von ihren Eltern nach Deutschland geholt worden und landeten als Quereinsteiger häufig zuerst in den Hauptschulen. Später folgten noch die türkischstämmigen Kinder, die fast allesamt erst einmal in speziellen Ausländerklassen landeten. Sie waren teilweise schon älter als sechs oder zehn Jahre, waren in ihren Herkunftsländern in die Schule gegangen und der deutschen Sprache nicht mächtig.

Wissensvermittlung per Zeichensprache

In den 1960er-Jahren wurde eine Schulpflicht auch für ausländische Kinder eingeführt, sofern sie über einen gültigen Aufenthaltsstatus verfügten und dauerhaft hier wohnhaft waren. Wer zu dieser Zeit als Flüchtlingskind nach Deutschland kam, hatte als anerkanntes Asylkind zwar ein *Recht,* die Schule zu besuchen; darauf geachtet wie bei Kindern mit Schul*pflicht* wurde dabei allerdings nicht. Entsprechend halbherzig konnten die Bemühungen der Lehrer ausfallen, wenn sie merkten, dass dieses Kind dem Unterricht nicht besonders gut folgen konnte. Ausgerechnet das Bundesland Nordrhein-Westfalen, in dem besonders viele Einwanderer leben, sollte sogar die Schulpflicht für Asylbewerberkinder als allerletztes einführen, nämlich erst 2006!

Das Thema Schulpflicht bleibt bei Kindern, die illegal in Deutschland leben, bis heute nach wie vor problematisch: Schätzungsweise handelt es sich um die 10 000 Kinder ohne geregelten Aufenthaltsstatus. Für sie kann von existenzieller Wichtigkeit werden, in welches Bundesland sich ihre Eltern geflüchtet haben: Denn während in Bayern die Schulleiter dem Aufenthaltsstatus ihrer Schüler nicht nachgehen müssen (also still und heimlich auch illegal in Deutschland lebenden Kindern wenigstens Bildung zukommen lassen können), ist man in Hessen der Auffassung, dass die Schulpflicht nicht für Illegale gilt. Wer seine Kinder dort trotzdem in die Schule schickt, fliegt auf und schon droht die Abschiebung.

Doch wir Muslim Girls waren ja mehrheitlich ganz legal in Deutschland, deswegen gab man sich zunehmend Mühe mit uns. Mit der Zeit wurden sogar italienische oder türkische Pädagogen und Sozialarbeiter eingesetzt, um uns im Sonder-Unterricht halbwegs unterstützen zu können. Ein generelles Konzept gab es aber nicht, wie man nicht deutsche Schüler und Schülerinnen ins allgemeine deutsche Schulsystem eingliedern sollte. Häufig saßen sie – ohne ein Wort zu verstehen – den Unterricht regelrecht ab und malten Bilder. Die Lehrer verständigten sich mit ihnen per Zeichensprache.

Nur im Fach Mathematik war Sprache nicht unbedingt nötig. Die Zahlen und Ergebnisse konnten Kinder aller Nationalitäten an die Tafel schreiben, sie waren überall dieselben. Allerdings konnten bereits hier die Unterschiede im Bildungssystem der unterschiedlichen Länder deutlich werden. Freunde und Bekannte aus Marokko oder dem Iran erzählten mir, dass sie als acht- oder zehnjährige Zuwandererkinder in Deutschland automatisch zu den gleichaltrigen Deutschen in die dritte oder vierte Klasse eingestuft wurden. Doch dort stellten sie fest, dass der Rechenstoff in ihren Ländern bereits ein Schuljahr vorher durchgenommen worden war. Das langweilte so manch eine, während es dem anderen die Möglichkeit gab, wenigstens in einem Fach gut abzuschneiden, bis sich die Deutschkenntnisse verbessern sollten.

Problematisch wurde es, wenn die Kinder in den sogenannten Ausländerklassen mehr die Fremdsprache anwendeten als die deutsche Sprache. Besonders für Kinder, die als gebürtige Marokkaner, Iraner oder Syrer plötzlich dem Unterricht aufgrund der überwiegenden Anzahl von türkischstämmigen Kindern auf Türkisch folgen mussten. Das hatte zwar den hübschen Nebeneffekt, dass sie ein paar Sätze in einer neuen Sprache lernten, aber führte in den nächsten Jahren erneut zu Problemen, da sie dem allgemeinen Unterricht auf der weiterführenden Schule auf Deutsch folgen mussten.

Unterschiedliche Bildungserfolge je nach Herkunft

Besonders in den ersten Jahren des Zuzugs nach Deutschland waren die Lehrer überfordert, weil die Kultusministerien keine Konzepte für diese neue Schulsituation entwickelten. Das hat leider bis heute Auswirkungen, insofern als zum Beispiel italienischstämmige Schüler als Bildungsverlierer gelten: 2008 besuchten laut einer Studie des Statistischen Bundesamtes 48,3 Prozent die Hauptschule und 8,6 Prozent sogar die Sonderschule. Bei den türkischstämmigen waren es nur 44,7 Prozent und 6,6 Prozent, was dennoch ein hoher Wert bleibt.

Die spanisch- und griechischstämmigen Kinder gehören dagegen zu den Gewinnern, die nur zu 26 Prozent eine Hauptschule besuchen. Zum Vergleich gehen deutsch-deutsche Kinder nur zu 17 Prozent auf eine Haupt- und zu vier Prozent auf eine Sonderschule. Warum ausgerechnet zwischen den europäischstämmigen Kindern solch ein Unterschied besteht, lässt sich nicht lückenlos klären; doch offenbar spielen – wie auch bei den Kindern aus den unterschiedlichen muslimischen Ländern – der Bildungsgrad und vor allem die Bemühungen der Eltern eine relevante Rolle.

Während sich die spanisch- und griechischstämmigen Eltern oftmals in Vereinen zur Bildungsförderung ihrer Kinder organisieren – Bildung war in diesen Familien nicht nur hoch angesehen, sondern wurde aktiv gefördert –, stammten viele italienische Eltern selbst aus bildungsfernen Familien und aus sehr ärmlichen Regionen, etwa aus dem süditalienischen Mezzogiorno, mit einem eigenen Dialekt. Ihr Verhältnis zur Bildung war weniger eng als das zur Heimat.

Im Gegensatz zu den türkischstämmigen Familien war ihnen das Pendeln in die Heimatländer ohne Weiteres möglich. Die Zugehörigkeit zur Europäischen Gemeinschaft erlaubte es den Italienern zudem, jederzeit wieder nach Deutschland einzureisen, wovon sie viel Gebrauch machten. Beim Hin und Her der Wohnorte blieben jedoch die Kinder schulisch auf der Strecke, da sie nirgends konsequent am Unterricht teilnahmen. Und nicht zuletzt fehlte es auch an Lernmotivation. Im familieneigenen Eiscafé oder Restaurant fand man schließlich auch ohne Schulabschluss eine Anstellung.

Die rote Karte im Schulbetrieb – gottgewollt?

Iranischstämmige Kinder haben meist das Glück, dass ihre Eltern selbst eine gute schulische und berufliche Ausbildung genossen haben. Die Flüchtlinge aus dem Iran sind genauso ambitioniert wie die Iraner, die ohne Not als Studenten oder Akademiker nach Deutschland eingereist sind. Ihre Kinder müssen und werden so gut wie möglich gefördert. Viele wollen – auch in der Fremde – das soziale Prestige wahren. Da hängt man sich als Elternteil auch schon mal selbst dahinter, wenn die Lehrer in der Schule sich nicht ausreichend um die Zöglinge kümmern. Außerdem schadet es sicher nicht, täglich dem positiven Vorbild in der Familie ausgesetzt zu sein und von Kindesbeinen an die Relevanz von Bildung vorgelebt zu bekommen. Das mussten Muslim Girls aus anderen Familien nicht selten anders kompensieren.

Unabhängig von jeder Nationalität ist der Anteil der Muslim Girls, die eine Realschule, Gymnasium oder Gesamtschule besuchen, immer höher als der der Muslim Boys, die häufiger an Hauptschulen und Sonderschulen anzutreffen sind.

Für den Jungen besteht somit kaum eine Chance, noch einen weiterführenden Schulabschluss wie die Fachoberschulreife oder Hochschulreife zu erlangen. Das gilt allerdings auch für deutschdeutsche Jungen, die ebenfalls im deutschen Schulsystem schneller durchfallen, was wohl mehrere Gründe hat: Fehlende männliche Pädagogen als Bezugspersonen und Vorbilder, fehlende Förderung oder der Druck daheim, allem gerecht zu werden, können hier gleichermaßen Ursache sein.

Bei muslimischen Jungen kommt noch hinzu, dass sie in der familiären Erziehung nicht so stark unter Beobachtung stehen wie die Mädchen. Bei einem Jungen gehen die Eltern offenbar eher davon aus, dass er sich später auf dem Berufsmarkt im Notfall auch mit niedrig qualifizierten körperlichen Arbeiten durchboxen kann. Wir Muslim Girls aber nutzen die Zeit für die Bildung, denn auf einen späteren Versorger wollen und können wir uns nicht verlassen.

Besonders unsere iranischstämmigen Geschwister schreiben schulisch und später auch beruflich Erfolgsgeschichten. Ihr Erfolg hängt genauso wenig mit der Religion zusammen wie der Misserfolg der anderen muslimischen Kinder. Denn wer aufsteigen will, weiß, dass sich angestrengt werden muss. Nur wenige Muslim Girls ruhen sich darauf aus, dass der liebe Gott alles richten wird. Nach dem Motto: Habe ich Erfolg, ist das gottgewollt. Habe ich Misserfolg, ist das auch gottgewollt. Eine bequeme Einstellung, die einen aber selten voranbringt.

Von Bremen bis München über Köln und Frankfurt bekamen im Unterricht besonders häufig Muslim Girls der Gastarbeiter- und Flüchtlingseltern aufgrund mangelnder Deutschkenntnisse der Eltern die imaginäre Rote Karte gezeigt. Auf diese Weise lösten Lehrer ihre Überforderung und gaben uns auf, anstatt sich mit uns zu verbünden oder sich für uns zu engagieren.

Die Eltern und das deutsche Schulsystem

Auf unsere Eltern konnten wir, was Schule betraf, ohnehin nur selten setzen. Ihre Aufgabe in diesem Land beschränkte sich fast ausschließlich auf das Arbeiten oder Abwarten des nächsten rechtlichen Anerkennungsschritts. Uns Kindern blieb mancher

Vater nur ein Phantom, das man gelegentlich am Esstisch, vor dem Fernseher oder – wenn er mal nicht im Schlafmodus war – temperamentvoll und wild mit den Händen gestikulierend im Gespräch antraf. Die introvertierten unter ihnen schwiegen hingegen vor sich hin, wann immer wir sie antrafen. Was allerdings nicht bedeutete, dass wir unseren Eltern gleichgültig waren. Doch auch sie waren überfordert, weil ihnen niemand das deutsche Schulsystem erklärte, das so ganz anders war als alles, was sie aus ihrer eigenen Heimat und Kindheit kannten. Sprachlich selbst kaum in der Lage, sich zu informieren, blieb ihnen nur übrig, uns immer wieder klar zu machen, dass wir uns anstrengen müssen.

Manche Eltern sahen sogar erst bei unserer Einschulung das erste Mal in ihrem Leben eine Schule von innen. Ihre Deutschkenntnisse waren miserabel und auch in ihrer Muttersprache waren zumindest die Gastarbeiter oft Analphabeten. Bestenfalls hatten sie einige Jahre die Grundschule in ihrem Heimatland besucht – oder die Koranschule. Dort lernt man fast ausschließlich Koransuren auswendig. Glücklich konnte sich schätzen, wer einen ambitionierten Koranlehrer hatte, der dafür sorgte, dass seine Schüler zumindest auch das arabische, persische oder türkische Alphabet sowie ein wenig Mathematik lernten.

Unsere Großeltern wiederum – wenn sie sich dazu durchgerungen hatten, ihre Kinder, also unsere Eltern, zur Schule zu schicken – verließen sich bezüglich der Lerninhalte und Didaktik blind auf die Koran- und Schullehrer. Einfach hingeschickt und darauf vertraut, dass sich alles fügen wird. Elterngespräche? Fehlanzeige! Eine Haltung, die oftmals auch unsere Eltern übernahmen. Denn für Schulwissen und Bildung war ihres Erachtens ausschließlich die Schule zuständig. Dass dies in Deutschland etwas anders gehandhabt wurde, sollten unsere Eltern allerdings bald selbst erfahren.

Wenn Schule zweitrangig wird

Dass Bildung bei unseren Großeltern nicht die erste Priorität hatte, dafür gibt es mehrere Gründe: So fehlte es an Lehranstalten, wo Lehrer hätten ausgebildet werden können, und demnach auch an Lehrern. Die Zahl öffentlicher Schulen war entsprechend gering. Es bedurfte stets guter Kontakte und Privilegien, um an einer Schule unterrichten zu dürfen. Schließlich war das Studiennetz genauso wenig ausgebaut, und über die klassische Bewerbung an eine Lehrerstelle zu kommen, war eher unüblich. Mancherorts, beispielsweise in Algerien, Tunesien oder Marokko, waren die Lehrer Ausländer und der arabischen Sprache und der berberischen Dialekte nicht immer vollständig mächtig; sie sollten die Schüler in der neuen Landessprache der Kolonialmächte unterrichten.

In Algerien beispielsweise hatte dies zur Folge, dass nach der 120-jährigen Herrschaft der Franzosen, im Jahr der Unabhängigkeit 1962 ganze ältere Generationen in ihrer Muttersprache Analphabeten waren, obwohl sie jahrelang eine Schule besucht hatten. Stattdessen konnten sie fast ausschließlich Französisch sprechen und schreiben – und das in einem Land, in dem nunmehr wieder das Arabische offizielle Amtssprache sein sollte.

Auf der Suche nach der eigenen ursprünglichen Identität verfiel Algerien nach dem acht Jahre andauernden Unabhängigkeitskrieg in eine geradezu zwanghafte Arabisierung – oftmals verknüpft mit Repressalien gegen die eigene Bevölkerung. Diese Identitätskrise mitsamt der Arbeitslosigkeit und Perspektivlosigkeit befeuerte radikal-islamische und terroristische Kräfte im Land. Für zahlreiche Algerier schien die Lösung aller Probleme inklusive Identitätskrise in der Religion unter einer islamischen Führung zu liegen. Der Wahlsieg der islamischen Heilspartei *FIS* und dessen Annullierung führte 1991 zu einem opferreichen und jahrelangen Bürgerkrieg.

Die Kindheitsjahre unserer Großeltern und Eltern waren durchweg von politischen oder ideologischen Umbrüchen geprägt. Die neue Weltordnung wurde vielerorts gewaltsam und kriegerisch durchgesetzt. Sei es der Zusammenbruch des Osmanischen Reiches, der mit der Gründung der türkischen Republik unter Kemal Atatürk einherging, oder seien es die Unabhängigkeitskämpfe der nordafrikanischen Länder von Marokko bis Ägypten gegen Frankreich, Italien, Spanien und Großbritannien.

Auch die gewalttätigen Proteste und die Ermordung von Oppositionellen im Iran, die Absetzung des Schahs und die Gründung der Islamischen Republik mit all den Unruhen der folgenden Jahre, die beiden Golfkriege im Irak und in Kuwait und die Aggressionen der arabischen Nachbarstaaten gegen den neu gegründeten Staat Israel – das alles beeinflusste die gesamte islamische Welt nachhaltig. Und hat bis heute Auswirkungen auf uns Muslim Girls in Deutschland: Über drei Generationen erleben Muslime von hier aus die großen politischen Umwälzungen in ihren Herkunftsländern am anderen Ende des Mittelmeeres – ohne jede Einflussmöglichkeit im Großen, aber mit Folgen für ihren politisch unbedeutenden Alltag im Kleinen. Schule? Was spielte das vor dieser Kulisse schon für eine Rolle!

Vorbehalte gegen Schulen der Kolonialherren

Obwohl die Kolonial- und Protektoratsmächte mit ihrem sogenannten Zivilisationsauftrag unsere Herkunftsländer vereinnahmten, blieb Bildung über Jahrhunderte für die Einheimischen auf der Strecke. Es gelang ihnen weder, flächendeckend für Grundschulen zu sorgen, noch eine Schulpflicht einzuführen. Es gab vermeintlich Wichtigeres, zum Beispiel die politischen oder wirtschaftlichen Bündnisse in der Region oder die Förderung von Bodenschätzen.

Das Ansehen der Kolonialherren stand dementsprechend von Marokko bis zum Irak nicht zum Besten. Denn die »Ureinwohner« sahen und spürten wenig von den versprochenen Errungenschaften und Entwicklungen. Auf dem Land lebte man weiterhin ohne Elektrizität, fließendes Wasser oder Straßen. Von Gesundheitsversorgung ganz zu schweigen. Dorfschulen waren, wenn überhaupt, nur mit einem langen Fußmarsch zu erreichen, eine Zeit, die man ohnehin nach Meinung unserer Großeltern besser produktiv auf dem Acker verbringen sollte.

Mädchen wurden erst gar nicht alleine auf den Weg gelassen. Wenn der Onkel, Großvater oder eigene Vater nicht selbst ein angesehener Dorfrichter oder Lehrer war, der die Mädchen eigenhändig und regelmäßig zur Schule bringen konnte oder mit Personal dafür sorgte, blieben die Mädchen für die Hausarbeit in der Regel zu Hause. Gar nicht auszumalen, was auf dem Fußmarsch zur Schule alles hätte passieren können. Wer wusste schon, ob ein Junge oder Mann sie in die Palmenhaine oder Büsche gezerrt hätte. Oder vielleicht würden sie sich heimlich von einem Jungen verführen lassen.

Alles Befürchtungen, deren Risiko man erst gar nicht einging, denn früher oder später würde man seine Töchter ohnehin verheiraten. Und da war es wichtig, dass alles unversehrt an seiner Stelle war und das Mädchen keusch und unberührt in die Ehe ging. Als Ehefrau würde sie ohnehin nur die Kinder ihres Mannes gebären und erziehen, auf dem Feld helfen und sich um den Haushalt kümmern. Wozu also lesen und schreiben lernen, wenn der Ehemann für die Einkäufe auf den Souk – Markt – ging und frau alles Wissen über Haushalt und Erziehung bei ihrer Mutter lernte?

Die Menschen glaubten, das eigene Leben und die Zeiten würden sich niemals ändern. Doch es sollte ein Tag kommen, an dem eine dieser Ehefrauen und Mütter mitten in Frankfurt in einem Supermarkt stand und das kleine Töchterlein ihr half, das Spülmittel von einem Shampoo zu unterscheiden. Aber von solchen Szenarien hatte in den 1930er- oder 1960er-Jahren niemand auch nur eine Ahnung. Man hätte es, um es mit unseren Worten zu sagen, für Science-Fiction gehalten.

Auch Stadtkinder waren vom Analphabetismus betroffen, obgleich hier das Schulnetz dichter war. Doch unsere Großeltern hatten allzu viele Vorbehalte gegenüber den Schulen unter spanischer, französischer oder englischer Führung: Was wäre, wenn die spanischen Ordensschwestern oder die französischen Lehrer aus den Jungen und Mädchen plötzlich kleine Katholiken machen würden? Nicht auszudenken! Und wo würden sie überhaupt noch etwas von ihrem Glauben lernen?

Wozu sie also in fremde Schulen schicken, zusätzlich von seinen bescheidenen Einnahmen noch Bücher kaufen, wenn die Kinder in einer Koranschule ausschließlich eine Schiefertafel und ein wenig Tinte benötigten? Letzterem Schulmodell traute man daher mehr.

Omas denkbar einfaches »Bildungssystem«

In Ländern wie der Türkei oder dem Iran sahen Schulsystem und Bildungsbewusstsein ähnlich aus, auch wenn es dort keine klassischen Kolonialherren gab. Doch auch dort benötigte man in ländlichen Gegenden seine Kinder besonders für die Hausarbeit, die Viehherde oder für den Gemüse- und Getreideacker. Nur wenn es die Zeit erlaubte, ließ man die Kinder die Schule besuchen. Im Iran allerdings bemühte man sich – schon während der Schah-Herrschaft, aber besonders nach der islamischen Revolution –, ein flächendeckendes Schul- und Universitätsnetz für alle aufzubauen. Weswegen sich heute Iraner durch eine sehr gute Schul- und Hochschulbildung auszeichnen.

So gingen in zahlreichen Ländern, aus denen die deutschen Gastarbeiter stammten, ausschließlich die Kinder in die Schule, die bereits bildungsbewusste Eltern hatten. Manche hatten – in Ländern wie Tunesien oder Marokko – auch positive Kontakte zu Franzosen, Spaniern oder Engländern und hegte deswegen keine Vorbehalte gegen deren Schulen. Sie scheuten keine Kosten und hielten Bücher für eine wertvolle Investition in die Zukunft ihrer Kinder – und zwar für Töchter und Söhne gleichermaßen. Aber selbst innerhalb einer Familie konnten die Ansichten über Schule und Bildung stark auseinandergehen.

Mein Großvater, der Vater meiner Mutter, schickte beispielsweise ausschließlich seine Söhne in der Mittelmeerstadt Tanger in die Koranschule und später auf die spanische Schule – und das mit viel Bauchschmerzen. Denn es kursierten viele Gerüchte über die ausländischen Schulen, die aus den Kindern christliche Spanier machen würden. Der jüngste Bruder konnte später im unabhängigen Marokko eine marokkanische Schule besuchen, die vor der Haustür neu eröffnet hatte.

Die Mädchen blieben dagegen zu Hause, obwohl vor allem die jüngeren – allen voran meine Mutter – sich regelrecht in die Schulklasse hätten runterrollen lassen können, weil die Schule nur wenige Meter von ihrer Haustür entfernt war. Nicht einmal eine Koranschule besuchten meine Tanten. Ihre Cousinen dagegen besuchten nicht nur die Schule, sondern manche schafften später sogar einen Universitätsabschluss, andere schlossen Ausbildungen ab. Dabei waren auch ihre Eltern wie meine Großeltern selbst Analphabeten.

Doch für meine Großeltern war es schon ein großer Schritt, ihre Söhne diesen »Ungläubigen« anzuvertrauen. Dass Christen wie Juden Anhänger derselben monotheistischen Buchreligion waren, überstieg ihren Intellekt als einfache und gottgläubige Muslime. Ihr »Bildungssystem« war denkbar einfach: Man schnappte auf, was einem irgendwo entgegensprang, und gab es unreflektiert an die nächste Generation weiter. Schließlich galt es, das tägliche Überleben zu sichern. Für Bildung hatte man daher keinen Kopf.

Es war an alles gedacht – nur nicht an Bildung

Für andere Väter konnte die Bildung ihrer Töchter dagegen nicht wichtig genug sein. Sie sollten unabhängige und gebildete Frauen werden, die im Notfall – sei es durch Scheidung oder Verwitwung – auf eine Ausbildung zurückgreifen könnten, anstatt auf Almosen angewiesen zu sein. Auch sollten sie davor bewahrt bleiben, Kompromiss-Ehen einzugehen, die sie zwar vor einem sozialen Abstieg verschonen sollten, aber als Frau mit Kind, Geschiedene oder Verwitwete zur Haussklavin oder Frau zweiter Klasse in der Familie des neuen Mannes degradieren konnten.

Genau diese scheinbar frauenfreundliche Denkweise führte aber gelegentlich zu einer anderen Benachteiligung: So wurde stattdessen bei den Söhnen weniger Wert auf eine gute Ausbildung gelegt. Sie sollten lieber möglichst früh beginnen zu arbeiten, um die Ausbildung der Schwestern mitzufinanzieren oder allgemein die Eltern mit Geld zu unterstützen. So mancher ging gezwungenermaßen genau deswegen zum Geldverdienen ins Ausland, zum Beispiel nach Deutschland. Und den Druck, den er als Sohn seitens der Familie erlebt hatte, gab er als Erwachsener in der eigenen Ehe in Form von despotischem Verhalten an Frau und Kinder weiter.

Es konnte aber auch ganz einfach Schusseligkeit zur versäumten Einschulung führen. Die offenbar sehr verträumte Großmutter einer meiner Freundinnen hatte es schlichtweg »vergessen«, ihr einziges Kind zur Schule zu schicken. Tja, so was konnte natürlich passieren. Ohne Schulpflicht gab es ja schließlich niemanden, der einen daran hätte erinnern können.

All diese Erfahrungen, Erlebnisse, Vorurteile und Ängste hatten unsere erwachsenen Eltern im Gepäck, als sie sich der Anforderung »Kinder und Bildung« in einem fremden Land und fremden Kulturkreis zu stellen hatten. Wie bereits ihre Eltern betraten sie vollkommen neues Terrain.

Sie lebten nun in einem Kontinent, mit dessen Kultur sie bereits unbewusst als Kinder in Kontakt gestanden hatten: Europa hatte in ihrem Teil der Welt Ängste geschürt, unterdrückt, benachteiligt, aber auch Inspiration für Freiheit und Gleichberechtigung geweckt. Deutschland bedeutete genau wie viele andere europäische Staaten für sie eine Chance für sozialen Aufstieg und Wohlstand. Voller Abenteuerlust, gepaart mit Angst und Unsicherheit, standen sie inmitten des scheinbar so geregelten Lebens in Deutschland, in dem an alles gedacht war – nur nicht an die Bildung von Kindern, die Deutsch erst noch lernen müssen und deren Eltern Schulen nur in Ausnahmefällen kennen.

Die oft übersehene Leistung: Konflikte in Energie umwandeln

Mit dieser Sorte Eltern war nun das deutsche Lehrerkollegium konfrontiert. Während die einen gar nicht erst zu Elternabenden erschienen, musste man den anderen mit viel Mühe vermitteln, was deutscher Schulalltag bedeutete. Für manche Lehrer waren unsere Eltern anstrengend, nahmen zahlenmäßig in diesem Land von Jahr zu Jahr zu und sprachen eine unverständliche Sprache. Außerirdische hätten wohl kaum mehr Arbeit machen können, dachte sich womöglich so mancher Lehrer.

Bei Elternabenden oder Gesprächen mussten sich die Lehrer besonders anstrengen, unseren Eltern klar zu machen, wo es bei den Kindern gerade hapert oder in welchem Bereich das Kind noch Förderung benötigte. Das konnte ziemlich ermüdend sein und ganz sicher war es entspannter, ein deutsch-deutsches Eltern-Lehrergespräch mit kleinen Witzen am Rande zu führen, so wie man es bei einigen Müllers und Meiers gewohnt war. Doch mit den Ötzürks und Mahmouds ließ sich nur bedingt scherzen. So bemüht unsere Eltern auch waren, mehr als ein zustimmendes und bestätigendes »Ja« kam nicht zustande.

So blieb die schulische Förderung weitestgehend auf der Strecke, ganz zu schweigen von der frühkindlichen Förderung. Unseren Eltern hatte niemand Gute-Nacht-Geschichten vorgelesen, also lasen sie auch uns nichts vor. Nicht einmal Sindbads Abenteuer. Gelegentlich erzählten sie uns aber Geschichten aus ihrer Heimat, die sie in mündlicher Form an uns weitergaben. Der Tages- und Schlafrhythmus war sowieso nicht geregelt. Wir schliefen, wenn wir vor lauter Herumgetolle vor Müdigkeit umfielen. Das ist fürwahr kein Fall von Kindesmisshandlung, aber in der Schule konnte derlei durchaus zu Lerndefiziten oder Konzentrationsstörungen führen.

Nicht selten herrschten auch enorme familiäre Spannungen im Elternhaus. Unsere Eltern waren mit dem neuen Leben in Deutschland überfordert und auch vom Heimweh geplagt. Unsere Familienmitglieder im Ausland setzten unsere Eltern oft dem Druck aus, sie immerwährend zu unterstützen. Das Geld war aber bereits in Deutschland manchmal knapp und ließ uns ohnehin in bescheidenen Verhältnissen leben. Wenn ein Elternteil seine Familie stärker unterstützte, dann war Krach vorprogrammiert. Einige Väter verspielten dagegen ihr Geld oder waren dem Alkohol verfallen. Aber auch die Angst um den Aufenthaltsstatus verstärkte die Spannungen daheim.

Solche Konflikte belasteten uns insgeheim, da wir nur selten mit jemandem darüber reden konnten und es unter uns Geschwistern blieb. Stattdessen fielen wir im Unterricht durch abwesendes oder manchmal auch durch aggressives Verhalten gegenüber Mitschülern auf. Davon waren wir Muslim Girls genauso betroffen wie unsere Brüder, die wir gelegentlich in Schlägereien auf dem Schulhof verwickelt sahen.

Nicht wenige von uns schafften aber, den Frust über die unlösbaren familiären Probleme in positive Energie zu verwandeln und langfristig dem ungeliebten familiären Umfeld durch schulischen und beruflichen Erfolg zu entwachsen.

Den meisten Lehrern blieben unsere Eltern schlichtweg unbegreiflich: Wie konnte man in einem Land leben, dessen Sprache man nicht beherrschte? Wieso sorgte man nicht dafür, dass die Kinder gefördert wurden, meldete aber Jahr für Jahr das nächste Kind in der Schule an?

Damals gab es eben noch keine Auswandererserien wie »Goodbye Deutschland« im Fernsehen, in denen deutsch-deutsche Familien mit Hartz-IV-Unterstützung ohne einen Brocken Spanisch und ohne Job in der Tasche sich in ein neues Leben nach Ibiza verabschieden. Lehrern, die nicht bereit waren, sich für das Leben der »Gastarbeiter« zu interessieren, blieben unsere Eltern ein Rätsel – und wir Kinder damit eine unlösbare Aufgabe. Denn viel an Aufmerksamkeit hätte es eigentlich nicht bedurft.

Aber entgegen dieser Ignoranz haben es viele Muslim Girls dennoch geschafft, nicht völlig zu verblöden, sondern einen Schulabschluss und eine Berufsausbildung zu machen – dem deutsch-deutschen Schulsystem zum Trotz!

5. DEUTSCHER ORDNUNGSSINN BEGINNT IM KINDERGARTEN

SPRACHLOS IN DIE SCHULE?

Roland Koch war zu Amtszeiten als CDU-Spitzenpolitiker und hessischer Ministerpräsident schon immer ein Meister darin, andere verdutzt aus der Wäsche blicken zu lassen. Besonders in seinen Wahlkämpfen wusste er immer Positionen zu wählen, die ihm breite Aufmerksamkeit garantierten. Als 2008 in München zwei Jugendliche türkischer und griechischer Abstammung einen älteren Mann brutal in einer U-Bahn-Station zusammenschlugen, weil er sie aufforderte, ihre Zigaretten auszumachen, kam Roland Koch eine grandiose Idee: Man solle, forderte er, alle jugendlichen Gewalttäter mit ausländischem Pass in ihre Heimatländer abschieben. Tja, macht ja auch Sinn, wenn die Jungs bereits im Mutterbauch durch deutsche Vororte getragen wurden und ihre »Heimat« höchstens aus dem Urlaub kennen.

Politische Forderungen – etwa nach mehr Ausbildungsplätzen oder besseren Bildungschancen, um Perspektivlosigkeit entgegenzuwirken – langweilen das Wahlpublikum dagegen offenbar nur. Doch Koch wäre nicht Koch, wenn er nicht selbst aus diesen drögen Zutaten einen schwer verdaulichen Brei zu bereiten wüsste: So verkündete er im Mai 2010, nach der milliardenschweren Finanzspritze für Griechenland und der vorausgegangenen Wirtschaftskrise mit allen Parteien einig, dass gespart werden müsse. Nur bei was, da schlugen selbst einige Parteifreunde, Medien und die Bevölkerung die Hände über dem Kopf zusammen.

Es dürfe keine Tabus geben, polterte Koch, und daher müsse auch bei der Kinderbetreuung und Bildung drastisch gespart werden. Nun ja, auch das macht Sinn in einem Land, welches über keine nennenswerten Bodenschätze verfügt und auf seine klugen Köpfe angewiesen ist. Darüber hinaus hat man sich längst an die schlechten Ergebnisse der PISA-Studien gewöhnt, in denen Deutschland regelmäßig auf den unteren Rängen die Beine baumeln lässt. Nach unten ist schließlich immer noch Platz. So musste man denken.

Ein Kleinkind erlernt soziale Kompetenzen, indem es so früh wie möglich mit anderen Kindern in Kontakt tritt und so den Umgang mit ihnen übt. Wo geht das besser als in einem Kindergarten? Der erste Schritt für eine gute kindliche Entwicklung und für einen neuen klugen Kopf kann dort gelegt werden. Bereits 1907 erkannte die Medizinerin und Pädagogin Maria Montessori: »Was Kinder betrifft, betrifft die Menschheit!«

In Deutschland liegt der Anteil von Kleinkindern mit nicht-deutscher Herkunft unter fünf Jahren bei knapp 35 Prozent – jedes dritte Kleinkind hat nicht-deutsche Eltern! Da ist es umso wichtiger, aber eben auch leicht möglich, die Eingliederung in die Gesellschaft frühestmöglich zu beginnen.

Noch immer gibt es Eltern, die in den 1970er- oder 1980er-Jahren selbst als Einwandererkinder im deutschen Schulsystem erfolglos durchsickerten. Andere Kleinkinder haben Elternteile zu Hause, die erst vor wenigen Jahren nach Deutschland kamen und der deutschen Sprache noch nicht wirklich mächtig sind. Und wieder andere leben in Bezirken, wo die deutsche Sprache eher von der Seite eins der *Bild*-Zeitung prangt, als dass sie in Form des gesprochenen Wortes daherkommt. Umso wichtiger ist es, vor allem den Sprachunterricht so früh wie möglich zu beginnen, statt in der Schule auf sprachlose Kinder zu treffen, die frustriert auf dumme Ideen kommen.

Kleinkinder lernen Deutsch – spielend leicht

Es gibt zwar eine Schul-, aber keine Kindergartenpflicht in Deutschland, weder für deutsche-deutsche noch für nicht-deutsche Kinder. Eine Studie der Bertelsmann-Stiftung von 2009 stellte fest, dass zwar im bundesdeutschen Durchschnitt 84 Prozent der Kleinkinder in Kindergärten gehen, dass allerdings in einzelnen Bundesländern der Anteil deutlich niedriger ist und in Regionen mit hohem Migrationsanteil noch niedriger. In Schleswig-Holstein zum Beispiel gehen 91 Prozent der deutsch-deutschen Kinder in eine Kindertagesstätte, aber nur 60 Prozent der Kinder mit Zuwanderungsgeschichte.

Eine unnötige Hürde für finanzschwache Familien sind fast überall die Kindergartengebühren. Dadurch werden schon bei Kleinkindern Bildungschancen verbaut. Auch wenn der Anteil von Kindern nicht-deutscher Herkunft in Städten wie Berlin bei 40 Prozent liegt, bedeutet das nicht den Untergang der deutschen Sprache. Notwendig ist hierbei nur, dass die Kinder frühestmöglich die deutsche Sprache spielerisch im Kindergarten miteinander lernen und anwenden. Denn nur so kann ermöglicht werden, dass alle Kinder auf einem guten und ähnlichen Sprach- und Bildungsniveau sind, wenn sie eingeschult werden.

Entgegen allen Vorurteilen sprechen die Kinder auch untereinander im Kindergarten oder in der Schule keineswegs ausschließlich türkisch, wenn sie einen sogenannten Migrationshintergrund haben. Nicht alle Eltern stammen nämlich aus der Türkei, sondern oft auch aus Ghana, Vietnam, Libanon oder Russland. Die gemeinsame Sprache kann also ohnehin nur Deutsch sein und muss es auch sein, weil sonst in keiner Form eine Verständigung möglich wäre.

Das Umfeld, in dem Kinder aufwachsen, ist wichtig und ermöglicht ihnen später eine problemlose Teilhabe an der Gesellschaft. Im spielerischen Miteinander lernen sie die Umgangsformen und Eigenheiten einer Gesellschaft. Doch für viele war und ist der Start in diese Gesellschaft aufgrund ihres Umfelds alles andere als ideal. Und trotzdem ist es nicht wenigen Muslim Girls in Deutschland gelungen, den Anschluss nicht zu verlieren. Sie arbeiten heute als Ärztinnen, Versicherungsmaklerinnen oder Marketingmanagerinnen und haben Eltern, die nicht selten Analphabeten sind. Es kann also auch ohne die passenden Rahmenbedingungen klappen. Doch darauf sollte man sich besser nicht verlassen!

Die Entwicklung der jüngsten Einwanderungsgeschichte hat uns gezeigt, warum Stadtteile wie Duisburg-Marxloh mit 35 Prozent einen so großen Anteil ausländisch stämmiger Bewohner hat. In Großstädten suchen Eltern deutsch-deutscher Abstammung nicht selten nach einem Kita-Plätzchen ohne »Ausländer«, um ihrem Zögling ein gutes Sprach-Niveau zu gewährleisten. Da kann ein einziger kleiner »Italiener«, wie eine Userin in einem Internetforum berichtete, schon das eine fremdländische Kind zu viel sein. Auch so manche Muslim-Girl-Mami sucht für ihre Tochter oder Sohn eine Kita, wo sich die Zahl türkisch-, arabisch- oder russischstämmiger Kinder in Grenzen hält, damit das eigene Kind nicht in denselben Topf der »Erfolglosen« geworfen wird.

Das eigentliche Problem gerät dabei völlig aus dem Blick: Früher oder später wird es nämlich unumgänglich sein, überall auf »Ausländerkinder« zu treffen. Egal ob in Ballungszentren oder auf dem Dorf. Es ist an der Zeit, dass Einwandererkinder nicht mehr als solche angesehen werden. Denn Kinder der dritten Generation sind keine »Einwanderer« mehr. Ihre Eltern sind häufig selbst schon in Deutschland geboren. Schließlich fühlt sich so mancher Schwabe heute als »waschechter Berliner«. Da sollte es doch an der Zeit sein, dass wir als hier geborene und aufgewachsene Muslim Girls oder »kleine Kanaken« auch mal als Deutsche anerkannt werden. Oder fällt das so schwer, sich eine Deutsche mit schwarzer Haut oder braunen Locken vorzustellen?

Niemand fragt, ob daheim bei Mahmouds, Yilmaz oder Sebuturos die Eltern bereits neben der Herkunftssprache auch der deutschen Sprache mächtig sind. Das heißt nicht, dass zu Hause zwingend Deutsch gesprochen werden muss, um einem Kind den späteren Schulanschluss zu ermöglichen. So manche bürgerlichen Eltern im Berliner In-Viertel Prenzlauer Berg sprechen bewusst mit ihren Kindern Englisch, um sie auf das künftige Leben als Manager im Global Business vorzubereiten. Auch wenn ihnen hierbei entgeht, dass Chinesisch in Zukunft womöglich weitaus wichtiger sein könnte. Entscheidend ist, dass die Kinder welche Sprache auch immer, korrekt lernen und die verschiedenen Sprachen voneinander unterscheiden können. Wir Muslim Girls der zweiten Generation sind fast alle in Familien aufgewachsen, in denen die Eltern nur Türkisch, Persisch oder Arabisch sprachen. Wir lernten aber, dass die Sprache außerhalb der vier Wände eine andere war als die, die wir mit unseren Eltern sprachen. Ohne dabei innerlich hin- und hergerissen zu sein. Jedes Umfeld hat seine eigene Sprache. Das weiß auch jeder Deutsch-Deutsche, der sich auf dem Fußballplatz anders ausdrückt als im Büro.

Meine iranischstämmige Freundin, die ebenfalls der zweiten Generation angehört, spricht wie viele hier lebende Iraner ausschließlich Persisch mit ihren beiden Söhnen. Genauso der Vater. Sie wollen, dass ihre Kinder zweisprachig aufwachsen. Manchmal kommt Deutsch sprechender Besuch in die Wohnung. Dann erkennt das Kind, dass es sich hierbei um eine zweite, andere Sprache handelt. Ohne Schwierigkeiten wechselt es zwischen den Sprachen – genau wie einst seine Mutter und deren Freundinnen. Auch wenn es für Außenstehende manchmal wirr klingt, wenn sie in der Straßenbahn unser Sprachkuddelmuddel vernehmen, in Wahrheit beherrschen wir durchaus jede Sprache für sich. Nur ist es eben manchmal einfacher, sich das jeweils passende Wort aus der Sprachvielfalt herauszupicken, als lange umständlich drum herumzureden. Sprache lebt. Wir operieren genauso souverän mit den uns vertrauten Sprachen wie der Manager (!) im Büro (!), der im Meeting (!) über das Marketing (!) brainstormt (!).

Wichtiger als die häusliche Sprachförderung sind Konzepte zur Sprachentwicklung in den Kindereinrichtungen. Nur so können die Kinder ihren Fähigkeiten gemäß gefördert und zur Selbstständigkeit erzogen werden, um später eigenständig lernen zu können und sich in der Gesellschaft zurechtzufinden – in der gemeinsamen Sprache Deutsch. Gefragt sind fortschrittlich denkende Pädagogen, die mehr auf eigenverantwortliches Lernen setzen und die Kinder gemäß ihren Fähigkeiten fördern, egal welcher Herkunft. Auch die Abschaffung des dreigliedrigen Schulsystems würde das zukünftige soziale Klima beflügeln, da beim gemeinsamen Lernen unterschiedliche Lebensrealitäten aufeinandertreffen können und die Kinder länger miteinander im Umgang stehen. Gleichzeitig spornen sie sich an und lernen einen respektvolleren Umgang, ohne dass dabei die leistungsstärkeren Kinder unterfordert werden müssen. Eine Herausforderung, keine Frage. Aber eine Herausforderung, vor der sich unsere Gesellschaft nicht weiter drücken kann.

Frühkindliche Versorgung – von Frankreich und Finnland lernen

Doch besonders notwendig sind dabei in erster Linie die Inhalte und die Durchführung der Unterrichtsstunden; solange man diese nicht überdenkt, wird sich an der Qualität der Bildung nichts ändern. Es ist notwendig, den Kindern beim Erlernen von Fertigkeiten beiseite zu stehen und ihnen den nötigen Freiraum zu gewähren, um den Dingen selbst auf die Spur zu kommen. Auch, die Kinder mehr zu fordern. Ihnen spielerisch Sprache und Kulturen näherzubringen und sich mit ihnen auf Augenhöhe zu unterhalten. Wenn die pädagogischen Konzepte nicht stimmen, dann können Kinder solange die Schulbank gemeinsam drücken, wie sie wollen. Daher müssen dringend Eltern, Pädagogen, Kommunen und der Bund sich in Bewegung setzen. Im Interesse der eigenen Kinder und Deutschlands. Um eine nächste verantwortungsvolle Elterngeneration hervorbringen zu können, wäre es angebracht, nicht weiter Zeit zu vergeuden und nicht weiter an den falschen Enden zu sparen.

Daher teile ich auch die Kritik am Betreuungsgeld, da es die heutigen Eltern ihrer Verantwortung entzieht. Der ehemalige Berliner Bezirks-Bürgermeister Heinz Buschkowsky kritisiert das Betreuungsgeld in Höhe von 150 Euro für daheim betreute Kinder, da es sich dabei um »Rückschrittpolitik« handle. »Weil dies die Unterschicht konserviert.« Zudem hätte man mit dem Geld, laut Buschkowsky, die gesamte Vorschulerziehung in der Bundesrepublik kostenfrei für die Eltern anbieten können. Des Weiteren fordert er eine verbindliche Vorschulerziehung und in sozialen Brennpunkten eine Kindergartenpflicht. Andernfalls befürchte er, dass die Entwicklung der Kinder besonders in Zuwandererfamilien weiter zurück bleibe. »Wir müssen die Kinder aus den Milieus holen und verhindern, dass sie dort Klone ihrer Eltern werden.« Klare Worte!

Damit würde man auch den über zwei Millionen alleinerziehenden Müttern helfen, worunter sich auch einige »Muslim Girl Mamis« befinden. Sie stecken aufgrund ihrer zeitlich beschränkten Beschäftigungsmöglichkeit häufig in der typisch deutschen Sozial-Falle: Ohne Geld keine Bildung; ohne Bildung kein Geld.

Wonach wird sortiert: Nach Intelligenz? Oder nach Vorurteilen?

»Du gehst mal aufs Gymnasium, Nimet!«, prophezeite Nimets Schwester häufiger, wenn die beiden mal wieder am Esstisch saßen oder ihrer Mutter beim Kochen zusahen. Denn Nimets Schwester wurde die schulische Laufbahn alles andere als leichtgemacht. Nach der Grundschule war für die Klassenlehrerin klar:

Das Türkenmädchen geht mit den anderen Türkenkindern schön brav auf die Hauptschule.

Es ist dem Vater eines »Türkenjungen« in derselben Klasse zu verdanken, der sich engagiert gegen die Schulempfehlung stellte und sich gleich mit für Nimets Schwester einsetzte. Nach unnachgiebigen Mühen ließ man beide wenigstens die Realschule besuchen. Meine Freundin Nimet besuchte dank ihrer Schwester tatsächlich das Gymnasium, und zwar lange als einziges »Türkenmädchen«. Heute ist sie Islamwissenschaftlerin und steht kurz vor ihrer Promotion. Ihre große Schwester ist heute Ärztin.

Gerade Schüler türkischer Herkunft gehen heute nur zu 19 Prozent nach der Grundschule auf das Gymnasium. Deutsch-deutsche Kinder dagegen sind mit über 38 Prozent auf einem Gymnasium. Bereits hier beginnt durch die Trennung die eigentliche Parallelwelt. Türkische Muslim Girls absolvieren zu 19 Prozent das Abitur, während die Jungs bei 16 Prozent liegen.

Die frühe Aussortierung, bei der man sich heute noch fragt, wonach eigentlich – nach Intelligenz? Oder nach Vorurteilen? – verweigert uns Muslim Girls und allen anderen Kindern nicht-deutsch-deutscher Herkunft die Chance, im Schulsystem Erfolg zu haben. Was wäre es für ein Befreiungsschlag für die ganze Gesellschaft, wenn deutsch-deutsche Kinder mit uns als gleichberechtigter Teil dieser Gesellschaft aufwüchsen statt als Ausnahmeerscheinung?

Viele unserer Eltern waren mit dem deutschen Schulsystem überfordert. Dass es dreigliedrig aufgebaut ist, erfuhren die meisten erst kurz vor der eintrudelnden Schulempfehlung. Vorher hatten sie davon nie etwas gehört und vor allem ahnten sie nicht, was für Konsequenzen daran geknüpft waren. Dass zum Beispiel ein Studium für Hauptschulabsolventen später fast unmöglich war. Aus der Traum von der Tochter als Ärztin und dem Sohn als Ingenieur. Es gibt keine aussagekräftigen Zahlen darüber, wie viele Muslim Girls in Deutschland beruflichen Erfolg haben und aus welchen Bildungsverhältnissen sie stammen.

Das Institut für Migrationsforschung und interkulturelle Studien (IMIS) an der Universität Osnabrück versuchte der Frage nachzugehen, wie es sogenannten Migrantinnen gelungen ist, sich erfolgreich auf dem Arbeitsmarkt zu integrieren. Die Befragten berichteten ausschließlich davon, dass ihre Eltern ihnen ein lernfreundliches Umfeld schafften. Sie legten Wert auf das Lernen und gewährten ihnen dafür den entsprechenden Freiraum. Bezahlten, wenn es nötig war, auch den Nachhilfelehrer.

Doch trotz alledem hatten die dreißig Befragten vor allem Glück: Sie waren auf fördernde Lehrer gestoßen. Und auf Glück hofften wohl nicht wenige unserer Eltern. Denn Inschallah – so Gott will – würde alles schon irgendwie gut werden.

Als kleinen Spross dieser Inschallah-Familien machten einem die Lehrer regelmäßig klar, was sie von einem hielten. Vom Pausenhof ins Klassenzimmer zurückgestürmt, waren wir gespannt, was die neue Unterrichtsstunde für uns parat hielt. Mindestens einmal im Leben passierte es jedem von uns, dass einem ein Lehrer ohne Umschweife sagte, dass eine Drei oder Vier für ein Ausländerkind völlig ausreichend sei. Egal wie gut es um unsere Allgemeinbildung und Schulleistung stand, wir blieben auf den unteren Rängen der Bewertungsskala hängen. Andere Lehrer fanden schlichtweg: »Ich lasse euch schon durchfallen!«, wie es zwei iranischstämmigen und deutsch-somalischen Mädchen in Berlin-Stegliz widerfahren war.

Sachliche Frage, dumme Antwort: »Das wirst du eh nie verstehen!«

So bemüht wir auch waren, dem Unterricht zu folgen, die eine oder andere Nachfrage stellte sich irgendwann trotzdem – mit oftmals unverhoffter Reaktion: »Du wirst das eh nie verstehen!« Sachliche Frage, dumme Antwort.

Das frustriert, hemmt die Neugier und dämpft das Selbstbewusstsein. Ungeachtet dessen, war dies nur der Auftakt einer Reihe von Ereignissen, bei denen wir uns wie vom Zug überfahren fühlen sollten. Wen sollten wir denn sonst fragen, wenn nicht die Lehrerin oder den Lehrer? Waren sie nicht dafür da, uns die Dinge auch ein zweites Mal zu erklären?

Na ja, das waren sie. Denn wie wir am Nebentisch häufig feststellen durften, zeigten sie sich bei unseren deutsch-deutschen Mitschülern sehr geduldig und bemüht. Was stimmte also nicht mit uns? Hatte unser Gehirn womöglich andere Funktionen als bei Petra und Paul neben und vor uns?

Manchmal schaute aber auch der Paul mit dem arbeitslosen Vater in die Röhre, wenn er eine Frage hatte, die Lehrerin dann aber lieber der Petra mit dem attraktiven Unternehmer-Vater geduldig eine Rechenaufgabe erklärte.

Während also vor unserem inneren Auge die Buchstaben und Zahlen mit lauter Fragezeichen unkontrolliert miteinander Rumba tanzten, hofften wir inständig darauf, dass uns der Geistesblitz treffen würde. Denn zu Hause angekommen, kämen zu den im Kopf umhertanzenden Buchstaben, Zahlen und Fragezeichen noch laute Sirenen hinzu. Nämlich dann, wenn wir zwischen lautem Kochgeschirrgeklapper und umhertollenden kleinen Geschwistern mit aufgeschlagenem Schulheft versuchten, den Lösungen mutterseelenallein auf die Spur zu kommen. Der spannende, aber leider nie gedrehte Film »Indiana Fatma, auf den Spuren des Pythagoras« war ein Massenerfolg in unseren Hinterkopfkinos.

Wo glückliche Zufälle ganze Biografien retten

Besonders als Erstgeborene – ob als türkisches Gastarbeiter- oder als irakisches Asylbewerberkind – fanden wir daheim selten Unterstützung; die jüngeren konnten zumindest später auf die Hilfe der älteren Geschwister bauen. Unsere Väter waren in der Regel bis zum Abend arbeiten oder ohnehin im Schichtdienst tätig. Ihren notwendigen Schlaf holten sie am Tag nach. In diesem Zeitraum musste es mucksmäuschenstill sein, was unsere Mütter nicht daran hinderte, die Töpfe und Pfannen scheppernd in der Küche zum Einsatz zu bringen. Dies war wohl deswegen geduldet, weil das Ergebnis dieses Lautkonzerts Essen bedeutet. Und wie man unseren Vätern heute ansieht, ging Essen immer.

Unsere Mütter, ob berufstätig oder nicht, konnten ebenfalls in den seltensten Fällen Hilfe leisten. Selbst wenn sie in ihrer Kindheit zu den privilegierten Mädchen gehört hatten, die einige Jahre eine Schule besuchen durften. Ohne die deutsche Sprache ordentlich zu beherrschen, war es fast unmöglich, uns zu erklären, wie man eine Textaufgabe löst oder einen Satz im Plusquamperfekt formuliert. Es gab daher nur zwei Möglichkeiten, um den Anschluss nicht zu verlieren. Entweder die Eltern bezahlten einen teuren Nachhilfelehrer, oder in der Nachbarschaft fand sich ein Unterstützer.

Unsere Rettungsanker waren nicht selten ältere Damen oder Herren, die uns – manchmal zusammen mit unseren Geschwistern – zu Hilfe kamen. Häufig waren es Zufälle, die solche Engel zu uns führten: Nachbarn kamen mit unseren Müttern und Vätern oder, ehrlich gesagt, gleich mit uns ins Gespräch – weil wir sie ja ohnehin besser verstanden als so manche Eltern. Gelegentlich engagierte sich auch eine ehemalige Lehrerin nach ihrer Pensionierung weiter für uns Muslim Girls. Ich persönlich fand in der Mutter meiner Schulfreundin, die mich eine Zeit lang für die Vorbereitung von Klausuren zu sich nach Hause einlud, meinen rettenden Engel.

Egal wer, egal warum – manche Ältere freuten sich schlicht, ihr Wissen mit der jüngeren Generation zu teilen – diese Persönlichkeiten nahmen sich Zeit für uns und bemühten sich darum, dass sich unsere Noten verbesserten und wir im Unterricht mithalten konnten. Wir hörten ihnen gespannt zu, wenn sie uns von ihren

Erlebnissen erzählten, über ihr Leben als sogenannte »Trümmer-frauen« oder über ihre entbehrungsreiche Kindheit, in der sie die Kartoffeln vom Feld stibitzten.

Heute finden sich besonders in den Brennpunkt-Bezirken der Großstädte professionell organisierte, aber ehrenamtliche Haus-aufgaben-Hilfen. Es sind pensionierte Lehrer, arbeitslose Wissen-schaftler oder Studenten, die in Büchereien oder Jugendtreffs Kin-dern vietnamesischer, palästinensischer oder türkischer Herkunft bei den Hausaufgaben helfen.

Vordergründig ging es um Rechtschreibung und Algebra, aber nebenbei brachte man uns deutsche Nachkriegsgeschichte nahe – mit eindrucksvollen Augenzeugenberichten. Und mit diesem besonderen Wissen brachten wir vereinzelt sogar die Geschichts-lehrer zum Staunen. Vorausgesetzt, sie ließen sich davon beeindru-cken. Manchen Lehrer erinnerte dies womöglich an die eigenen Eltern, die zu jeder Gelegenheit von den schweren Zeiten im und nach dem Krieg berichteten. Da wollten sie nicht auch noch von dem kleinen Kanakenklugscheißer eine neue Version hören. Für so manch ältere Dame waren wir ganz gewiss ein Enkelkind-Ersatz, wenn sich die eigenen für sie nicht interessierten.

Unsere Eltern waren erleichtert und dankbar für diese Art der Unterstützung, die wir dankenswerterweise kostenlos und ohne jede Gegenleistung bekamen. Naja, Gegenleistungen gab es dann manchmal doch: Unsere Eltern überschütteten die freundlichen Helfer mit einem Schwall von Dankesworten in gebrochenem Deutsch oder mit kleinen süßen fetten Köstlichkeiten aus der hei-mischen Küche.

Nur wenige blieben zurückhaltend, vielleicht weil sie diese Hilfe wirklich nicht zu schätzen wussten – was aber eher selten vorkam. Die meisten »Stummfischköpfe« unter unseren Eltern schwiegen, weil sie sich aufgrund fehlender Deutschkenntnisse nicht so aus-drücken konnten, wie sie gern gewollt hätten, oder – schlimmer noch – sich für ihr sehr bescheidenes Zuhause schämten und deswegen niemanden zu sich einluden. Gerade dieses unsägliche Schamgefühl erweckte leider allzu oft beim deutsch-deutschen Gegenüber den falschen Eindruck, dass man sich von ihnen abgrenzen wollte. Vielleicht das folgenschwerste Missverständnis zwischen unseren Familien und ihren Nachbarn.

Deutscher Ordnungssinn: Jeder zu seinesgleichen

Eines muss man sich in diesem Land eingestehen: In Deutschland war es schon immer unüblich und schwer außerhalb seiner sozialen Gruppe den Umgang zu pflegen. So wird allseits gerne darüber gemeckert, dass wir Muslime lieber unter uns sind; allerdings scheint den meisten zu entgehen, dass gerade zahlreiche Deutsche viel lieber unter sich bleiben – ob in Brandenburg, auf Mallorca oder an Deck der MS Deutschland.

Auch ich fand mich als Kind in dieser Welt des Separierens wieder – nämlich in der Straße, in der ich aufwuchs: Unsere Straße war charakteristisch für Deutschland. Die Straßenseiten waren nur circa 15 Meter voneinander entfernt und doch so klar nach Gesellschaftsschichten aufgeteilt wie eine deutsche Behörde nach Zuständigkeiten. Rechts die schmucklosen Mehrfamilienhäuser, links die schönen Häuser mit sorgfältig angelegten Gärten.

Auf der Straßenseite mit den geraden Hausnummern und den Mehrfamilienhäusern lebten Angestellte, Arbeiter, eine alleinerziehende Arbeitslose – und drei »Ausländer«: Im Haus mit der Nummer 8 wohnte eine kleine ältere spanische Dame, die in einer Kosmetikproduktion in der Nähe arbeitete und später als Rentnerin und Witwe ins kastilische Burgos zurückging. Wenn meine Freundin und ich am Straßenrand selbst geschriebene Lieder in Hippiekleidern trällerten oder die Äpfel aus dem Garten ihrer Eltern im Bollerwagen verkauften, steckte sie uns manchmal Geld oder Schokolade zu.

Ein freundlicher und ebenfalls kleiner Italiener mit deutscher Frau und zwei geliebten und fast erwachsenen Töchtern lebte und arbeitete als Hausmeister in der Nummer 6.

Und dann gab es noch uns. Marokkaner, die vor allem durch ihren grünen Wagen, eine Frau mit Kopftuch und ein Kind auffielen, das ständig vergaß, sich bei seinen Eltern abzumelden. Mit spontanen Erkundungstouren durch die nähere Umgebung trieb dies Balg so unbewusst wie regelmäßig einige Nachbarn dazu, sich in einem spontanen Akt der Völkerverständigung zum internationalen Suchtrupp zusammenzuschließen. Sobald ich gefunden war, verschwanden alle wieder in die Häuser auf ihrer Straßenseite.

Auf der Straßenseite mit den ungeraden Hausnummern und den schönen Einfamilienhäusern lebten Akademiker und Rentner. Mittendrin die bürgerliche Kombi-Version aus Wohlstand und Rohheit: ein immer grimmig dreinblickender Jäger mit einer selten freundlichen Ehefrau und einer Riesendogge. An seinem Haus prangte fast jedes Jahr eine neue bemalte Holzscheibe, die als Schützenauszeichnung an die Fassade geschraubt wurde. Von den Scheiben blickten traurig blickende Rehe, Fasane und Wildschweine herab.

Jeder lebte für sich. Wenn man hier überhaupt mit jemandem befreundet war, dann nur mit jemandem von derselben Straßenseite. Es hatte was von amerikanischen Straßen- und Ghetto-Gangs. Nur, dass niemand um sein Leben fürchten musste, wenn er mit der Gegenseite sprach. Insofern ergibt meine Freundschaft zu der Schulkameradin aus dem Haus Nummer 1 auch keine wirkliche Heldengeschichte. Genauso wenig wie die Freundschaft zu dem Mädchen aus der Nummer 8. Allerdings bleibt bemerkenswert, dass wir nie zu dritt spielten.

Ich spielte abwechselnd mit ihnen, aber nie gemeinsam. Dafür waren ihre deutschen Welten zu unterschiedlich: Während ich im Haus Nummer 1 beim Mittagessen mit am Tisch sitzen und mitessen durfte, blieb ich im Haus Nummer 8 während des Essens meiner Freundin in der Regel im Kinderzimmer sitzen und vertrieb mir die Zeit mit der Lektüre von Zeitschriften wie *Bravo, Bravo Girl* oder *Yam*.

Man will in Deutschland eben gern unter sich bleiben. Das gilt nicht nur für unterschiedliche Nationalitäten, sondern auch für soziale Gruppen jeder Art. In Nummer 1 waren die Eltern Akademiker, beruflich oft im Ausland und auch privat viel in der Welt unterwegs. In Nummer 8 lebten Eltern mit einfacher Schulbildung, die nur eingeschränkt herumkamen und höchstens an die Ostsee reisten. Beide aber mit dem Herzen auf dem rechten Fleck.

Deutsch-deutsche Parallelwelten

Parallelwelten gab es also schon damals, als noch keiner davon sprach – und zwar inmitten der deutsch-deutschen Gesellschaft. Beide Familien wollten nichts miteinander zu tun haben. Man grüßte sich normalerweise nicht mal. Nur wenn ich mit der einen Freundin auf der Straße spielte und die Mutter der anderen an uns vorbeiradelte, gab es mal ein kurzes unverbindliches Nicken. Zu verschieden waren Interessen und Lebensart. Mittendrin ich. Die von der einen deutschen Lebenswirklichkeit in die andere hopste und zu Hause eine dritte vorfand.

Bei meiner Schulkameradin erlebte ich immer eine große Gastfreundschaft. Offenbar fanden ihre Eltern die kleine exotische Freundin ihrer Tochter ganz putzig und löcherten sie an manchen Tagen mit Fragen zur politischen Lage Marokkos. Plötzlich saß zwischen Salat und Spaghetti Bolognese also eine Nordafrika-Expertin, die mit stolzen neun Jahren die Welt erklären sollte. Da es weit und breit jedoch keine andere »Expertin« gab, trug ich mein Wissen nach bestem Wissen und Gewissen vor und versuchte mich dabei nicht allzu sehr mit Soße vollzukleckern.

Fragen über unsere Herkunftsländer und unsere Kultur – egal von wem, egal wozu, egal wie zahlreich – wurden nur dann lästig, wenn man sich immerzu wiederholen musste: wenn man zum Beispiel jahrein, jahraus erklären muss, dass man im Fastenmonat Ramadan von Sonnenaufgang bis Sonnenuntergang nicht isst und eben auch nichts trinkt. Dass Marokko nicht in Südamerika liegt, sondern in Nordafrika. Und dass man keinem Cousin versprochen ist.

Im Großen und Ganzen hatten die Fragen aber einen sehr praktischen Nebeneffekt: Wir begannen uns früher als andere mit unserer Herkunft zu befassen. Manchmal wussten wir keine Antworten auf die Fragen zu Politik, Religion oder Kultur; manchmal bekamen wir etwas über »unser Land« zu hören, das uns schockierte oder verwunderte wie zum Beispiel, dass man in Marokko Affen isst oder dass der Koran vorsieht, Mädchen zu beschneiden. Dann rannten wir zu unseren Eltern oder in die nächstgelegene Bibliothek und gingen der Sache auf den Grund.

Dadurch erwarben wir nebenbei die Fähigkeit, uns Wissen eigenständig zu erarbeiten und Quellen zu hinterfragen. Denn so manche Behauptung, die uns von anderen arrogant oder gar abfällig an den Kopf geworfen wurde, entpuppte sich im Nachhinein als Halbwissen oder plumpes Vorurteil. Gleichzeitig gaben diese vielen Fragen uns Impulse, noch weiteren Dingen auf den Grund zu gehen.

Während man über die Türkei oder Iran forschte, stieß man nebenbei bei der Lexikon- oder Zeitungslektüre auf neue Inhalte zum Thema Kunstgeschichte oder Politik, weil alles in irgendeiner Form im Zusammenhang stand. Die Recherchearbeiten in »Heimatkunde« waren zudem eine willkommene Abwechslung zu den lästigen Hilfsarbeiten im Haushalt. Bei dieser Art von Beschäftigung waren unsere Eltern zumindest erleichtert, dass ihr Töchterchen sich mit etwas Vernünftigem beschäftigte.

Fragen über Fragen – Schulstoff gäbe es genug

Die vielen Fragen, die sich nicht nur manche Deutsch-Deutsche, sondern auch zahlreiche Muslime und Einwandererkinder selbst stellten, zeigen den enormen Wissensbedarf in der Gesellschaft. In der Schule wird die Einwanderungsgeschichte höchstens angerissen, wenngleich sie zu Deutschland genauso gehört wie der Dreißigjährige Krieg oder das Wilhelminische Reich.

Heute vergeht kein Tag, an dem nicht in den Medien über den Islam oder die muslimischen Staaten berichtet wird. Doch den Schülern werden in der Schule immer noch keine Grundlagen über die Geschichte der muslimischen Welt, die Religion und Kultur vermittelt.

Muslim Girls und Boys dagegen müssen sich ganz selbstverständlich mit christlicher und abendländischer Geschichte, Religion und Kultur auseinandersetzen, werden im Unterricht darauf geprüft, ob sie den Investiturstreit der Päpste oder Luthers Aufritt in Wittenberg historisch richtig einordnen können. Richtig und gut. Welcher Nicht-Muslim wüsste aber Vergleichbares über die Geschichte des Islam? Und in welchem Unterrichtsfach sind die Unterschiede zwischen Schiiten und Sunniten oder die Namen der großen Kalifen prüfungsrelevant? Auch die Einflüsse islamischer Wissenschaftler auf westliche Denker oder die vielfältige Einwanderungsgeschichte Deutschlands, könnten heute in die Lehrpläne aufgenommen werden. Das würde Folgegenerationen von Deutschen mit und ohne Migrationshintergrund die leidige »Gehört-der-Islam-zu-Deutschland« Debatte ersparen. Von gegenseitig gelernter Wertschätzung ganz zu schweigen.

Es ist höchste Zeit, dass die Lehrpläne in Deutschland aufgefrischt werden und man im Geschichtsunterricht beibringt, dass Marco Polos Weltreise und im Besonderen seine Chinareisen viele Lücken aufweisen und der Weltumreisende Marokkaner Ibn Battuta gründlichere Schriften zu seiner Erkundungstour hinterlassen hat. Man könnte nicht nur die Geschichte der Pharaonen, sondern auch den Mut der arabischen Oskar Schindlers thematisieren, die arabischen Juden vor Deportation und Holocaust bewahrt haben – für Muslime und Nicht-Muslime beim Kampf gegen Antisemitismus von wichtiger Bedeutung.

Man könnte im Deutschunterricht zeitgenössische Schriftsteller wie Feridun Zaimoglu, der mit »Kanak Sprak« die Emotionen einer ganzen Generation aufgefangen hat und deutlich macht, wie sich die deutsche Sprache in sozialen Brennpunkten gepaart mit Wut verändert. Es bräuchte keine große Schulreform, um neben Goethes »Faust« auch in Goethes Gedichtband »West-östlicher Diwan« zu lesen. Und im Politikunterricht könnten die Schüler lernen, was der Israel-Palästinakonflikt und der Holocaust miteinander zu tun haben und was nicht.

Solcher Unterrichtsstoff würde uns Muslim Girls und Boys ein Gefühl der Akzeptanz geben. Aber mehr als das, würde es der ganzen Gesellschaft zugute kommen, wenn man die Geschichte *aller* Menschen, die in Deutschland leben, kennen und begreifen lernt.

Nun gut. Wir Muslim Girls fanden uns trotz alledem recht schnell in dieser Gesellschaft zurecht. Das erleichterte auch unseren Eltern das Leben, weil wir ihnen dadurch bei vielen bürokratischen Dingen helfen konnten. Obgleich wir im deutschen Schulsystem oftmals als »unbelehrbar«, »lernbehindert« oder »zurückgeblieben« aussortiert wurden, lernten wir ohne jede pädagogische Unterstützung Anträge zu schreiben, Mietverträge zu studieren oder als Asylbewerber komplizierte Paragrafentexte zu unserem Aufenthaltsstatus zu verstehen.

Diese harte Schule des Einwandererlebens kam uns in gewisser Weise auch zugute: Womöglich wurden hier die Grundsteine für die Anwaltskarriere gelegt, die manches kurdisch- oder irakischstämmige Muslim Girl später hingelegt hat. Kaum zu glauben, dass sich die Erlebnisse und Erfahrungen meiner Generation aufgrund der aktuellen Weltlage wiederholen. Kinder flüchten mit ihren

Familien aus Krisengebieten wie dem Irak, Syrien oder Libyen nach Deutschland und durchleben die gleiche Verantwortung wie wir Muslim Girls einst. Wie wichtig ist es daher heute, dass wir unsere Erfahrungen mit diesen jungen Menschen teilen und ihnen helfen, mit ihren Familien in Deutschland Fuß zu fassen.

Lernen und Neues entdecken – das begleitete uns unser ganzes junges Leben über. Doch ausgerechnet in der Schule wurden unserem Lerneifer Grenzen aufgezeigt: Der deutsche Ordnungswahn und die offenbar tiefsitzende Sehnsucht, unter sich zu sein, konnten das multikulturelle Kuddelmuddel in den Schulklassen offenbar nicht ertragen: Gleich nach der sogenannten Orientierungsphase, die in Niedersachsen damals immerhin bis zur sechsten Klasse reichte, trennte man uns wie die Spreu vom Weizen. Im zarten Alter von etwa elf Jahren – in den meisten Bundesländern noch zwei Jahre früher – bekamen wir die berühmt-berüchtigten Schulempfehlungen ausgesprochen, die wir unseren Eltern allzu oft auch noch selbst dolmetschen mussten.

Kinderüberraschung für Einwandererkinder: die Schulempfehlung

Meine drei deutsch-deutschen Freundinnen führte der Weg ohne Umschweife direkt aufs Gymnasium. Das entsprach den Erwartungen, schließlich waren sie Sprösslinge von akademisch gebildeten und beruflich erfolgreichen Eltern. Von uns vier Busenfreundinnen war ich das einzige Arbeiterkind – und die einzige Ausländerin. Und Überraschung: Bei mir waren die meisten Lehrer der Meinung, dass ich auf einer Hauptschule, wo sich auch die wenigen anderen Einwandererkinder befanden, besser aufgehoben sei. Das hat mich natürlich zutiefst gekränkt, zumal einige Mitschüler, die halb so fit waren wie ich, bessere Empfehlungen erhielten, worüber sie entsprechend froh waren.

Meine Eltern vertrauten auf das Urteil, wussten aber auch, dass ich eigentlich besser dort aufgehoben gewesen wäre, wo meine Freundinnen waren. Besonders meine Mutter war ein wenig enttäuscht. Später kam meine Klassenlehrerin zu mir und blickte mich traurig an: »Ich weiß, dass du es auf dem Gymnasium geschafft hättest. Aber ich hatte keine Möglichkeit.«

Doch das Gymnasium traute ich mir – nach dem niederschmetternden Votum der Lehrer – nicht mehr zu, obgleich ich gern mit meinen Freundinnen zusammengeblieben wäre. Ohne sie und ihre Eltern, dank derer ich mich in einem akademischen Umfeld bewegte, wäre ich sicher wie jedes Arbeiterkind einfach auf die Hauptschule gegangen. Doch da ich als Deutsch-Marokkanerin unbedingt Französisch lernen wollte, was womöglich auch mein großes Glück war, verlief mein Weg anders. Meiner Eltern wegen hatte ich ja einen starken Bezug zu Marokko, wo bekanntlich Französisch im Gegensatz zu Englisch die zweite und in manchen Gegenden sogar die erste Geige spielte. Ich wollte im Urlaub die französischen Zeitungen lesen und die Nachbarskinder aus Belgien und Frankreich verstehen, die mit ihren Familien ihre Ferien in Marokko verbrachten. Nun war mit der verdammten Hauptschulempfehlung jeglicher Französischunterricht in weite Ferne gerückt. Eine Gesamtschule als Alternative gab es in unserem Dorf nicht. Da ich mich um meine Schulangelegenheiten immer selbst kümmern musste, musste ich mich auch mit dieser Frage auseinandersetzen. Mir war klar, dass ich die Hauptschule unbedingt vermeiden wollte. Ich wusste, dass ich in der Lage war, mehr zu schaffen. So aber entschied ich mich für die goldene Mitte – die Realschule. Mehr als runtergestuft werden konnte mir auf der Realschule ohnehin nicht passieren. Und es lag in meiner Hand. Also sagte ich meinem Vater, er solle die Empfehlung unberücksichtigt lassen und mich an der Realschule anmelden. Was er auch genau so machte.

Was wäre wohl aus mir geworden, wenn ich der Empfehlung gefolgt wäre? Es gab auf den Hauptschulen kaum jemanden, der später auf das Gymnasium wechselte. Das Bildungsniveau war so unterschiedlich, dass diesen Sprung die wenigsten schafften. Es erforderte sehr viel Mühe, Kraft und manchmal kostspieligen Nachhilfeunterricht. Nach der zehnten Klasse entschied ich mich für eine Ausbildung, um von Zuhause ausziehen zu können, und machte mich nach ein paar Jahren Berufstätigkeit mit 24 Jahren als Verlegerin einer Frauenzeitschrift selbstständig. So konnte es eben auch kommen.

Und was haben wir daraus gelernt? Durchhaltewillen!

Von diesen besonderen Schulempfehlungen waren im Übrigen auch Kinder aus binationalen Partnerschaften oder aus afrikanischen oder iranischen Akademikerfamilien betroffen. Nicht wenigen Kindern der ersten Gastarbeitergeneration empfahl man sogar die Sonderschule – egal ob italienisch-, griechisch- oder türkischstämmig. Das nahm erst ein Ende, als sich Einwanderereltern in Vereinen organisierten, um anderen Eltern über Flyer davon abzuraten, den Empfehlungen der Lehrer Folge zu leisten. Ihre Informationsblätter verteilten sie dort, wo die Eltern regelmäßig anzutreffen waren – zum Beispiel in (türkischen) Lebensmittelgeschäften, Fleischereien oder Gemüseläden.

Oftmals verhinderten auch die älteren Geschwister das Schlimmste: Sie wollten nicht, dass sich ihr bitteres Schulschicksal bei den jüngeren Geschwistern wiederholte. Oft gingen die Teenager anstelle der Eltern zu den Lehrergesprächen; sie kannten sich besser im Schulsystem aus und sprachen sowieso besser Deutsch. Als erwachsene Muslim Girls, ob verheiratet und Hausfrau oder als Singlefrau und berufstätig, finanzierten die Älteren, wenn es sein musste, sogar die jüngeren Schwestern und Brüder – und das war fürwahr nicht selten! Sie kauften die nötigen Bücher oder setzten sich am Ende sogar eventuell noch dafür ein, wenn es darum ging, dass die kleine Schwester ein Studium an einem anderen Ort aufnahm. Davon musste das eine oder andere Elternteil nämlich manchmal erst überzeugt werden.

Dieser Durchhaltewille sollte uns Muslim Girls alle durchs Leben begleiten. Woher wir diese Kraft immer gezogen haben, ist schwer zu sagen. Wir wollten einfach dieselben Chancen haben und dasselbe erreichen können wie unsere Altersgenossen. In einer von Männern dominierten deutschen Gesellschaft, in der eine Frau sowieso mehr leisten muss als jeder Mann, um zu beweisen, dass sie kompetent, willensstark und durchsetzungsfähig ist, mussten wir Muslim Girls uns eben doppelt anstrengen.

6. NICHT NUR BILDUNG – DAS GEHEIMNIS UNSERES ERFOLGES

Mädchenträume kennen keine Grenzen

Viele kleine Erlebnisse haben uns geholfen, unseren Weg zu gehen: etwa wenn eine dunkelhaarige Schauspielerin wie Jale Arikan in einem Spielfilm eine sehr präsente Nebenrolle spielte oder ein türkischstämmiger Abgeordneter wie Cem Özdemir in den Nachrichten vorkam. Solche Momente entfachen ein kleines Feuer der Hoffnung und des Muts: »Ich könnte es auch schaffen!« Wir bemühen uns weiter und blieben einfach dran an dem, was wir gerade zu bewältigen hatten. Für uns war es doppelt wichtig, die Schule mit einem guten Notendurchschnitt zu verlassen, um unserem Traumberuf näherkommen zu können.

Wenn man über uns Muslim Girls schreibt oder spricht, vergisst man oft, dass unsere Bildungs- und Berufswünsche dieselben sind wie die anderer Mädchen und Frauen unseres Alters. Mädchenträume kennen keine Grenzen – auch keine nationalen und kulturellen. Als Kinder möchten auch wir reich und berühmt werden, verwandeln unsere Zimmer in Krankenstationen, verarzten unsere kleinen Geschwister mit Filzstiften, die wir zu Spritzen umfunktioniert haben, und sind nach gelungener Operation fest davon überzeugt, dass wir eine prima Chirurgin abgeben würden.

Als Teenager entfalten wir unsere Fähigkeiten und Talente, entdecken Hobbys und überlegen, ob Chemie oder Mathe vielleicht ein geeignetes Zukunftsfeld wäre oder wir nicht doch lieber eine Profikarriere als Fußballspielerin anvisieren sollten.

Die Profifußballerin Fatmire Bajramaj, die im ZDF-Sportstudio auch schon mal mit Pumps auf die Torwand schießt, war mit ihrer Familie aus dem Kosovo geflüchtet. Als Muslim Girl hat sie viel trainiert, um da anzukommen, wo sie heute ist: Sie gehört zum Kader der deutschen Frauennationalmannschaft. Ihr damals noch skeptischer Vater, der sie lieber hätte Ballett tanzen sehen wollen, ist heute ihr größter Fan.

Schule, Familie, Freunde und Bekannte spielen in unserer Entwicklung und für die Förderung unserer Begabungen eine ebenso wichtige Rolle wie bei allen anderen Mädchen in diesem Land auch. Eines aber war immer klar. Wollten wir frei leben und selbst über unser Leben entscheiden, mussten wir wirtschaftlich unabhängig werden. Diese Unabhängigkeit war auf unterschiedliche Weise erreichbar: Entweder man fing bei der nächstbesten Gelegenheit irgendwo an zu jobben, beispielsweise in einem Schnellrestaurant, oder aber man entschied sich dafür, länger bei der mühsamen Schulstange zu bleiben, um vielleicht doch noch die Zugangsvoraussetzungen für irgendeinen Studiengang zu erreichen, sei es Jura, BWL oder Medizin.

Wenn sich heute deutsche Hochschulen darüber mokieren, dass eine ganze Generation von Einwandererkindern nicht zu ihnen gefunden hat, dann ist das relativ verlogen und mehr als scheinheilig: Denn ein Schulsystem, das Einwandererkinder systematisch ausgrenzt, verhindert eben jede akademische Bildung dieser Kinder. Mindestens drei Jahrzehnte ist diese Benachteiligung unbeachtet von der kritischen Öffentlichkeit praktiziert worden, erst in den letzten Jahren hat eine Diskussion über neue integrative Schulkonzepte begonnen.

Die beeindruckende Erfolgsquote der Muslim Girls

Auf dem Ausbildungsmarkt sieht es auch nicht gut aus: Selbst bei gleichen Fachleistungen, so fanden die Kultusministerkonferenz (KMK) und das Bundesministerium für Bildung und Forschung vor einigen Jahren gemeinsam heraus, seien die Chancen deutsch-deutscher Jugendlicher auf eine Berufsausbildung doppelt so hoch wie bei ausländischen Jugendlichen. Anders gesagt: Zuwanderer-kinder »müssen deutlich bessere schulische Vorleistungen erbringen als ihre deutschen Altersgenossen«. So steht es im ersten Bildungsbericht »Bildung in Deutschland« von 2006.

Und die gute Nachricht? Die Übergangsquote auf eine Hoch-schule ist bei Studienberechtigten mit Zuwanderungsgeschichte »signifikant höher als unter den Studienberechtigten ohne Migra-tionshintergrund«, sagen die Autoren eben jenes Bildungsberichts.

Im Klartext: Wenn jemand den steinigen Bildungsaufstieg von der Hauptschule auf die Universität schafft, dann ist er mit großer Wahrscheinlichkeit nicht deutsch-deutsch! Erklären tut man sich dies damit, dass der Wille zum Bildungsaufstieg in dieser »stark vorgefilterten« Gruppe besonders ausgeprägt sei. Denn: »Wer es so weit geschafft hat, will dann auch studieren.«

Bingo! Schließlich reißen wir uns täglich zusammen und haben bereits in Kindertagen das Verzichten gelernt. Da lassen wir uns doch nicht mehr wegdrängen, wenn wir die Schwelle zur Hoch-schule und zur Arbeitswelt erreicht haben! Zwar sind wir dann noch lange nicht am Ziel; doch die erste, sehr große Hürde ist geschafft. Und unsere Eltern sind mächtig stolz.

Wer von ihnen hätte gedacht, dass sie als Analphabeten, einfache Arbeiter oder gebrochen Deutsch sprechende Gemüsehändler ein-mal ihrem Töchterchen zum Diplom, zum Bachelor oder Master gra-tulieren würden – auch wenn sie nicht immer wussten, wozu sie uns da genau gratulierten. Klar war ihnen nur, dass wir es geschafft hat-ten. Was wäre gewesen, wenn sie in ihrem anatolischen, tunesischen oder indischen Dorf geblieben wären? Das werden wir nicht erfahren. Aber bis hierhin ist Al-hamdu-lillah – Gott sei Dank – alles gut gegangen.

Sie hat es geschafft, eine von uns!

Was ging wohl in den Eltern von RTL-Moderatorin Nazan Eckes vor, als ihre Tochter sich nach dem Abitur einfach mal bei dem Musiksender VIVA als Praktikantin bewarb? Das Kind eines anatolischen Chemiearbeiters aus dem munteren Kölle hatte den Traum, vor der Kamera zu stehen – wie zahlreiche andere Mädchen: Endlich nicht mehr mit der Haarbürste als Mikrofon vor dem Spiegel imaginäre Gäste oder Songs anmoderieren! Jedes Jahr rief der Sender dazu auf, ein neues Moderatorengesicht zu werden. Aber galt das auch für Muslim Girls? Durfte eine Fernsehmoderatorin dunkelhaarig sein und einen fremdländischen Namen tragen?

Nazan Üngör, die erst im Jahr 2000 den Namen ihres Ehemannes annahm, von dem sie mittlerweile wieder geschieden ist, traute sich einfach und klopfte gleich nach dem Abitur an die Pforten der TV-Sender. Sie wollte nur ein simples Praktikum. Mehr als ein Nein hätte sie nicht einkassieren können. Dann wäre sie einfach weiter an die Kunsthochschule für Medien gegangen, so wie sie es vorhatte.

Es gab ein Ja. Aus dem Praktikum wurde ein Volontariat. Heute ist sie bei RTL von keiner Formel-1-Strecke mehr wegzudenken, und das Explosiv-Studio ist ihr zweites Zuhause. Sie moderierte zwei Jahre lang die erfolgreiche Tanzsendung »Let's Dance« mit Komiker Hape Kerkeling, später mit dem Kollegen Daniel Hartwich.

Sie hat es geschafft! Eine von uns! Aber sie weiß auch: »Man ist schneller weg vom Fenster, als man es für möglich hält.« Das bringt sie aber nicht dazu, mit gesenktem Kopf den Platz zu räumen. Auch der Wille zum Erfolg ist in unserer »stark vorgefilterten« Gruppe besonders ausgeprägt und notwendig!

Auch die dauerfröhliche und schrille Gülcan Kamps sprach nach dem Abitur einfach mal beim VIVA-Casting vor, da hieß sie noch Gülcan Karahanci – und hatte als Lübeckerin weder in Hamburg noch in Berlin einen BWL-Studienplatz ergattern können. 500 Bewerber soll es für den Job beim Musiksender VIVA gegeben haben. Sie setzte sich durch. So einfach kann es manchmal auch gehen. Der Sender hatte eben keine Angst vor Frauen mit fremdländischen Namen, hatten doch neben Stefan Raab, Oliver Pocher und Heike Makatsch schon Charlotte Roche, Minh-Khai Phan-Thi, Nela Panghy-Lee oder Bibiana Ballbè Serra vor der VIVA-Kamera gesessen. Doch Gülcan Karahanci war das erste Muslim Girl als Moderatorin.

Jahre später durften wir vor dem Fernseher ihre Hochzeit mit dem Brötchenerben Sebastian Kamps verfolgen, uns mit ihr freuen, lachen und manchmal auch fremdschämen; aber als sie mit der Kutsche zum Altar fuhr und sich über ihren großen Tag freute, war sie uns allen sympathisch. Am sympathischsten war aber, dass ihre türkische Familie – selbst mit nicht perfektem Deutsch – während der ganzen Serie immer präsent war.

Gülcan Kamps verleugnete ihre Herkunft nicht und hat vielleicht gerade mit dieser schrillen Sendung einen Teil deutsch-türkische Realität in die Wohnzimmer zwischen Ostfriesland und Allgäu gebracht – und zwar mit großer Selbstverständlichkeit, einfach als Teil ihrer Identität und als Teil von Deutschland. Dafür hat sie in unseren Reihen Anerkennung geerntet.

Nicht wenigen Muslim Girls waren die Eltern zumindest temporär ein wenig peinlich: Es beschämte uns, wenn die kurdische Mutti in Blümchenpluderhose einkaufen ging oder der libanesische Papa sich am Bankschalter nicht korrekt auszudrücken wusste. Andererseits sind auf dem gesamten Globus für Jugendliche ohnehin alle Eltern früher oder später einmal peinlich.

Wie man Wurzeln mit Stolz trägt – Allah sie Dank!

Mittlerweile spiegeln die Gesichter im Fernsehen und auf der Kinoleinwand ein klein wenig mehr die Vielfalt unseres Landes wider. Für so manches Muslim Girl sind die Medien sogar die letzte Chance, noch etwas aus dem beruflichen Leben zu machen. In den weltoffenen Hafen der Musikbranche retteten sich etwa Nadja Benaissa, Sängerin der Girlband *No Angels*, und Senna Gammour, Sängerin von *Monrose*. Während die eine mit 19 bereits alleinerziehende Mutter war, bestritt die andere als Kellnerin ihren Lebensunterhalt. Musikalität und Mut sind die Eigenschaften, die sie dazu bringen, sich bei der Castingshow *Popstars* zu bewerben: Nadja Benaissa gehörte im Jahr 2000 zu den fünf Gewinnerinnen und tourt seither erfolgreich mit den *No Angels* durch die Welt. Senna Gammour gelang beim zweiten Anlauf 2006 der Durchbruch mit *Monrose*, die wie nur wenige Castingbands nicht gleich wieder in der Versenkung verschwunden ist und bereits sechs Top-Ten-Hits landete.

Der Preis ihres Erfolges: Über Wochen hinweg opferten sie vor einem Millionenpublikum ihre Privatsphäre, um dem Ruhm etwas näher zu kommen. Aber es ist unumstritten, wie existenziell gerade für sie das Gewinnen war. Kein Studium, das nach der Show auf sie wartete. Keine Ausbildung, die sie hätten wieder aufnehmen können. Zwar haben beide einen Realschulabschluss, doch ihre berufliche Perspektive war eher ein Fenster *ohne* Aussicht.

Der Castingshow-Erfolg war für diese beiden Muslim Girls ein wirklicher Glücksfall. Aber auch andersherum wurde ein Schuh daraus – gerade Senna Gammour verdankte ihren Erfolg nicht nur ihrer Ausstrahlung, sondern auch der eigenen Biografie: Millionen Muslim Girls, ob jung oder alt, können sich vorstellen, was es bedeuten muss, als Kind von zwölf Jahren den Vater zu verlieren und mit der Mutter und den Geschwistern in einer Trabantenstadt wie Frankfurt-Nordweststadt aufzuwachsen. Hatte man es schließlich selbst mit einer intakten Familie nicht immer leicht.

Auch Senna Gammour trägt ihre Wurzeln mit Stolz und gehört obendrein zu den gläubigen Muslim Girls: »Ich danke Allah für meine Stimme«, sagte sie in einem BILD-Interview direkt heraus.

So kurz die Röcke auch sein mögen, die Senna Gammour auf der Bühne trägt, ihre Mama klatscht erleichtert und stolz mit, wenn sie die Tochter live erleben kann. Trotzdem verheimlicht Senna auch nicht die Ambivalenz dieses nicht immer harmonischen Mutter-Tochter-Verhältnisses: »Weißt du, meine Mama hat auch immer gedacht, dass aus mir nichts wird! Ich wollt ja auch krass viele Sachen werden. Da hab ich gesagt, ich werd Feuerwehrfrau. Meine Mutter ist aus einer anderen Kultur. Die muss Sachen erst sehen, um sie zu glauben. Jetzt sieht sie, was ich mache, und glaubt an meinen Erfolg. Meine Mama würde ich nie vergessen! Wenn ich die vergesse, vergesse ich, wer ich bin.«

Beim Finale von *Popstars* stürmte die kleine Mama mit ihrem weiten Kopftuch auf die Bühne, um ihre Tochter zu umarmen. Muslim-Girls-Realität – alles andere als schleierhaft!

Muslim Girls stürmen Charts und politische Bühnen

Muslim Girls stürmen nicht nur Musikcharts, sondern erklimmen auch die politische Bühne. Mit der 39-jährigen gebürtigen Hamburgerin Aygül Özkan (CDU) hat es im April 2010 das erste Muslim Girl auf einen Ministerposten in Deutschland geschafft, wenngleich ihre Ernennung zur Ministerin für Soziales, Frauen, Familie, Gesundheit und Integration in Niedersachsen alles andere als gefeiert wurde.

Allseits ritt man auf ihrer religiösen Gesinnung herum und rätselte lautstark, auf welchen Gott sie sich bei ihrem Amtseid mit der Formel »So wahr mir Gott helfe« bezogen habe. Ihr Ministerium sah sich anschließend zu einer offiziellen Erklärung genötigt, dass sich die Ministerin als gläubige Muslima »ausdrücklich auf den einen und einzigen Gott« bezogen habe, der dem Judentum, dem Christentum und dem Islam gemeinsam sei.

So startete also damals ein Muslim Girl ins politische Amt. Niemand diskutierte in derselben Intensität ihre politischen Inhalte. Niemand fragte danach, wie sie sich ihre neue Aufgaben als Sozialministerin vorstellt und was sie gedenkt, in nächster Zeit anzupacken.

Wir freuen uns über Aygül Özkan; sie macht anderen Muslim Girls Mut und zeigt, dass wir sogar in hohe politische Ämter gelangen können. Denn auch in der Biografie der CDU-Politikerin versteckt sich die typische Bildungsdiskriminierung: Wie selbstverständlich steht in der Vita der Ministerin zwar, dass sie nach dem Abitur auf einem Hamburger Gymnasium das Studium der Rechtswissenschaft aufnahm. Doch wer genauer nachforscht, entdeckt, dass ihr Leben fast eine andere Wendung genommen hätte. Nach der Grundschule war der Tochter eines türkischen Schneiders nämlich gar keine Gymnasialempfehlung ausgesprochen worden. Doch ihr Vater legte das Schulzeugnis der Tochter selbstbewusst dem Schulleiter des nächstgelegenen Gymnasiums vor, um zu sehen, ob sie aufgenommen werden würde. Dankbar seufzte die frisch gebackene Sozialministerin deswegen Jahre später ins Mikrofon des NDR: »Und das ist dann auch passiert, also eigentlich durch Intervention meiner Eltern, Gott sei Dank!«

Fortan lief im Leben Aygül Özkans alles wie am Schnürchen: Trainee bei der Deutschen Telekom, Niederlassungsleiterin bei der TNT-Post Deutschland, Hochzeit mit einem türkischen Mediziner, der ihr der Liebe wegen nach Deutschland folgt und als Frauenarzt praktiziert. Mit einem Kind und zahlreichen ehrenamtlichen Aktivitäten bringt sie somit alles unter einen Hut, was man als engagierte Frau überhaupt unter einen Hut bringen kann.

Trotzdem hat sie nicht vergessen, dass es Kinder in diesem Land gibt, die den Anschluss verpassen. Daher will sie mehr Kinder aus Zuwandererfamilien in Kindertagesstätten bringen, wie sie im April 2010 gegenüber dem NDR ausführte: »Ich bin zwar sehr gut hier zurechtgekommen, habe aber sehr früh gemerkt, dass andere nicht dieses Glück hatten. Ob es jetzt Jugendliche sind, die einen Ausbildungsplatz suchen, oder auch Unternehmen, die zwar hier wirtschaftlich tätig sind, aber doch von ihrer Ausgangsposition und ihrer Qualifikation her noch nicht so fit sind. Und da habe ich gesagt, da muss man was tun. Ich sehe das als eine gesellschaftliche Selbstverpflichtung; wenn es mir gut geht und ich etwas erlangt habe, muss ich auch irgendetwas zurückgeben.«

Im Kanzleramt sitzt seit 2013 zudem die erste Frau mit dem sogenannten Migrationshintergrund. Nicht als Gast, nicht als Rednerin oder Beraterin, nein, als Staatsministerin. Genau genommen ist sie Beauftragte der Bundesregierung für Migration, Flüchtlinge und Integration. Es geht um niemand geringeres als um Aydan Özoğuz. Die Hamburger Deutsch-Türkin ist als jüngstes von drei Kindern 1967 in Hamburg geboren und aufgewachsen. Ihre Eltern kamen 1961 nach Deutschland und machten sich mit dem Vertrieb von Lebensmitteln selbstständig. Ihre beiden älteren Brüder Gürhan und Yavuz Özoğuz widmeten sich dem Studium der Verfahrenstechnik. Sie gründeten die Onlineplattform »Muslim-Markt«. Hier sind weniger Gemüse und Obst erhältlich, dafür aber Imam-Chamenei-Lobeshymnen und Israel-Produkt-Boykott-Aufrufe. Aydan Özoğuz machte ihr Abitur und studierte anschließend Anglistik, Spanisch und Personalwirtschaft. Bevor sie 2004 der SPD beitrat und 2011 die erste türkischstämmige stellvertretende Bundesvorsitzende der SPD wurde, war sie bis 2008 Mitglied der Hamburger Bürgerschaft. Auf ihre islamistischen Brüder angesprochen, wünscht sie sich zu Recht, dass sie nach ihren Taten und Aussagen bewertet wird und nicht nach ihren Familienmitgliedern. Warum sie so offen und ihre Brüder so verschlossen dieser deutschen Gesellschaft gegenüberstehen, kann sie fragenden Journalisten nicht beantworten. An ihren Eltern könne es nicht liegen, die seien liberal gewesen. In ihrer Familie hätte es nur ist Aydan Özoğuz Mutter einer Tochter und mit dem Hamburger Innensenator Michael Neumann (SPD) verheiratet. Zwischen Berlin und Hamburg leben beide eine binationale Ehe. Das kleine Mädchen, das einst als »Türken-Göre« beschimpft wurde, wusste sich zur Wehr zu setzen. Auch deshalb, weil sie Eltern hat, die sie in ihrer Persönlichkeit bestärkten und ihr den Weg zur Bildung nicht verwehrten. Ihre Geschichte zeigt einmal mehr, was in diesem Land aus Menschen mit fremden Wurzeln werden kann. Wer das Potenzial erkennt, wird auch den Migrationshintergrund nicht mehr als das wahrnehmen, was Özoğuz bei diesem Begriff in einem BILD-Interview kritisiert. »Er wird häufig als Diagnose verwendet, steht für Probleme, Armut, Bildungsferne.«

Der steinige Weg nach oben

Unter der sperrigen Überschrift »Wege zum beruflichen Erfolg bei Frauen mit Migrationshintergrund der ersten und zweiten Generation und Ursachen für die gelungene Positionierung im Erwerbsleben« hat die Universität Osnabrück 2008 versucht zu erforschen, warum manche Frauen mit Zuwanderungsgeschichte trotz aller Hindernisse doch irgendwann den Weg »nach oben« finden. Klar ist: Das Beherrschen der deutschen Sprache und deutsche Wurzeln sind kein Garant für den Erfolg im Bildungswesen oder auf dem Arbeitsmarkt. Heißt man Remziye, Zubyde oder Hanan, stieß frau lange trotz gutem Abschluss an so manche Hürde, die Anna, Lena oder Lisa nur sehr selten erlebten. Unser Leben schien manchmal wie ein ewiger Parcours!

Und was ist nun das Geheimnis unseres Erfolges? Nun: Wenn wir es schaffen, dann weil wir in unserer Familie ein bildungsfreundliches Klima vorgefunden haben. Vor allem wenn unsere Väter uns motivieren, scheint das wirkungsvoll zu sein, zumindest dann, wenn die Mütter nicht berufstätig sind oder keine eigenen beruflichen Ambitionen zeigen. Sind die Mütter hingegen selbst schon berufstätig oder akademisch ambitioniert, dann spielen die Väter in der Regel keine Rolle mehr, dann sind die Mütter die Vorbilder und Förderer der späteren *High-Potential-Muslim Girls.* Und außerdem hilft die Unterstützung durch Lehrer oder andere außerfamiliäre Bezugspersonen den Mädchen, ihre Leistungen zu halten und zu verbessern. Dies ging ebenfalls aus der Studie hervor.

In wenigen Fällen erfolgreicher Frauen mit Zuwanderungsgeschichte, so fand die Studie heraus, gab es familiäre Restriktionen aufgrund von traditionellen Geschlechterverhältnissen. In solchen Fällen wussten sich die Mädchen aber zu helfen und konnten die Eltern allmählich durch Fleiß und Leistung in der Erledigung ihrer schulischen und familiären Aufgaben sowie durch die Loyalität und Verbundenheit von ihren eigenständigen Bildungs- und Berufswegen überzeugen. Da geht es den andern Muslim Girls offenbar wie der *Monrose*-Sängerin Senna Gammour: »Meine Mutter ist aus einer anderen Kultur. Die muss Sachen erst sehen, um sie zu glauben.«

Die Studie verdeutlicht, dass sich nicht nur das Bildungssystem einem Reformprozess unterziehen muss, sondern dass auch die muslimischen Eltern in den Lernprozess der Kinder einbezogen werden müssen, will man nicht allein auf Zufälle, gute Lehrer und ehrenamtliche Helfer bauen. Die heutige muslimische Eltern-Generation bemüht sich sehr um ihre Kinder und legt bereits bei der Kindergartenauswahl viel Wert auf angemessene Förderung und entsprechende Pädagogik. Unsere Kinder sollen – anders als wir selbst – gefördert und nicht nur verwahrt werden.

Hört man sich heute bei den jungen Muslim Girls um, was sie beruflich einmal machen wollen, dann wird deutlich, wie frisch, fröhlich und zuversichtlich sie sind: So erzählt die 16-jährige Ebru in einem Interview mit *Vaybee! TV*, dass sie gerne Polizistin werden möchte. Zwar hapere es gerade ein wenig in der Schule – die obligatorische Fünf in Mathe –, aber sie ist zuversichtlich, dass es dank Nachhilfelehrer mit dem guten Schulabschluss schon noch klappen wird. Was die Eltern dazu sagen?

Ihre Mutter ist ein Muslim Girl der zweiten Generation und will eine starke und eigenständige Persönlichkeit heranziehen. Obwohl oder gerade weil bei ihr selbst nicht alles so gelaufen ist, wie sie es sich vorgestellt hatte – ihre Tochter soll sich voll und ganz entfalten. Es war die Mutter, die Ebru den Floh mit der Polizistin überhaupt erst ins Ohr gesetzt hat. Und dem Vater ist es einfach wichtig, dass sie »etwas« in der Hand hat. Bis sich Ebru der »Action« auf der Straße ganz hingeben kann, büffelt sie also noch ein wenig weiter – mit vollem Rückhalt durch ihre Eltern, die ihr verdientes Geld gleich weiter in den Nachhilfelehrer investieren.

Motivation schöpfen wir Muslim Girls auch daraus, dass wir eines schlichtweg nie werden wollen: Zwangsweise Hausfrau! Wir wollen häufig Familie und Kinder, aber deswegen den ganzen Tag zu Hause bleiben zu müssen, das finden wir nicht sehr spannend. Viele von uns wollen ihre Interessen, Begabungen und Ideen beruflich ausleben und weiterentwickeln und obendrein von niemandem finanziell abhängig sein.

Platz da, jetzt stehen auch wir am Lehrerpult!

Dazu braucht es mehr Lehrer, die sich mit dem einen oder anderen Elternteil auch auf Türkisch, Arabisch oder Pakistanisch unterhalten können. Und zwar nicht, um es diesen Eltern einfach zu machen. Ganz im Gegenteil! Wenn man die Sprache der Eltern beherrscht, ist es sehr viel einfacher, ihnen dezent in den Hintern zu treten, dass ihrem Kind das Wissen nicht von allein und so aus den Händen des lieben Allah in den Schoß fällt, sondern sie als Eltern sich aktiv einbringen müssen. Und nebenbei kann man ihnen dann vielleicht auch vermitteln, dass es in ihrem eigenen Interesse wäre, endlich einen Deutschkurs zu besuchen und eine Weiterbildungsmaßnahme zu beginnen.

Als Lehrer leben Frau Yilmaz, Frau Lopez, Herr Reza und Herr Aziz zugleich mit großer Selbstverständlichkeit allen Kindern und Eltern – auch den deutsch-deutschen – im Klassenzimmer ein Stück deutsche Lebensrealität vor. Schließlich gibt es 15 Millionen Menschen, deren Herkunft nicht deutsch-deutsch ist. Knapp ein Viertel aller in Deutschland geborenen Kinder stammt aus Zuwandererfamilien. Doch Lehrer mit Zuwanderungsgeschichte sind immer noch die Ausnahme. Wie viele erwachsene Muslim Girls an deutschen Schulen unterrichten, weiß man nicht genau: Um in Deutschland als Lehrer verbeamtet werden zu können, braucht man die deutsche Staatsangehörigkeit. Ob jemand einen deutschen Pass bei der Geburt oder erst später erworben hat, wird dabei nicht ermittelt.

Klar ist nur: Es ist höchste Eisenbahn, Vorurteile und Ängste abzubauen. Auch Muslim Girls und Muslim Boys sind mit entsprechender Ausbildung genauso wie alle deutsch-deutschen Lehrer in der Lage, den Mathematik-, Deutsch- oder Sportunterricht zu leiten. Allerdings brauchen die dazu erst mal Abitur, weswegen sich die Bildungskatze hier mal wieder in den Schwanz beißt.

Daher haben wir Muslim Girls uns auch in den Kopf gesetzt, sämtliche Fächer auf Lehramt zu studieren, um nach dem Referendariat endlich allen Kindern die Förderung zu geben, die sie nötig haben, und das gemeinsame Lernen von Paul, Paola und Pinar zu fördern. Schön wäre es dabei nur, wenn jene Muslim Girls, die ein Kopftuch tragen, nach erfolgreichem Abschluss unterrichten dürften. Denn diese Frauen sind Teil der deutschen Lebensrealität, und ihre Kompetenzen zu verschmähen, weil ihr sichtbarer Glaube bei einem Teil der deutschen Bevölkerung auf Abneigung stößt, kann nicht der Grund dafür sein, ihnen die Partizipation im Berufsleben zu verweigern. Das Argument der Trennung von Staat und Religion in Deutschland ist dabei ein schwacher Versuch, dieses Thema vom Tisch zu fegen. Denn wir wissen alle, dass wir im Gegensatz zu Frankreich in keinem laizistischen Staat leben; christliche Symbole finden hierzulande sehr wohl Raum, und Frauen, die sich wegen ihres christlichen Glaubens verhüllen – wie wir es von Nonnen kennen – stellen kein Problem dar. Vom Kreuz an der Wand oder dem christlichen Gebet im Klassenzimmer ganz zu schweigen.

Selbstständigkeit: Die eigene Chefin sein

Ein noch junges Berufsfeld für Muslim Girls mit akademischem Abschluss ist die Unternehmensberatung. Der Hamburger Existenzberater Mehmet Keskin zählte 2007 unter den Wirtschaftsexperten, die als selbstständige Dienstleister ihre Landsleute beraten, zunehmend Frauen, logischerweise vor allem Betriebswirtinnen.

Es gibt allerdings auch erfolgreiche Muslim Girls ohne Abitur und Studium: Muslim Girls, die mit einem Hauptschulabschluss etwas aus ihrem Leben machen und den Weg in die Selbstständigkeit wählen. Sie machen beispielsweise eine Friseurausbildung, besuchen anschließend die Meisterschule und eröffnen dann den eigenen Hairstylingtempel. Modern, schick, stylisch – und erfolgreich! Zu den Kunden gehören die weiblichen Hochzeitsgäste mit toupierten Frisuren genauso wie die Managerin oder Erzieherin aus der Straße nebenan. Mit diesem beruflichen Standbein ernähren sie nicht nur sich selbst, sondern ihre ganze Familie. Sie geben anderen Friseurinnen oder Kosmetikerinnen einen Arbeitsplatz und machen die Welt um sich herum ein klein wenig schöner. Denn auch Muslim Girls belohnen jede Neuerung im Leben mit einer

Neuerung auf dem Kopf und watscheln frohen Mutes in Ranias oder Havvas Friseurtempel, um sich den letzten Schrei auf den Kopf zaubern zu lassen oder auch unter das Tuch.

Laut dem Arbeitsbericht »Unternehmerinnen mit Migrationshintergrund« der Fachhochschule Köln werden 173 000 Betriebe in Deutschland von Frauen mit Zuwanderungsgeschichte geführt. Allein 12,6 Prozent davon türkischstämmige Muslim Girls. Sie sind in allen Branchen vertreten, vom Handel bis zum Dienstleistungssektor, vom Gastgewerbe bis zum Gesundheitswesen. Ob Cateringunternehmen oder Reinigungsfirma, inzwischen hat so manches Muslim Girl als Unternehmerin zahlreiche Arbeitsplätze geschaffen.

Vor allem im Gesundheitswesen steigt aufgrund der demografischen Entwicklung der Bedarf an interkulturellen Fachkräften für die alternde Einwanderergeneration, doch nicht nur die teilweise hohen Investitionsaufwendungen hindern viele Muslim Girls, in diesen Bereich wirklich zu investieren. Es fehlt auch noch an gesellschaftlicher Akzeptanz bei den zu Pflegenden und deren Kindern: Auch eine muslimische Frau kann Katheter austauschen oder bei der Körperpflege eines Behinderten helfen.

Zwangsweise die Schulbank drücken – Ehrenrunde de luxe

Viele Muslim Girls möchten sich weder mit ihrem minderen Schulabschluss zufriedengeben noch wagen sie den Schritt in die Selbstständigkeit. Stattdessen entscheiden sie sich dann dafür, noch mal die Schulbank zu drücken. Dort sitzen sie nicht selten neben ausgebildeten Lehrerinnen, Ärztinnen oder Sozialpädagoginnen, die erst kürzlich eingewandert sind und deren Abschlüsse aus Afghanistan, Irak, Iran, Russland oder Marokko hier nicht anerkannt werden. Ihnen bleibt nichts anderes übrig, als alle Prüfungen noch einmal zu machen – angefangen vom Abitur bis zum Hochschulabschluss.

So musste beispielsweise eine meiner iranischstämmigen Freundinnen in den 1990ern trotz abgeschlossenem Zahnmedizinstudium erst die allgemeine Hochschulreife »nachholen«, um sich dann an der Universität für Sozialwissenschaften einschreiben zu können. Dabei ist die Ausbildung in Ländern wie dem Iran oder beispielsweise auch in Russland keineswegs schlechter als die Ausbildung an deutschen Hochschulen. Manche Einwanderin war bereits in ihrem Heimatland in ihrem Beruf tätig und verfügt sogar über mehrjährige praktische Erfahrung. Aber die deutsche Bürokratie verlangt eben ohne jede Gnade ihren »Bildungszoll«.

Umso bemerkenswerter ist, dass diese Muslim Girls und auch die anderen Frauen die Disziplin und die Bereitschaft aufbringen, die gesamte Ausbildung noch einmal zu machen. In den Abendkursen sitzen sie neben den Schülern, denen in Deutschland der große Schulerfolg nicht auf Anhieb gegeben war und die sich nach einigen Jahren der Berufstätigkeit nun doch entschieden haben, die Voraussetzungen zu schaffen, um ein Studium zu beginnen.

Doch es gibt auch Grund zur Hoffnung. Seit der Fachkräftemangel in Deutschland Einzug gehalten hat, hat auch die Bundesregierung eingesehen, dass derartiges Verhalten kontraproduktiv ist. Seit 2012 haben Einwanderer die Möglichkeit, ihre im Ausland erworbenen Abschlüsse anerkennen zu lassen. Die Staatsangehörigkeit ist zudem nicht von Bedeutung – sofern die Kandidaten den Ansprüchen Deutschlands entsprechen. Es ist ein Schritt nach vorne, wenn auch einer, der viel Geduld und Bürokratie voraussetzt.

Wir zeigen gern, was wir können, wenn man uns lässt!

Eines ist jedoch offensichtlich: Wir Muslim Girls kämpfen um gesellschaftliche Anerkennung, um Bildung, um finanzielle Unabhängigkeit und berufliche Aufstiegschancen – ganz genauso wie die meisten Frauen in diesem Land, nur mit ein wenig mehr Gegenwind.

Der Sachverständigenrat für Integration und Migration wandte sich Anfang 2010 mit einer Studie gegen ein »deutsches Jammern auf hohen Niveau«: Deutschland habe im internationalen Vergleich eine erfolgreiche Eingliederung von Zugewanderten! Zwar sei die Arbeitslosigkeit unter den Zuwanderern hier mehr als anderthalbmal so hoch wie unter einheimischen Deutschen, doch in anderen europäischen Ländern sei diese oft *viermal* so hoch.

Und – was wir schon längst wussten: Die Nachkömmlinge der Zugewanderten haben im Gegensatz zu ihren Eltern häufiger Arbeit und sind auf keine Hilfe angewiesen. Es gibt also guten Grund für Optimismus. Wir zeigen gern, was wir können, wenn man uns lässt!

7. WOHNEN ZWISCHEN DEN WELTEN

Wieso eigentlich »zwischen« und was für Welten?

Egal was für eine Zeitung oder was für ein Buch ich aufschlage, das sich in irgendeiner Form mit dem Leben von uns Muslim Girls beschäftigt, immer heißt es irgendwo: »Leben zwischen zwei Welten«. Ständig springt mir in diesem Zusammenhang die Präposition »zwischen« ins Auge und versperrt mir und anderen Lesen den Blick aufs Wesentliche.

Aber welche Welten sind gemeint? Habe ich im Erdkundeunterricht mal nicht aufgepasst? Es gibt doch nur eine Welt, deren zwei Hemisphären sieben Kontinente vereinen, alle auf einer großen Erdkugel versammelt und im Weltall schwebend. In der Nähe noch die glühend heiße Sonne, die uns Deutschen zum Ende des Frühlings und im Sommer auch mal gnädig gestimmt ist. Und dann noch weitere Planeten um uns herum, die wir höchstens mal mit dem Teleskop zu sehen bekommen.

Oder soll man an H. G. Wells Science-Fiction-Roman »Krieg der Welten« denken? Greifen etwa gerade Marsianer unsere Welt an, wie einst die koloniale Großmacht Großbritannien die Länder in Afrika und Asien? Okay, ich ahne, was gemeint ist. Die Rede ist von dieser einen deutschen Welt und dieser undefinierbaren Welt, in der wir Muslim Girls eine *andere* Sprache sprechen, *andere* Verhaltenskodizes haben und unsere vier Wände *anders* einrichten. Letztere konstruiert und erbaut von den scheinbar vertrauten deutschen Architekten aus und in der vertrauten deutschen Welt.

Machen wir uns die Mühe und schauen wir uns diese sogenannten Welten mal an. Glücklicherweise benötigen wir zur Anreise kein Raumschiff. Eine kurze Reise durch die Zeit reicht Gott sei Dank völlig aus.

»Pre-Tester« eines hippen Wohnstils

»Halt mal an! Ich glaub da ist was!« Wenn wir diesen Satz hörten, wussten wir, dass entweder unser Vater oder unsere Mutter etwas zum Wohnen am Straßenrand entdeckt hatte. Besonders Väter gingen gerne auf Erkundungstour und packten in den Wagen, was in irgendeiner Form in die eigenen vier Wände zu passen schien. Und wenn nicht, würde es im leer stehenden Haus an der Schwarz- oder Mittelmeerküste seinen Platz finden. Heute hat man in den Städten, vor allem in Berlin, einen Trödelhandel daraus gemacht. Wohnungen werden auf Bestellung ausgeräumt und in kleinen Geschäften weiterverkauft. Besonders im Berliner Stadtteil Wedding scheint dies ein florierendes Geschäft zu sein.

Während die Meiers und Müllers an dem einen Ende der Stadt sich einmal im Jahr von ihren noch gut erhaltenen Möbeln, Geschirr und sonstigen Wohnaccessoires trennten, sammelten unsere Eltern am anderen Ende ein, was auf seinen neuen Besitzer wartete. Selbst wir Kinder entwickelten – zwischen Schamgefühl und Entdeckungslust – irgendwann ebenfalls Spaß am Suchen und Sammeln.

So kreativ-alternativ, wie es heute in den In-Lokalen in Hamburg-Ottensen oder Berlin-Prenzlauer Berg aussieht, mutete die Wohnwirklichkeit von Millionen von Muslim Girls in ihrer Kindheit an. Bevor dieser Wohnstil hip wurde, lebten wir dieses Lebensgefühl über Jahre mit jeder Faser unseres Lebens. Wir waren quasi »Pre-Tester« dieses Einrichtungsstils. *Stiftung Warentest* hätte es nicht gründlicher machen können.

Da die ehemaligen Möbelbesitzer unsere Eltern ohnehin nicht kannten, brauchte auch niemand zu befürchten, dass jemals einer von ihnen bei uns aus seiner alten Suppenschale essen oder seinen inzwischen verschmähten Lieblingssessel bei uns wiederentdecken würde. Wir wuchsen in einem Stil-Mix aus Bauhaus, Art déco und Klassisch-Modern, Eiche-Rustikal, Kiefer-Vollholz und Spanplatte auf. »Macht viel aus Wenig und Gebraucht«, würde dieses Avantgarde-Innendesign heute in *Schöner Wohnen* oder im *Family Live Magazin von IKEA* gepriesen werden. So manches Muslim Girl, das heute als Innenarchitektin arbeitet, bezieht womöglich so manch ihre Inspiration noch aus ihrer Jugend.

Was nicht passte, wurde passend gemacht. Unsere Eltern mussten schließlich das hart verdiente Geld beisammenhalten. Für Lebensmittel, Bücher, Kleidung, Auto und den großen jährlichen Heimaturlaub wurde schließlich schon genug ausgegeben. Und Discounter-Möbelhäuser gab es zur damaligen Zeit noch keine. Richtig investiert wurde höchstens in hochwertige Bauknecht-Herde oder Miele-Waschmaschinen – man gönnte sich ja sonst nichts. Deutsche Wertarbeit hatte eben ihren Preis. Wer diese nicht zufällig selbst in der Fabrik zusammenschraubte und zum Mitarbeitervorzugspreis bekam, sparte eben so lange, bis das Geld dafür zusammen war. Alles andere war Luxus, auf den man – zumindest jetzt, zumindest hier in Deutschland – erst einmal verzichten musste und manchmal auch wollte. »Wenn wir erst zurück in die Heimat gehen, können wir endlich leben wie alle anderen auch.« So die weit verbreitete Devise.

Wo Janet Jackson auf Sperrmüll trifft

Als Kinder und Jugendliche zählten wir die Jahre, bis der Tag kommen sollte, dass wir unsere eigenen vier Wände mit schönen Möbeln nach unserem Geschmack einrichten konnten. In der Zwischenzeit mussten wir in unseren engen Kinderzimmern mit den gebrauchten Schreibtischen und Stehlampen ausharren und unsere Janet-Jackson- oder New-Kids-on-the-Block-Poster an die Wände mit den schicken Mustertapeten kleben.

Die ganz Kreativen unter uns hefteten ihre Idole an die Innentür des Kleiderschranks. Nämlich dann, wenn unsere Eltern – allen voran unsere Mütter – uns die Poster verboten hatten. Des islamischen Bilderverbots wegen. Auch so eine Sache, die unsere Eltern als Kinder irgendwann aufgeschnappt hatten, der sie aber nie auf den Grund gingen und die sie unreflektiert in Form von Verboten an uns weitergaben. Die Familienfotos in der Vitrine waren von diesem Verbot natürlich ausgeschlossen. Was sie bloß gegen unsere großbusige Janet hatten?

Die wunderbare islamische Kunst, insbesondere die detailreichen Miniaturen aus dem elften Jahrhundert, war vielen unserer Eltern unbekannt. Wie sollten sie davon auch je erfahren, wenn die Schulen sich in ihrer armen Heimat auf die Bildungsgrundlagen, nämlich Lesen, Schreiben und Rechnen, beschränkt hatten – und die deutschen Schulen und Medien die islamische Kunst und Kultur weitestgehend ignorierten? Was unsere Eltern kannten und wussten, war, dass Abbilder von Menschen »haram« – Arabisch für »nicht erlaubt« – waren und dass wir deshalb damit erst gar nicht in den eigenen vier Wänden anfangen sollten. Es reiche die mit freizügigen Werbeplakaten zugekleisterte Außenwelt.

Es sollte noch Jahre dauern, bis sich bei unseren Eltern die Einrichtung änderte und wir uns allesamt von den gebrauchten Möbelstücken verabschiedeten. Mit zunehmendem Alter wollten wir Muslim Girls nicht mehr auf den mausgrauen Oma-Sofas sitzen und das Auge allein an den kleinen persischen oder anatolischen Wandteppichen weiden lassen. Die geknüpften Muster und Bilder erzählen – und spätestens hier merkt man, wie wenig streng das vermeintliche Bilderverbot des Islam gehandhabt wird – von den Bergen und Tälern, Viehherden und Menschen aus den Dörfern Irans oder Anatoliens. Gleichzeitig zauberten sie uns Farbe ins grau-braune Wohnzimmer mitten im damals noch industrie-benebelten Ruhrgebiet.

Die Wohnsituation von uns Zugewanderten hat sich zwar im Vergleich zu 1985 inzwischen verbessert, auch werden unseren

Eltern keine feuchten Kellerräume mehr vermietet. Das jedenfalls fand eine Studie des Deutschen Instituts für Wirtschaftsforschung 2002 heraus. Aber während in den Haushalten der Deutsch-Deutschen 1,8 Räume pro Person zur Verfügung stehen, müssen wir Zuwanderer mit durchschnittlich 1,3 Räumen pro Person auskommen. Türkischstämmigen Großfamilien standen 1989 sogar nur 1,1 Räume pro Kopf zur Verfügung.

»Diese Ergebnisse lassen sich nicht allein durch die schlechteren Einkommensverhältnisse oder die Familiengröße von Ausländern erklären«, betont Anita Dreyer, eine der Autorinnen der Studie, die deutliche Hinweise auf einen eigenständigen »Ausländer-Einfluss« gefunden hat. Fazit der *DIW*-Studie: »Ausländer sind am Wohnungsmarkt schon deswegen benachteiligt, weil sie Ausländer sind.«

Eine Anfrage des PDS-Abgeordneten Giyasettin Sayan an den Berliner Senat ergab 2001, dass ausländische Mieter damals in Berlin rund dreißig Mark mehr bezahlen mussten. Der stellvertretende Hauptgeschäftsführer des Berliner Mietvereins Reiner Wild berichtete offen: »Manche Vermieter begründen das ganz offiziell mit einem Ausländerzuschlag wegen der unterstellten stärkeren Abnutzung und den größeren Risiken.«

Endlich schöner Wohnen

Sobald wir mit unseren kleinen Jobs neben der Schule, in der Ausbildung oder Festanstellung das erste eigene Geld verdienten, schnappten wir unsere Eltern und Geschwister und stürmten gemeinsam die Möbeldiscounter. Unsere Eltern vertrauten auf unseren Geschmack, und wenn wir alle – Eltern und Geschwister – zusammenlegten, waren die neuen Möbel ja auch bezahlbar. Und natürlich suchte sich Mama in der Gardinenabteilung dann doch die rüschchenreichste und farbenfrohste Gardine aus.

Der kostbare Perserteppich wurde vom Familienbesuch in der alten Heimat mitgebracht. Oder wir baten unsere Verwandtschaft, uns einen von der nächsten Reise mitzubringen. In Deutschland waren Orientteppiche in unseren Augen vollkommen überteuert. Es lohnte sich nur dann, hier einen zu kaufen, wenn man einen besonders guten Draht zum Teppichhändler hatte. Wer keine Kontakte hatte, aber auf musterreiche Teppiche nicht verzichten wollte, deckte sich mit hochmodernen Polyester- oder Wollteppichen ein, die es als allerneuesten Schrei der Einrichtungsbranche überall günstig zu kaufen gab.

Marokkanischstämmige Muslim Girls machten sicher beinahe alle mindestens einmal in ihrer Jugend eine Bustour mit Mutti nach Brüssel. Dort gibt es im marokkanischen Viertel alles, was marokkanische Mütter zum Glück brauchen: ornamentreiches Teegeschirr aus aller Welt, Musikkassetten von marokkanischen Volkssängern und – natürlich – eine große Auswahl an Polyesterteppichen.

Die klassischen weißen Berberteppiche fanden sich dagegen selten in unseren Haushalten. Sie kamen auch bei den Deutsch-Deutschen erst in den 1990ern in Mode. Für unsere Eltern waren sie schlicht »altmodisch«. Das Leben sollte modern und bunt sein – eben wie Synthetikteppiche! Wir Muslim Girls wissen heutzutage die alte Handwerkskunst unserer Herkunftsländer wieder zu schätzen. Es ist uns wichtig, diesen Teil unseres kulturellen Erbes zu erhalten, statt ihn dem Vergessen auszuliefern.

Weiterhin mixen wir alles Mögliche zusammen, was uns über den Weg kommt. Meine Generation hat nunmehr auch die deutsche Dekolust für sich entdeckt: Weihnachten, Ostern und Muttertag halten wir eifrig mit. Besonders dann, wenn unser Nachwuchs mit selbstgebastelten Weihnachtssternen, Papierhasen und Muttertags-Mobiles aus dem Kindergarten kommt. Und, ja, wir kaufen auch Papiergras im Strohkörbchen, um darin mit Naturfarben gefärbte, hartgekochte Bio-Eier zu verstecken, und an zartgrünen

Frühlingszweigen bunt bemalte Eier baumeln zu lassen, die wir für unsere Kinder vorher noch mühsam auspusten mussten, bis uns der Kopf rot anlief.

Allerdings – ich muss enttäuschen – stellen wir zum Opferfest keine Keramik-Hammel auf unsere Kommode, vielleicht aber auch nur deswegen nicht, weil es sie (noch) nicht gibt. Auf einige begeisterte Käuferinnen würde man sicher stoßen. Es gibt schließlich auch Fans von Gartenzwergen unter uns Muslim Girls und sogar Boys, ungelogen! Aber das wird nur eine Frage der Zeit sein, bis sich jemand diesem Marktsegment zuwendet.

Egal, ob wir uns im Wohnstil eher skandinavisch, französisch, amerikanisch, puristisch oder einfach nur preisgünstig orientieren, immer fließt in irgendeiner Form die Kultur unseres Herkunftslandes ein: Bei jeder findet sich ein prunkvolles orientalisches Teeservice, ein Gemälde mit islamischer Kalligrafie oder ein *Khamsa* – die Hand Fatimas – oder ein *Nazar* – ein blaues Auge – zum Schutz vor dem Bösen Blick in den eigenen vier Wänden.

Wir kaufen wie der Rest von Deutschland bei *POCO-Domäne*, *Otto* und *IKEA*, lassen uns von Magazinen wie *Impressionen, Elle Decoration* und *Schöner Wohnen* inspirieren oder klicken uns im Internet durch diverse Einrichtungsmagazin-Webseiten. Auch Sendungen wie *Do it yourself, Wohnen nach Wunsch* oder *Einsatz in vier Wänden* stoßen bei uns auf reges Interesse. Selbst das eine oder andere Einrichtungsprogramm für den heimischen PC wird angeschafft, um sich mal wie eine echte Innenarchitektin fühlen zu können – nämlich spätestens dann, wenn der Kauf einer Wohnung oder eines Eigenheims ansteht. Schließlich soll alles perfekt werden.

Während wir mit unseren Eltern lange Zeit deutsche Möbel in die »Heimat« exportiert haben, begannen unsere Eltern und unsere großen Schwestern Ende der 1970er, Möbelstücke und Teppiche aus den jeweiligen Ländern zu importieren. Solange, bis sich Einzelne mit dem Import dieser Waren selbstständig machten und uns heute »Orient-Möbel« in Düsseldorf, München oder Hamburg anbieten. Besonders begehrt sind die prunkvoll bezogenen Sitzgarnituren mit hölzernem Unterbau und Ornamenten an den Fronten, auf die man dicke, feste Sitzmatratzen legt. Sie bieten reichlich Platz zum Sitzen und können zugleich ohne Aufwand Schlafmöglichkeit für Gäste sein.

Wir marokkanischen Muslim Girls bevorzugen weniger auffällige Stoffe, verzichten auch gern auf den Unterbau und beschränken uns ausschließlich auf die schwere Matratze. Et voilà, marokkanische Sitzgelegenheit trifft auf deutsche Zurückhaltung!

Unsere Mütter dagegen stehen kopfschüttelnd in unseren Wohnzimmern, denn für sie kann ein Wohnzimmer nicht bunt und auffällig genug sein. Am liebsten gehen sie mit ihren Schwiegertöchtern aus der Heimat, die häufig denselben Geschmack haben, zum arabischen oder türkischen Möbelhändler, um sich dort ganz im Stil der neuesten ägyptischen oder türkischen Seifenoper mit einem goldfarbenen Sessel oder elektronischen Wandbild mit leuchtendem Wasserfall einzurichten.

Doch so nüchtern und schlicht wir Muslim Girls uns prinzipiell geben mögen – wenn wir unsere Mütter ins Schlaraffenland des Plüsch und Gold begleiten, fällt selbst der Stilbewusstesten irgendwann eine kleine Kitschigkeit in den Warenkorb. Und unsere Väter? Nun, die sind weiterhin froh, wenn sie, während sie wieder mal aufs Essen warten, irgendwo einen Sitzplatz haben. Ob der bunt oder grau ist, ist ihnen dabei meist schnuppe.

Schwäbische Hausfrau gegen anatolische Oma – wer gewinnt?

»Wir Deutschen sind sehr reinliche Menschen. Das muss man verstehen, wenn man in Deutschland lebt«, sagte eine ältere Frau aus Rostock in einer RTL-Reportage über die 1990er-Jahre. »Reinlich?!«, prustete meine Freundin Esmaa laut heraus und hielt beim Servieren des Tees einen Moment inne, während sie mich gleichzeitig mit großen Augen anstarrte. Man muss dazu sagen, dass wir – allen voran ältere Muslim Girls – von unseren Müttern zu peniblen Putzteufelchen erzogen wurden, doch die meisten finden es trotzdem nicht so wild, wenn sich am Ende der Woche ein wenig Staub auf dem Boden gesammelt hat. Bei Esmaa jedoch konnte man fast immer vom Fußboden essen, so sauber war es bei ihr. Unordnung und Staub fanden bei ihr keine Gnade.

Die deutsche Reinlichkeit mag legendär sein, aber was ist dann die muslimische, fragen Sie sich? Zwar sah es in unseren Wohnungen wegen der zusammengewürfelten Möbel nicht besonders schön aus, aber Reinlichkeit spielte für uns immer eine besondere Rolle: Der Dreck und die Unordnung auf der Straße, darauf konnte man keinen Einfluss nehmen, aber in den eigenen vier Wänden war man selbst für Sauberkeit und Ordnung verantwortlich. Nicht zuletzt, weil gläubige Muslime in ihren Wohnungen auch das tägliche Gebet verrichten. Dazu muss man nicht nur seine rituellen Waschungen vornehmen, sondern auch einen sauberen Ort zum Beten haben. Daher werden traditionell vor der Tür die Schuhe ausgezogen.

Diese hygienische Praxis haben auch meine nicht-religiösen Freundinnen beibehalten: Die Schuhe bleiben im Flur, um die Wohnung nicht mit Straßendreck zu besudeln. Wer gern barfuß oder auf Socken durch die Wohnung läuft, weiß das zu schätzen. Erst recht Eltern von Kleinkindern im Krabbelalter, die auch noch alles in den Mund nehmen müssen. Ja, liebe deutsche Saubermänner und -frauen, da können Sie noch so lange die Schuhe auf der Fußmatte hin- und herschaben – bei uns ist es nicht nur sauber, sondern rein!

Entsprechend waren besonders in unserer Kindheit und Jugend auch Haustiere, besonders Hunde verboten. So lieb sie sein mögen, sauber sind sie nicht. Katzen, die sich bekanntlich gerne selbst sauber halten, sind dagegen rein islamisch gesehen in den eigenen vier

Wänden erlaubt. Aber selbst die waren für uns Kinder tabu. Es war schließlich schon eng genug in der Wohnung – auch ohne Haustier. Dafür gab es die Katze oder den Hund im Heimaturlaub, wo sich das Jahr über ein Cousin oder Onkel um das Tier kümmerte. Heute dagegen sehen es einige von uns nicht so eng und lassen zur Verwunderung der Eltern neuerdings ihren Begleiter Hasso und Muschi in der Wohnung leben.

Deutsche Reinlichkeit ist beileibe keine rein deutsche Tugend. Ich bin nicht sicher, wer beim Wettputzen gewinnen würde: die berühmt-berüchtigte schwäbische Hausfrau oder die anatolische Großmutter? Die ältere muslimische Generation nimmt es mit der wöchentlichen Treppenhausreinigung und der Gartenpflege sehr genau. Wir Jüngeren dagegen sind da etwas nachlässiger geworden und konzentrieren uns lieber auf Beruf und Freizeitaktivitäten – genau wie die jüngeren deutsch-deutschen Frauen.

Na klar, ganz sicher wird jetzt irgendein Vermieter mit dem nackten Finger auf irgendeine »Ausländerfamilie« zeigen und berichten, wie deren Wohnung irgendwann mal aussah. Unglaublich, ganz gewiss. Und dann könnte ich auf irgendeine deutsch-deutsche Familie zeigen, deren Wohnung zum Weglaufen aussieht. Na und?! Wo führt das hin? Wegen solcher zu pauschalen Vorurteilen aufgebauschten Einzelfälle mussten wir in Bezirken oder Wohnungen leben, die alles andere als »wohnlich« waren. Mal abgesehen davon, dass die Wohnungen für unsere Verhältnisse fast immer zu klein waren und für eine umfassende Renovierung und Einrichtung schlichtweg auch das Geld fehlte.

In der Generation unserer Eltern war es in der Regel üblich, mindestens vier Kinder zu haben. Mit den üblichen Ein- bis Zwei-Zimmerwohnungen war uns daher selten gedient. Manche Familien mieteten daher gleich zwei Wohnungen nebeneinander an. Der Vater mit den Jungs wohnte in der einen, die Mutter mit den Mädchen in der andern Wohnung; in manchen Familien auch die Kinder in der einen und die Eltern samt jüngstem Kind in der anderen.

Sie ließen sich etwas einfallen, um sich und uns – und die zahlreichen Geschenke, die über die Jahre hinweg für die Verwandtschaft in der Heimat angeschafft wurden – in den kleinen Wohnungen zu verstauen. Manchmal stapelten sich die vielen Warenkartons und Pakete zu einer Art Raumteiler, den man auch gut als Pinnwand hätte nutzen können. Liebe Innenarchitekten, falls ihr also eine Idee braucht … greift zu – Muslim Style kann so inspirierend sein!

Man kauft keine Wohnung, man kauft Nachbarn

Die Stadtentwicklung hat Zuwanderer bei der Planung über Jahrzehnte hinweg unberücksichtigt gelassen; schließlich sollten die »Gastarbeiter« ja irgendwann wieder gehen. Wozu sich also große und langfristige Gedanken machen?

Wie heißt es so schön: Nichts hält länger als ein Provisorium. Diejenigen, die irgendwann einmal nur vorhatten, »für kurze Zeit« nach Deutschland zu kommen, sind heute immer noch hier und beweisen, dass der Volksmund recht behielt. Allein zwei Drittel der hier lebenden Türken, so fand das Essener Zentrum für Türkeistudien heraus wollen nicht mehr in die Türkei zurück. Nicht anders sieht es bei allen anderen Zuwanderern aus. Die erste Gastarbeitergeneration ist in die Jahre gekommen und pendelt höchstens im Halbjahres-Rhythmus nach Tunesien, Marokko oder in die Türkei.

Mit zunehmendem Alter scheuen sie die Mühen der weiten Reise und möchten ihren Lebensabend in einer überschaubaren Wohnung mit Gebetsmöglichkeit und in der Nähe ihrer Kinder und Enkel genießen. Deutschland ist ihnen heute teilweise vertrauter als ihr Herkunftsland geworden.

Die zweite und dritte Generation fühlt sich ohnehin in Deutschland zu Hause und verspürt so wenig Neigung wie ihre deutsch-deutschen Altersgenossen, die Heimat zu verlassen. Manche träumen vielleicht von einem Job in den USA oder im aufstrebenden Asien, aber die meisten bleiben mit ihrer kleinen Familie, die heute bevorzugt aus zwei bis drei Kindern besteht, am Ende da, wo sie aufgewachsen sind. In Mettmann, Paderborn oder Ludwigshafen.

Bikulturelle, kinderlose Paare und Singles streben dagegen eher in die Großstädte München, Köln, Hamburg, Berlin, wo sich zunehmend Nischen etablieren, in denen alle Ethnien in diesem Land zu erschwinglichen Preisen gemeinsame Wohnformen gefunden haben.

Sie pflegen ein Lebensgefühl in Deutschland, das Gastfreundschaft und Familiensinn mit Freiheit und Geradlinigkeit verbindet. Wenn sich 37 Prozent der türkischstämmigen Deutschen weiterhin vor allem mit der Türkei verbunden fühlen und »nur« 27 Prozent mit Deutschland, dann ist das Ausdruck dieses Lebensgefühls, das aber nicht zugleich eine Ablehnung der deutschen Verhältnisse bedeutet. Auch die Exil-Deutschen auf den kanarischen Inseln fühlen sich im Herzen mit Deutschland verbunden. Doch lehnen sie deswegen die spanische Lebensweise keineswegs ab. Im Gegenteil! Es findet ausschließlich eine Verschmelzung gegenwärtiger Lebenshaltungen und aufrechterhaltender Kultur statt. So einfach ist das.

Auch wer in Deutschland geboren wurde und sein Herkunftsland nur aus dem Sommerurlaub kennt, verspürt ganz sicher eine gewisse Sehnsucht nach dem Lebensgefühl und den Umfangsformen der Mittelmeerländer, wo die Menschen gemeinhin fröhlicher und offener wirken. Trotzdem wollen wir alle weiterhin hier in Deutschland leben, wo wir uns zurechtfinden, die Sprache sprechen und auf die Rechtsstaatlichkeit vertrauen können. Bei solchen Vorzügen sehen wir auch über schlechtes Wetter hinweg. Und der schlechten Laune begegnen wir einfach mit guter.

Neue Wohnkonzepte für die perfekte Integrationsparty

Bei der unerwarteten Beharrlichkeit der internationalen »Gäste«, die man doch eigentlich nur zum Wirtschaftswunder in den 1950er-Jahren und zur Fußballweltmeisterschaft 2006 (»Die Welt zu Gast bei Freunden«) ins Land gebeten hatte, versucht man, sich heute endlich der Bedürfnisse dieser Klientel anzunehmen. Zugleich will man eine weitere »Segregation« in den Stadtteilen verhindern, wie man es im Fachjargon nennt, wenn sich die Menschen »entmischen« also innerstädtische »Ghettos« bilden.

Neuerdings suchen die Stadtplaner nach der richtigen Mischung. Wie bei einem guten Cocktail kommt es auf das ideale Mischungsverhältnis an. Denn der Stimmung auf der Integrationsparty muss man schließlich ein wenig auf die Sprünge helfen: Man rechnet in »Nachbarschaftseinheiten« pro Straße und hält dort maximal zehn bis 15 Prozent Einwanderfamilien für angemessen. Pro Mehrfamilienhaus soll der Anteil von 25 bis 33 Prozent nicht überschritten werden. Insofern war die Zusammensetzung in der Straße meiner Kindheit noch etwas schwach auf der Brust, definitiv zu wenige Zuwanderer! Ein Schuss mehr Internationalität, und es wäre vielleicht richtig gute Laune aufgekommen und man hätte sich von Straßenseite zu Straßenseite mal groovig angetanzt. Bei der richtigen Mischung würden vielleicht sogar kreative Funken sprühen.

Egal, wie kritisch man dieser diskutierten Quotierung von Bevölkerungsstrukturen gegenüberstehen mag, in jedem Fall sind neue Modelle der Stadtplanung gefragt. Nicht nur weil verschiedene Nationalitäten miteinander klarkommen müssen, sondern auch weil die Lebensrealitäten insgesamt vielfältiger werden und diese sich gegenseitig beflügeln können. Daher kann solch eine Quotierung durchaus im Interesse aller Beteiligten sein. Wäre man nicht ewig unter seinesgleichen eingesperrt, brächten wechselseitige Besuche und zufällige Zusammentreffen genug Bewegung in die jeweiligen Viertel. Außenstehende bekämen eine neue Lebensrealität vor Augen geführt, die in die alten Wohnstrukturen zurückwirken.

Bereits 1988 hatte man in München den Schritt in Richtung »Integriertes Wohnen« gewagt und auf Initiative der Stadt München ein Projekt gestartet, das ein »selbstbestimmtes« und »aktives« Zusammenleben von (deutschen und nicht-deutschen) Familien, Alleinstehenden und Behinderten ermöglichen sollte – rund um einen gemeinsamen Innenhof, der die Begegnung förderte. Später wurde in der Nachbarschaft das zweite Projekt dieser Art realisiert. Und inzwischen entstehen bundesweit zahlreiche Wohnprojekte, in denen ausprobiert wird, wie sich die Vielfalt der Lebenswelten in Architektur und Stadtplanung widerspiegeln kann.

Zukunftsfähige Wohnformen sind gefragt, die das Wohnen an ungewöhnlichen Orten und das Leben im Schatten der Ballungsräume aufheben. Zahlreiche offene Problemfelder skizzierte Professor Klaus Wermker vom Büro für Stadtentwicklung in Essen: »Wir müssen dafür sorgen, dass multikulturelle Stadtteile in die Lage versetzt werden, die Integrationsleistung besser zu erbringen«, forderte er auf einer Veranstaltung unter dem Thema »Gemeinsam wohnen und leben – Integration im Stadtteil«. Seine Zahlen belegen heftige Missverhältnisse: Elf Prozent der Schüler aus multikulturellen Quartieren schaffen den Übergang zum Gymnasium, während dies andernorts über 80 Prozent gelingt. Und damit sind wir selbst beim Thema »Wohnen« wieder beim Thema »Bildung«.

Auch die räumliche Enge kann Professor Wermker in Zahlen darstellen: Gut über 40 Quadratmeter Wohnfläche habe jeder Deutsche im Schnitt zur Verfügung. In multikulturellen Stadtquartieren stehen pro Kopf dagegen nur rund 25 Quadratmeter zur Verfügung – das ist ein bisschen mehr als die Hälfte! Und das, obwohl die Wohnbedürfnisse dieselben seien: »Sie unterscheiden sich nur nach Lebensphase, Familienstand und Milieu.«

Wie ähnlich die Vorstellungen über ideale Wohnungen sind, bewiesen auch Umfragen in den Niederlanden, bei denen man vor der Konzeption integrativer Wohnprojekte zukünftige Bewohner nach ihren Ansprüchen befragte. Einziger Unterschied: Die Einwanderer wünschten sich eine separate große Küche statt einer offenen Küche.

Wohnen, wo man willkommen ist

Auch wir Muslim Girls haben uns neuen Wohnkonzepten geöffnet, sei es temporär, sei es auf Dauer. Wir leben in gemischten Wohngemeinschaften, auch mit Nicht-Muslimen, oder gründen muslimische Frauen-WGs.

Welche Wohnviertel wir bevorzugen, hängt wie bei allen Menschen von unterschiedlichen Kriterien ab: Manche möchten den Stadtteil oder Ort wo sie viele Bekannte haben, auf keinen Fall verlassen, andere wählen bevorzugt einen Stadtteil, wo sie keiner kennt. Ansonsten spielt für uns eine gute Infrastruktur dieselbe und entscheidende Rolle wie für jede andere Person auch: Verkehrsanbindung, Grünanlagen, Einkaufsmöglichkeiten, Kindergarten, Schule etc. Und natürlich möchten wir wohnen, wo wir willkommen sind.

Doch leider gestaltet sich die Wohnungssuche auch heute noch gelegentlich recht mühsam: Denn in Vierteln mit geringem Anteil von Bewohnern mit Zuwanderungsgeschichte muss man sehr viel hartnäckiger suchen als andernorts, darf sich nicht von Ablehnungen frustrieren lassen und muss vorurteilsbeladenen Vermietern mit besonderer Freundlichkeit und Geduld begegnen. Das macht unseren männlichen Glaubensbrüdern zugegebenermaßen mehr Umstände als uns, weil wir weniger bedrohlich wirken.

Während sich manche deutsch-deutsche Frau – übrigens vollkommen unberechtigt – in sogenannten »Türkenvierteln« ängstigt, bewegen wir Muslim Girls uns dort völlig ohne Furcht. Auch abends finden sich arabische oder türkische Omas auf der Straße oder Muslim Boys, die mit ihren Kumpels vor den Türen herumlungern. Auch wenn man mit kurzem Sommerröckchen die Straße entlanggeht, stehen die jungen Männer weiter cool an den Fassaden der Häuser, hängen in ihren Dönerbuden ab oder albern untereinander herum. Wenn der Blick aber von älteren oder jüngeren Männern auf blonde deutsch-deutsche Frauen fällt, dann nicht, weil sie sich fragen, ob sie im Bordell nebenan arbeiten, sondern weil sie schlichtweg eine Minderheit darstellen. Nicht umsonst hat man diese Viertel »Türkenviertel« getauft. Umgekehrt ist man schließlich auch in gutbürgerlichen Stadtteilen oder Vierteln Deutschlands mit schwarzen Locken oder dunklerem Teint eine Ausnahmeerscheinung, die Aufmerksamkeit weckt.

Auch die älteren Herren, die vorzugsweise in ihren kleinen »Kultur-Cafés« den ganzen lieben Tag Karten spielen und Tee trinken, begegnen einem mit viel Respekt und Wärme, wenn man sich ihnen gegenüber genauso freundlich verhält. Eine deutsch-deutsche Bekannte, die neu nach Berlin gezogen war, erzählte mir mal empört, dass ihre türkischen Nachbarn eher muffelig reagiert hätten, als sie ihnen ein freundliches »Hallo« über den Zaun zugeworfen habe. Keiner habe zurückgegrüßt. Zumindest die Muslim Opas seien eben doch alte Griesgrame, meinte sie, jedenfalls gegenüber deutsch-deutschen Frauen!

Tja, so schnell kann's gehen, dass man sich diskriminiert fühlt. Vielleicht waren die Burschen schlichtweg überrascht. Wann sagt man sich in Deutschland unter Fremden schon mal freundlich »Guten Tag«? Vielleicht gelegentlich auf dem Dorf, aber sicher nicht in der Großstadt! Und den alten Herren im Kaffeehaus ist an jenem Tag vermutlich zum ersten Mal in ihrem langen Leben passiert, dass sie von einer wildfremden jungen Brünetten grundlos angelacht und gegrüßt werden. Da wird man doch wohl mal sprachlos sein dürfen!

Also einfach weiterlachen, meine Damen (und Herren), überraschen und überraschen lassen! Irgendwann kommt man mit Sicherheit mal ins Gespräch oder man wird bei einer freundlich gestellten Frage noch schnell auf einen Tee eingeladen, um dann endlich die lange, lange Lebensgeschichte inklusive aller gesammelten Weisheiten und Erfahrungen zu hören. Spätestens nach einer Stunde werden Sie sich wünschen, Sie wären stumm an dem Café vorbeigegangen!

Manche von den alten Herren sind so väterlich, dass sie uns prompt als Töchterchen adoptieren und ein schützendes Auge auf uns werfen, wenn sie erfahren, dass wir alleine leben. Und auch die Muslim Boys sind so hilfsbereit, dass sie sich schon mal aus ihren tiefergelegten Autos herausbewegen, um den schwachen Mädels mal beim Schleppen schwerer Gegenstände zu helfen. Dass sie dabei selbst manchmal etwas schwächeln, lassen sie sich natürlich nicht anmerken.

Wohnungsannonce unverblümt: »Keine Ausländer!«

Da meine Generation in der Regel nicht mehr wie unsere Eltern in den Hausbau in den Herkunftsländern investiert, ziehen immer mehr von uns auch in die typisch deutschen Neubaugebiete. Genau wie Müllers und Schmidts verwirklichen wir dort unser Traumhaus, regeln die Finanzierung per Immobilienkredit und setzen die Unterschrift unter einen Vertrag, der uns für die nächsten dreißig Jahre bindet.

Schon heute sind die Neubauviertel ethnisch bunter gemischt und spiegeln somit auch den sozialen Aufstieg der Muslim Girls und Boys wider. Die Wohneigentumsquote unter den Muslimen in Deutschland stieg zischen 1980 und 2000 von unter zwei auf rund acht Prozent. Tendenz steigend.

Und die Welten zwischen denen wir leben? Wo sind sie nun?

Bei jenen vermeintlichen Parallelwelten, von denen so oft die Rede ist, sprechen die meisten in Wahrheit von historisch gewachsenen Stadtteilen wie Berlin-Neukölln, Frankfurt-Nordweststadt oder Duisburg-Marxloh, in denen sich Döner-Buden, türkische Obstläden, Geschäfte für Gebäckspezialitäten und Wasserpfeifen aneinanderreihen. In den Wohnhäusern leben Menschen aus aller Welt mit Namen, bei denen auch wir Muslim Girls nicht immer wissen, aus welcher Sprache sie stammen oder ob sich ein Mann oder eine Frau dahinter verbirgt.

Diese Viertel entstanden wie bereits erwähnt durch bewusste »Siedlungspolitik« in den 1960er- und 1970er-Jahren, in denen Wohnungsknappheit herrschte und für die Arbeiter in den Fabriken billiger Wohnraum entstehen sollte. Diese entwickelten sich in Folge des Industrieabbaus zu Brennpunktvierteln, auch weil in anderen Stadtteilen Vermieter und Nachbarn nur widerwillig auf Personen reagierten, die sich am Telefon mit Öztürk, Göktal, Abu Majid Ben Ahmed oder Gholamasad meldeten. Von solchen Nachnamen lassen sich bis heute die wenigsten deutsch-deutschen Hausbesitzer ihre Klingelschilder optisch und sprachlich verunstalten. Zu Müller, Schäfer, Klein oder Hartmann passt Schwarz oder Braun besser als Yilmaz. Oder vielleicht doch nicht?

»Keine Ausländer!« schrieben Vermieter noch in den 1980ern und 1990ern unverblümt in ihre Wohnungsannonce. Das kann man auch positiv sehen: So wusste man eben sofort, was Sache ist, statt am Ende eines mühsam geführten Telefonats oder gar schon bei der Nennung des eigenen Namens zu erfahren, dass die Wohnung just in diesen Sekunden aus heiterem Himmel an jemand anderes vergeben worden war. Die Wege des Herrn mögen unergründlich sein, die Lügen der Vermieter dafür fadenscheinig.

Manchmal kam es aber auch vor, dass unsere Eltern einen Umzug gar nicht erst in Angriff nahmen, weil man sich der mühsamen Tortur der Wohnungssuche in einem ausländerunfreundlichen Umfeld nicht aussetzen wollte. Dies wusste auch so mancher Vermieter – und er wusste es auszunutzen: So ließ der Vermieter uns bei Reparaturen länger warten oder behauptete einfach, dass derlei nicht in sein Aufgabengebiet falle. So wurde beispielsweise die Umstellung von Ofenheizung auf Gasetagenheizung manchem türkischstämmigen Mieter komplett aufs Auge gedrückt. Wer das deutsche Recht nicht kennt oder keine Wohn-Alternative hat, der zahlt dann eben.

Multikulti very light!

So manch deutsch-deutscher Bürgersohn, den es in die »berüchtigten« Berliner Viertel Kreuzberg, Wedding oder Neukölln verschlägt, sieht sich als Speerspitze der Toleranz und Weltoffenheit: Er rühmt sich damit, dass er mitten im Herzen einer multikulturellen Umgebung lebt; aber tut er das wirklich? In der Regel hat er höchstens beim Gemüseeinkauf Kontakt zu »seinem« Türken oder beim Glasnudelsuppenschlürfen zu »seinem« Vietnamesen und null Kontakt zu denen, die man inzwischen als »Urbewohner« des Stadtteils bezeichnen könnte oder gar müsste. Nur selten zeigt er aufrichtiges Interesse an ihnen, sucht das Gespräch, fragt nach, kümmert sich. Seine Freizeit verbringt er mit deutsch-deutschen Freunden, mit ihnen geht er ins Kino oder zum Sport. Über *Facebook* hat er vielleicht noch Kontakt zu dem Studienfreund aus Kanada und der ehemaligen Austauschschülerin aus Frankreich. Multikulti very light!

Trotzdem berichtet er stolz seinen Freunden in der heimischen Provinz davon, was für ein cooler Hecht er ist, weil er sich traut, unter so vielen Türken und Arabern zu leben. Der Serengeti-Park für Bürgerkinder sind wir mit unserem Viertel nicht. Wir leben hier – nicht immer freiwillig. Es kommt ja kaum einer auf die Idee, dass wir vielleicht auch ganz gerne im gutbetuchten Berlin-Zehlendorf in einem adretten Häuschen mit Garten leben würden oder zumindest in einem der Mehrfamilienhäuser, wo wir nicht täglich den Hundehaufenparcours ablaufen müssen oder unsere brüllenden Nachbarn schon um zehn Uhr morgens betrunken sind.

Über diese Parallelen spricht man in Deutschland nicht: Kaum zu glauben, aber wahr. Alle Menschen, egal welcher Herkunft und mit welchem Akzent sie sprechen, wollen es auch schön haben, friedlich, sauber und nett. Gut essen tun wir für unser Leben gern. Dazu unterhalten wir uns gern auch klug und amüsieren uns gern köstlich. Könnte es möglich sein, dass wir tatsächlich gar nicht »anders« sind als alle anderen?

Wir leben längst nicht mehr »zwischen« irgendwelchen Welten, sondern in einem Deutschland, das viele Kulturen umfasst und auf verschiedenen Traditionen basiert. Genauso, wie sich mal vor gar nicht allzu langer Zeit die Friesen, die Bayern, die Preußen, die Württemberger und wie sie alle heißen mögen zu einer Nation zusammengeschlossen haben, gehören heute eben auch Menschen aus vielen Ländern rund um den Globus zu dieser Nation. »Zwischen« den Welten lebt niemand; mancher pendelt von einem Ort zum anderen, lebt mal hier, mal dort. Dazwischen – wo soll das also sein?

8. MUSLIM FASHION – SEIDIG, BUNT, ORIGINELL

»Hey du, willst du langanhaltend seidenglatteHaut?«

»Mit den *Veet* Debüt gebrauchsfertigen Kaltwachsstreifen kannst du bis zu vier Wochen lang glatte und weiche Haut genießen. Und es schmerzt bei Weitem nicht so sehr, wie du vielleicht annimmst«, preisen Wachsstreifenhersteller ihre Produkte erfolgreich überall auf der Welt an.

Bei einer weltweiten Frauenbevölkerung von über drei Milliarden gibt es genug Haare, denen frau mit Wachsstreifen zu Leibe rücken kann. Ärgerlich nur, dass die Haare sich nicht einschüchtern lassen und nach ein paar Wochen wieder aus ihren kleinen Löchern gekrochen kommen. Vier Woche Ruhe am Stück? Schön wär's! Ständig heißt es: Ran an die Störenfriede – mit Rasierklinge, Wachsstreifen und Pinzette.

Dabei könnte es so einfach sein. Die Welt würde von uns mit der klebrigen Pampe in Ruhe gelassen werden und wir könnten unsere Zeit mit schöneren Dingen verbringen, ein gutes Buch lesen, ins Kino gehen oder nach neuen Klamotten Ausschau halten.

Aber nein, die Enthaarungsindustrie macht dank des Hormonhaushaltes von Milliarden von Frauen stündlich Kasse. Und so wird sich auch in naher Zukunft – wenn kein Wundermittel gegen diesen Wildwuchs erfunden wird – ein Teil der Frauengespräche auf Persisch, Spanisch, Französisch, Indisch, Arabisch und Deutsch um die effektivste Enthaarungstechnik und darum drehen, wovon man lieber die Finger lassen sollte.

Bei ihrem letzten Besuch klärte mich meine türkischstämmige Freundin detailliert darüber auf, was man bei der Lasertechnik alles zu beachten habe und vor allem, was es überhaupt für Lasergeräte gibt. Diese Informationen hatte mir meine iranischstämmige Freundin, die nach einigen Sitzungen haarfrei gewesen war, vorenthalten. Ich dachte die ganze Zeit: Brille auf und mit dem Dermatologen-Jedi-Schwert dem Übel den Garaus machen! Pustekuchen! Warum auch sollte gerade diese Methode das haarige Übel ohne Weiteres aus der Welt tilgen können?

Enthaarung erfreut sich »wachsender« Beliebtheit

Kaum jemand weiß, wie alt die Tradition der Enthaarung ist und warum die Muslim Girls aus dem Iran heute die unangefochtenen Meisterinnen in dieser Kunst sind. Bereits 4000 v. Chr. haben die Mesopotamierinnen gewachst, was das Zeug hielt. Gab es da etwa schon *Veet*, *Balea Kaltwachssteifen* oder *SNÄ Epil?* (Nebenbei gefragt: Wer hat sich diesen Produktnamen ausgedacht?) Nein, gab es natürlich nicht.

Aber die Natur hatte auch in diesem Fall wieder einiges für die Menschheit zu bieten, das für Abhilfe sorgte – nämlich Harze und andere Pflanzenextrakte. Später sollte noch das Halawa – Warmwachs – aus karamellisiertem Zucker und Zitronensaft dazukommen. Eine Prozedur, die besonders in unseren Herkunftsländern noch in einer lebendigen Frauenrunde daheim oder im Hamam – Dampfbad – betrieben wird. Neben Frauengeschnatter, Gesang und Witzen ertönt von den Frauen nur selten ein Ah oder Autsch. Mit der Zeit gewöhnt man sich auch in dieser Angelegenheit an alles.

Wir Muslim Girls heute ziehen uns dagegen häufiger allein zurück oder besuchen die Kosmetikerin unseres Vertrauens. Höchstens als Teenager, Studentinnen oder in der Ausbildung, etwa wenn eine Feier oder der Freitagabendausflug ansteht, wird die Idee des Kollektiv-Wachsens, Gemeinsam-Epilierens und Geselligkeits-Zupfens wiederbelebt.

Die besonders Fleißigen unter uns zupfen oder epilieren sich in größter Selbstverständlichkeit bereits morgens beim Frühstück, während ihr Gegenüber sich überlegt, welche Sorte Marmelade jetzt aufs Brot kommen soll: »Stört nicht, oder?« – »Nee, mach mal. Soll ich Dir noch nen Kaffee bringen?« – »Ja, das wäre lieb. Danke!«

Heute ist das Enthaaren und Zupfen überall in der Welt und auch im Westen verbreitet. Sämtliche Scham- und Achselhaare werden rasiert oder gewachst. Das »Brazilian Waxing« stößt momentan auch hierzulande auf »wachsende« Beliebtheit und prompt stürmen wir Muslim Girls in die Kosmetikstuben, um diese neue Technik auszuprobieren. Dabei wird mit Warmwachs die entsprechende Intimzone bestrichen und das Wachs nach Abkühlen gegen die Haarwuchsrichtung abgezogen – autsch! Das routinierte Muslim Girl weiß: Danach ja keine Hosen anziehen!

Nicht zu vergessen: die Augenbrauen! Sie werden hierzulande fast täglich in Form gezupft – dabei nimmt man nicht nur die Pinzette zur Hand. Es gibt nämlich noch eine Fadenzupftechnik, mit der man auch sehr effektiv sonstige Gesichtshaare entfernen kann. Es sieht etwas merkwürdig aus, wenn zwischen Zähnen und Finger ein langer Faden gespannt wird, aber es ist gründlich.

Hamam – Vorreiter der Wellnesswelle

Die Enthaarung hatte über Jahrhunderte nicht nur ästhetische, sondern auch hygienische Gründe, etwa zur Vorbeugung gegen Befall mit Läusen und Milben. Während der Eroberungszüge des Islam wurde den neuen Anhängern auch die Bedeutung von Hygiene vermittelt und die damit einhergehende Enthaarung bei Männern und Frauen. Weil Wasser kostbar war und man zum Baden in den Hamam ging, nahmen die Frauen das Enthaarungszeremoniell dort vor. Mit der Halawamasse wurde man von einer weiblichen Hamam-Angestellten von Kopf bis Fuß gewachst. Dann schmeckt man nicht nur zuckersüß, sondern hat eine samtweiche Haut.

Die Expertinnen im Hamam waren darüber hinaus auch für das Massieren und Abrubbeln toter Hautschuppen zuständig. Man könnte diese Zeremonie durchaus als Vorreiter der Wellnesswelle bezeichnen. Eine deutsch-deutsche Bekannte von mir war nach ihrem ersten Hamambesuch geradezu erschüttert. »Ich habe das Gefühl, das erste Mal in meinem Leben wirklich sauber zu sein!«

Wenn wir unsere diversen haarigen Körperstellen unter Kontrolle gebracht haben, widmen wir uns der Maniküre oder verpassen den Fingernägeln manch knallige Farbe. Ein Luxus, den sich viele Muslim Girls regelmäßig gönnen. Auch der Friseurbesuch wird ausgiebig zelebriert und kann vielen nicht lang genug dauern. Besonders dann, wenn der oder die Friseurin eine Kopf- und Handmassage anbietet.

In der Kosmetikabteilung jeglicher Drogerie und Parfümerie sind wir ohnehin Stammkundinnen und räumen in regelmäßigen Abständen die Regale rund um Deos, Enthaarungsprodukte, Hygieneartikel und besonders die Schminkabteilung leer. Zwischen Puderquasten, Mousse-Make-up und Eyliner schlägt manches Muslim-Girl-Herz Glücks-Stakkato, selbst dann, wenn man nicht unbedingt zu den »Dauerspachtlerinnen« gehört. Aber ein wenig Farbe und ein passender Lidstrich kann keiner schaden und zaubert ein wenig Frische ins Gesicht.

Haben wir nur unsere Schönheit im Kopf? Nein, wir lieben auch Schönes *am* Kopf! Kaum eine lässt es sich nehmen, wenn sie an einem Elektrogeschäft vorbeikommt, nach den neuesten Handy- und Mp3-Modellen Ausschau zu halten. Man weiß ja nie, ob nicht gerade wieder etwas Schickes im Angebot ist, das uns beim Schlendern auf der Einkaufsstraße oder auf dem Weg zur Arbeit den Soundtrack unseres Tages spielt.

Von Orientmode und Türkenschick

Auch die Mode hat ihren Weg aus dem Morgenland in die nordeuropäische Welt gefunden. Ob Seide, Baumwolle oder Samt – die Stoffarten stammen fast alle aus Asien, Afrika oder dem Mittelmeerraum. Diverse Hochkulturen haben sich über Jahrtausende über Kontinente hinweg gegenseitig zu neuen Schnitten und Trageformen inspirieren lassen. Besonders China, das schon vor langer Zeit erahnen ließ, welche Vormachtstellung es heute auf dem internationalen Textilmarkt haben sollte, zeige stets, wie reich dieser Teil des asiatischen Kontinents an Stoffen und Schnitten war.

Der *Kaftan*, jenes lange Woll- oder Seidenhemd, das heute in fast jedem muslimischen Land zur Alltagskleidung gehört, hat seinen Ursprung im Reich der Mitte und trat von dort seinen Siegeszug über Russland, Japan und den Nahen Osten bis ins andalusisch-maurische Spanien an. Entlang der weltumspannenden Handelsrouten und Eroberungen hinterließen Schneider vergangener Jahrtausende ihre Spuren. Gerade Mode sucht und findet immer wieder neue Impulse, um sich zu verändern und durch die Verbindung von bereits Vorhandenem und Abgewandeltem Neues zu erschaffen.

Das klingt danach, als wenn Mode und Muslim Girls viel gemeinsam hätten. Und siehe da, so ist es! Die erste Gastarbeitergeneration hat relativ schnell gelernt, alte Kleidungstraditionen abzulegen. Unsere Mütter und Väter haben sich fast alle in ihren jungen Jahren mit Minirock, enganliegenden Jeans oder europäischem Herrenanzug durch ihre neue Umgebung in Deutschland bewegt oder sich auch derart beim Heimatbesuch gezeigt. Stolz und modebewusst ließ man sich im Fotostudio vor künstlichen Garten- und Schlosskulissen in dieser Montur fotografieren. Inklusive Toupet und Perücke.

Einige Frauen waren allerdings etwas unsicher, was den ultrakurzen Minirock anging. Zum einen, weil er ihnen – genau wie damals auch den deutschen Frauen – völlig fremd, wild und verwegen vorkam; zum andern aber auch, weil ihnen als Kindern beigebracht worden war, dass Beine niemals nackt zur Schau gestellt werden dürfen. Also änderten sie diesen feschen Modetrend einfach ein klein wenig ab: Sie kombinierten den kurzen Rock mit einer langen Hose. Der sogenannte »Türkenschick« war geboren.

Mitte der 1990er-Jahre erlebte dieser Stil in Deutschland eine überraschende Wiederbelebung: Diesmal waren die Röckchen an den langen Hosen bereits angenäht. Die Rock-Hosen fanden reißenden Absatz. Besonders für Mädchen und Frauen mit breiterer Hüfte und ausladenderem Gesäß glich diese Mode einem Segen: Nie wieder mit schlabbrigen Pullis sogenannte Problemzonen verdecken! Perfekt und dezent kaschiert gefiel frau sich wieder richtig gut. Ein Grund, warum auch die heutige Tuniken hierzulande auf reißenden Absatz stoßen, und das eben nicht nur bei Muslim Girls. Bequeme, schöne und Problemzonen umhüllende Kleidung. Das gefällt jeder Frau!

Übrigens ließen sich auch die Männer von arabischer Mode beeinflussen: In den Uniformen der französischen Fremdenlegion und der Kolonialtruppen spiegelte sich die orientalische Mode jener Epoche wider. Die Offiziere, die auch auf dem europäischen Festland ab und an das Straßenbild schmückten, gaben den Schneidern Inspiration, um in ihrem Ateliers Neues zu entwerfen und orientalische Stickereien aus Indien oder aus dem Osmanischen Reich zu verarbeiten.

Orientalische Mode beeinflusste immer schon die westliche Haute Couture, spätestens mit der »Hippie-Welle« in den 1970er-Jahren waren der *Sari*, ein indisches Wickelkleid, und der *Salwar Kamez*, eine Kombination aus Hose und knielanger Tunika, die man in Pakistan und Indien trägt, genauso wenig von deutschen Straßen wegzudenken wie der marokkanische Kaftan. Frauen banden sich Tücher um den Kopf, wie es einige elegante ältere Damen heute noch tun, nämlich in einer Weise gebunden, die einer

Mischung aus Kopftuch und Mütze gleicht – etwa wie die feinen Damen der »Goldenen Zwanziger«.

Das Kopftuch als dekoratives Kleidungsstück haben auch viele nicht-gläubige Muslime entdeckt. Eine deutsche Schülerin bekennt in einem Internetforum: »Ich bin Christin, aber die Mädchen mit den Kopftüchern sehen sehr elegant aus und ich könnte mir auch vorstellen, so ein schönes Kopftuch zu tragen.«

Das Kopftuch wird immer mehr zum modischen Accessoire, befand auch der ägyptische Journalist Hussam Tammam in seinem Buch »Islam du Marché«: Während das Kopftuch einst als Symbol des politischen Islam galt, sei es heute zu einem »unpolitischen Konsumartikel« geworden.

Völlig unbedarft trägt es auch die konfessionsfreie Berliner Designerin Catrin Weiland, die seit 2004 bereits fünf Kollektionen gezielt für junge muslimische Frauen mit Kopftuch entwarf. Ob Capes aus Leopardenfell-Imitat, Mäntel mit Karomuster oder Kopfbedeckungen aus Stretch und Brillen – die junge Designerin verbindet islamische Kleidung mit zeitgenössischen Modetrends. So verblüffte es mich nicht wirklich, dass ich neulich im Berliner Stadtteil Wedding eine Nicht-Muslima kennenlernte, die in Kombination mit weiter Nickihose und Nickipullover ein um den Kopf gewickeltes Tuch trug.

Sind wir Muslim Girls die wahre Avantgarde?

Die orientalischen Einflüsse kommen gut an. Seit ungefähr acht Jahren gewinnt hierzulande der Ethno-Stil an Präsenz und ist bei fast allen Mode-Labels wiederzufinden. Selbst die urbane, von Hip-Hop beeinflusste Mode verarbeitet orientalische Elemente. Ornamente und Schriftzeichen werden in Sprühtechnik auf T-Shirts oder Schuhe aufgebracht. Und US-Rapper Kanye West trat mit *Kufiya* auf, dem in Deutschland als »Palästinensertuch«

bekannt gewordenen Kopftuch, das im arabischen Raum die Männer zum Schutz vor der Sonne tragen. Erstmals fand es durch die Studentenbewegung 1968 seinen Weg nach Deutschland als Symbol der Solidarität mit der PLO, der Palästinensischen Befreiungsorganisation. Einige Jahre war es Teil der deutschen Jugendkultur und auch coole Muslim Girls trugen es häufig, allerdings eher um den Hals, nicht um den Kopf.

Heute finden sich in Modegeschäften – vom Billigdiscounter bis zum Haute Couture – lange, bestickte und unbestickte Baumwolltuniken, weite Röcke und Hosen aus Stoffen mit Ornamenten. Ob *H&M, Zara, Esprit* oder *Promod,* sie alle haben als dänische, spanische und deutsche Unternehmen die islamischen Einflüsse unbewusst in ihre Massenproduktionen integriert. Und so schlendert manches Muslim Girl heute mit Stolz erfüllt durch die Kaufhäuser. Ein Teil von uns war schon lange vor dieser spektakulären Mode in Deutschland und wer weiß, womöglich sind wir Muslim Girls die eigentliche Avantgarde.

Unserer Kombinierlust sind jedenfalls keine Grenzen gesetzt. So kommt ein blaues gewickeltes Kopftuch mit einem Pandabär-Shirt und einem Regenbogenrock und Jeanshose frech und frisch daher und wird in der Schule zum Hingucker des Tages. Auch der *Schalwar,* eine weite Pluderhose, findet seit kurzer Zeit seine Anhängerinnen auch in Deutschland. Diese Hose war ursprünglich wie die *Djellaba* – ein lang wallendes, tunikaähnliches Gewand – ein Kleidungsstück für Männer, das sich die muslimischen Frauen erst mit der Zeit zu eigen gemacht haben. Für Frauen, die deutschen Patriotismus mit orientalischer Beinfreiheit kombinieren möchten, gibt es sogar den Schalwar in Schwarz-Rot-Gold – passend zum Schick jeder Fußball-Meisterschaft.

Sehr gern tragen Muslim Girls Pailletten-Handtaschen oder Glitzer-Schuhe – und zwar nicht nur zu Hochzeitsfeiern, sondern auch beim Aldi-Einkauf. Wir tragen persischen Silberschmuck am Hals und türkische Gelbgoldringe am Finger. Wir lassen uns

Henna-Tattoos auf unsere Oberarme oder Handrücken malen, die nach vier Wochen spätestens wieder verschwunden sind. Wir tragen Ohrringe, die so groß sind, dass ein Vögelchen durchfliegen könnte. Andere verzichten auf jeden Schmuck und investieren ihr Geld lieber in edle Sneakers.

Auch der Nasenring findet dank Indienfieber seine Frau unter uns Muslim Girls, wenn auch nur in der aufklebbaren Version, weil die wenigsten den Mut haben, sich stechen zu lassen. Dabei halten es zahlreiche Muslim Girls mit Coco Chanel: »Ich bin gegen Mode, die vergänglich ist. Ich kann nicht akzeptieren, dass man Kleider wegwirft, nur weil Frühling ist.« Und während das junge Muslim Girl zu Kleidungsstücken aus synthetischen Materialen greift, bevorzugt die reifere »Muslim Lady« eher Baumwolle, Seide oder Wolle.

Unser Catwalk ist der Bürgersteig

Bei alledem werden wir von »Sex and the City« genauso inspiriert wie von türkischen oder arabischen Seifenopern. Wir blättern in Modezeitschriften und suchen nach den neuesten Neuigkeiten auf dem Modemarkt. Aufmerksam verfolgen wir, wenn Heidi Klum ihre Sprösslinge durch die absurdesten Aufgaben jagt, und noch aufmerksamer, wenn sich ein Muslim Girl darunter tummelt. Dabei achten wir mit Akribie darauf, was sie trägt und was sie bereit ist, nicht zu tragen.

In Österreich gewann im Februar 2010 sogar ein Muslim Girl den Modellwettbewerb: Aylin Kösetürk, 17-jährige Tochter eines türkischen Schneiders und einer Dolmetscherin. »Ich bin nicht das erste türkischstämmige Model, das sich im Bikini fotografieren lässt«, antwortet sie selbstbewusst auf die üblichen Fragen nach muslimischem Kodex und westlicher Model-Kleiderordnung.

Eine weitere Österreicherin schnappte sich im Juni 2010 in Deutschland den Titel: Alisar Ailabouni. Syrische Wurzeln, 25 Jahre alt, mit fast klassischer Muslim-Girl-Biografie: als sieben Monate alte Tochter mit Eltern aus Syrien geflüchtet, illegal nach Österreich eingereist, auf die Hauptschule gegangen und als Verkäuferin gejobbt. Bis 2011 machte sie uns den Gillette-Embrace-Damenrasierer schmackhaft. Also, wecken wir mal die Göttin in uns!

Wir Muslim Girls kaufen bei *H&M*, *Zara* oder *bonprix* eben nicht nur Kopftücher und Pashmina-Schals, die wir uns um den Kopf und den Hals wickeln, sondern gelegentlich auch Spaghettiträgerkleidchen und Bikinis. Die religiöse Tuchträgerin zieht unter dem schulter- und rückenfreien Kleid eben ein eng anliegendes und langärmliges Shirt an. Langweilig ist etwas anderes.

Alles andere wie orientalisches Parfüm mit Weihrauch oder ohne Alkohol, Niqabs sowie überziehbare Kopftücher wird via Onlineshop zum Beispiel bei *www.imanstyle.de* bestellt. Mode von Frauen für Frauen. Denn die meisten Onlineshops werden von Männern betrieben, und die Auswahl und Qualität lassen häufig zu wünschen übrig.

Wer dann doch lieber zum Schwimmen in gemischten Badeanstalten oder im offenen Meer Burkini trägt, bestellt online oder geht ins Orthopädiegeschäft. Ja, diese neopren-ähnlichen Badeanzüge gibt es sehr wohl im gut sortierten Fachhandel! Wer über derlei exotische (und vermeintlich frauenfeindliche) Badeklamotten hochnäsig schmunzelt, schaue sich Fotos aus den 1920er-Jahren in Deutschland an: Da sprangen Männer wie Frauen in verdammt ähnlichen Badeanzügen in den Wannsee.

Wer jetzt hofft, beim schnellen Blick unter den Rock auf schrille Überraschungen zu stoßen, sei gewarnt: Er wird enttäuscht sein. Bei der Unterwäsche sind wir Muslim Girls genauso vielfältig wie Frauen auf der ganzen Welt. Während die eine nicht ohne ihre »Montag«-, »Dienstag«, ... »Sonntag«-Höschen auskommt, darf es bei der anderen so heiß und spitzenreich sein, wie es der Dessoushersteller »Agent Provocateur« in seinen Clips und Anzeigen bewirbt – und das gilt auch für so manche Niquabträgerin!

Mit Tuchträgerinnen assoziiert die Mehrheitsgesellschaft selten Schönheit und sexy Kleidung. Nur wer in Großstädten lebt, weiß, dass es nicht immer langweilig aussehen muss. Unsere Mütter haben mit ihrem Style lange das Bild geprägt. Auch weil sie außer langen Mänteln keine wirklich adäquate Alternative hatten. Auffällig wollten sich die wenigsten anziehen. Aber leicht abgeschreckt von ihrem Kleidungsstil bemühen wir uns dagegen umso mehr, Glauben und Modebewusstsein zu verbinden.

Lamis Hourani, Boutiquebesitzerin aus Berlin-Neukölln, selbst Tuchträgerin, bringt es treffend auf den Punkt: »Besonders in dieser schweren Zeit sollen die Menschen sehen, dass wir auch etwas Schönes machen können. Wir können uns modisch kleiden, wir können selbstbewusst sein. Das verbietet uns ja nicht der Glaube. Ganz im Gegenteil. Wir sollen uns schön kleiden.«

Recht hat sie! Und so macht manches Muslim Girl – mit Tuch oder ohne Tuch – den Bürgersteig zu ihrem ganz persönlichen Catwalk.

Fashion-Wüste für Muslim-Designer?

Viele Kleider und Schuhe, die heute in türkischen und arabischen Boutiquen in Deutschland angeboten werden, gab es bis vor circa zehn Jahren ausschließlich in unseren Herkunftsländern. Die Boutiquen tragen heute in Deutschland dieselben Namen wie am Mittelmeer oder am Bosporus. Sie heißen *Al-Huda* oder *Firat Moda* und verkaufen dieselben Kleider und preisgünstigen Schuhe »Made in China« oder »Made in Turkey«.

Betrete ich heute einen dieser Läden in Berlin-Neukölln oder Düsseldorf-Oberbilk, dann fühle ich mich in die überdachten Warenbasare Marokkos, die *Kaissarias*, zurückversetzt. Alles ist genauso hell und farbenfroh, aber auch überladen.

Wenn man sich im europäischen Ausland umschaut, was die Modeszene für die muslimische Frau auf den Markt wirft, dann sehe ich von England bis Frankreich über die Niederlande hoch kreative und extravagante Ideen. Es gibt sogar spezielle Mode-Magazine für muslimische Frauen, wie zum Beispiel die türkische *Âla*.

Hierzulande finden Modenschauen von muslimischen Designern häufig in leer stehenden Lagerhallen statt. Die Initiatoren legen wenig Wert darauf oder haben zu wenig Geld für ein wirklich ansprechendes Ambiente. Man sitzt auf Bierbänken in einer Reihe und fühlt sich wie in einer alten miefigen Turnhalle. Doch immerhin: Die Idee und die Mühen verdienen Respekt. Oft tragen die Veranstalter das hohe finanzielle Risiko ganz allein, weil finanzkräftige Investoren das wirtschaftliche Potenzial dieser Zielgruppe auch in diesem Bereich unterschätzen.

Doch wo sind die muslimischen Jungdesigner auf der Berliner »Fashion Week«? Ist das Modelabel *Lala Berlin* rund um die iranischstämmige Designerin Leyla Piedayesh ein Unikum? Oder haben die Veranstalter dieses sich international gebärenden und sich als relevant feiernden Modeevents vergessen, dass es 1,6 Millionen Muslim Girls in Deutschland gibt und sicher die eine oder andere Designerin, die diese Zielgruppe bedient?

Nach einer Studie von Tamara Hostal, Direktorin der French Fashion University »Esmond« in Dubai, werden allein mit islamischer Mode weltweit jährlich mehr als 96 Milliarden Dollar umgesetzt. Namhafte Designer wie *Fendi*, *Lagerfeld*, *Gucci* oder *Calvin Klein* haben das Potenzial längst erkannt und islamische beziehungsweise orientalische Einflüsse in ihre Kollektionen eingebaut. Schließlich ist nicht zu vergessen, dass Frauen aus dem Nahen Osten eine große Kundschaft für diese Häuser darstellen. Aber auch die sozial aufsteigenden Muslim Girls hierzulande gönnen sich immer öfter die hochpreisigen Handtaschen, Schuhe oder Mäntel der bekannten Modelabels.

Aber wo bleiben die deutschen Designerinnen muslimisch-orientalischer Herkunft? Kein Interesse etwa? Besonders in Deutschland scheint hier eine regelrechte Wüste zu bestehen, wenn man bedenkt, dass jährlich rund 2 000 Modedesign-Absolventen in Deutschland auf den Arbeitsmarkt stürmen. Darunter wird ganz sicher das eine oder andere Muslim Girl sein. Also, raus aus den Löchern! Rauf auf den Laufsteg mit euren Kollektionen!

Zwar ist der internationale Modemarkt allgemein hart umkämpft, aber offenbar ist besonders der deutsche Modemarkt für Jungdesigner alles andere als einfach, weil man das Potenzial der bikulturellen Designer nicht recht zu schätzen weiß. So überrascht es nicht zu hören, das der viel gepriesene Jungdesigner Deniz Demirsoy aus Oberhausen sein Glück in der Türkei versucht, wo man das Imago des produzierenden und verarbeitenden Textillandes gegen das Image eines Fashion-Standortes austauschen möchte.

Mit der türkischen Marke *Mavi Jeans* hat sich mittlerweile auch in Deutschland ein Label aus einem islamischgeprägten Land etabliert; das in Istanbul ansässige Unternehmen Mavi Giyim Sanayi Ve Ticaret ist einer der größten Jeanshersteller der Welt.

Santex Moden GmbH, eines der größten deutschen Textilunternehmen mit 16 000 Mitarbeitern, ist ebenfalls dem Unternehmergeist eines Türken zu verdanken: Kemal Sahin begann seine Karriere mit einem kleinen Import-/Export-»Waren aller Art«-Geschäft in Aachen. Heute ist der Gründer nicht nur Lieferant aller führenden deutschen Versand- und Kaufhäuser, sondern engagierter Verfechter für mehr Integration in Nordrhein-Westfalen.

Das größte deutsche Bundesland hat darum nicht zufällig das Potenzial erkannt, das von der Türkei ausgeht. »Im bundesdeutschen Vergleich besitzt NRW die stärkste Einkäuferstruktur der Modebranche«, sagt Wirtschaftsministerin Christa Thoben anlässlich der Istanbuler Fashion Week 2010. Sie will, dass türkische Textilunternehmen die Standorte an Rhein und Ruhr verstärkt als Vertriebsdrehscheibe nutzen. Die ersten Männer haben es mal wieder erfolgreich vorgemacht; nun fehlt es nur noch an Muslim Girls, die hierzulande in der Mode-Branche Arbeitsplätze schaffen dürfen.

International erfolgreich: Mode für Muslime

Während in Deutschland die kreative Muslim-Szene vor sich hin dümpelt und man in deutscher Manier jammert, dass nichts aus unseren deutsch-muslimischen Reihen kommt, bringen unsere Glaubensschwestern aus den europäischen Nachbarländern die Nähmaschinen und Zeichenstifte zum Glühen.

Die Designerin Sarah Elenany zum Beispiel hat ihr Modelabel und Atelier bei ihren Eltern in einer Londoner Garage eingerichtet. Sie entwirft coole Streetwear mit Grafiken, die sich auf islamische Motive beziehen. Dabei spricht sie muslimische Kunden genauso an wie Nicht-Muslime. Auch die Macher von *www.islamicdesign-house.com* entwickeln aus traditioneller Tracht junge Mode: Sie modernisierten die klassische Abaya, einen langen schwarzen, aus leichtem Stoff genähten Mantel, die ein weibliches Kleidungsstück aus der Golfregion ist.

Die Macher von *www.styleislam.com* treten von vornherein international auf und präsentieren für Muslime in aller Welt, ob in Schweden, Frankreich oder den USA, in der Türkei oder in Deutschland. Das Designer-Ehepaar Yeliz und Melih Kesmen hatte eher zufällig die Idee zu diesem Label. Das Paar lebte in London, als der Karikaturenstreit 2006 in Europa und den muslimischen Ländern die Gemüter erhitzte. Ein schwedischer Karikaturist hatte unter anderem den Propheten Mohammed mit einer Bombe auf dem Kopf gezeichnet. Melih Kesmen wollte ein Zeichen setzen und ließ ein T-Shirt mit dem Spruch »I love my Prophet« drucken. Das T-Shirt kam so gut an, dass daraus der Wittener Onlineshop *Style-islam* wurde, der »Fanshop für den Muslim 2.0«.

Seither bringen sie frischen Wind in die deutsche Modewelt für Muslime und alle, die auf Hip-Hop-Kultur mit coolen und stolzen Sprüchen stehen. Stilistisch kommen ihre Designer-Klamotten alles andere als kitschig-orientalisch daher, sondern repräsentieren das stolze und gläubige Lebensgefühl der heutigen Muslim

Generation. Alles, was das Herz begehrt. Für Muslim Girls und Muslim Boys.

Modeinteressierte Muslim Girls schielen jedenfalls auf ihr Vorbild Rabia Yalcin. Die Modedesignerin aus Istanbul hat es als gläubige Muslim (mit Tuch) geschafft, extravagante Mode mit Sex-Appeal zu entwerfen, die sie erfolgreich schon mehrfach auf der New Yorker Fashion Week präsentieren konnte. Das sollte unseren Muslim Girls mit der Berliner Fashion Week doch allemal gelingen, oder? Muslim Fashion nicht, wie schon tausendfach gehabt, »zwischen Orient und Okzident«, sondern *mittendrin* als etwas völlig Neues. Das wäre doch mal wirklich aufregend!

Für Modeblogs, Magazine und Co. gilt dasselbe. Überall auf der Welt, ob in Indonesien, London oder Paris, wird in Modeblogs oder Onlinemagazinen sehr viel mehr Selbstbewusstsein an den Tag gelegt. Dies äußert sich besonders im Layout der Seiten wie *hijabstyle.blogspot.com* oder *muslimette.com*. Sie sind durchaus mit Portalen von namenhaften Magazinen wie *Elle* oder *Vogue* zu vergleichen. Auch hierzulande wird das einst provisorische durch einen professionellen Auftritt abgelöst.

Zu sehen auf dem Blog *www.meedoo88.blogspot.de* der Bloggerin Melek, die auf Deutsch schreibt. Neben Backtipps geht es vor allem um Make-Up und Mode. Produkte rund um Gesichtspflege und dekorative Kosmetik werden getestet und vorgestellt. Genauso bei *www.shortywithturbo.blogspot.de* von Bloggerin Ayshe D., die es mit ihrem Blog sogar schon ins monatliche Kundenmagazin *alverde* der Drogeriekette *dm* geschafft hat – Auflage über eine Million.

Auch Youtubevideos gibt es ohne Ende. Die wohl bekanntesten sind Lamiya und Dounia, die Schwestern des sehr beliebten und erfolgreichen tunesischstämmigen Sami Slimani. Beide gehen wie ihr Bruder bereits professionelle Wege mit ihren YoutubeChannels *www.youtube.com/user/douniaslimani* und *www.youtube.com/user/TheDorient*.

Was bedeutet, dass sie mittlerweile von einem Management vermarktet werden und neben Kooperationen mit Kosmetikherstellern auch lukrative Werbeverträge abgeschlossen haben. So mancher hat sie bereits in einer T-Com- oder Maybelline-Werbung neben Make-Up-Artist Boris Entrup entdeckt. In diesem Sinne: Immer schön kreativ bleiben!

9. REISEZIEL: HEIMAT – WO IMMER DAS IST

Bullerbü auf Orientalisch – Abenteuerurlaub pur

»Wann wird's mal wieder richtig Sommer ...« dachte sich nicht nur Rudi Carrell 1975. Für zahlreiche Muslim Girls in Deutschland war dies ein Dauergedanke. Wenn die Sonne und die hohen Temperaturen endlich ihren Weg nach Deutschland gefunden oder zumindest kalendarisch der Sommer angefangen hatte, hieß es für alle Kinder der Republik für sechs Wochen: Sommerferien! Sechs Wochen lang mussten wir nicht mehr auf klapprigen Fahrrädern oder in überfüllten Bussen zur Schule fahren und unseren vor Motivation strotzenden Lehrern zuhören.

Während Stefan, Hanna und Lisa sich auf ihre Ferien an der Nord- und Ostseeküste freuten, träumten wir uns fort aus dem stickigen Klassenzimmer – geistig bereits abwesend – an den Strand von Casablanca, an die türkische Ägäis oder zu den Verwandten in die Berge. Manche deutsch-deutschen Mitschüler verbrachten die Sommerferien mit ihren Eltern in wechselnden Robinsonclubs auf den Kanaren, den Malediven oder sonstwo in der Welt. Uns dagegen verschlug es jedes Jahr in dasselbe Land, nämlich in das unserer Eltern.

Die Eltern unserer deutsch-deutschen Freunde buchten pauschal bei *Neckermann* und Co. Unsere Eltern – wenn sie nicht gerade Akademiker waren, die auch mal mit uns einen Kurztrip nach Paris oder London unternahmen – suchten die Reisebüros der Republik ausschließlich zur Flug-, Reisebus- oder Fährbuchung auf. Keine Pauschalreise. Kein Hotel. Einfach einsteigen und nach einigen 1 000 Kilometern wieder aussteigen. Das galt vor allem, wenn die ganze Familie mit dem guten alten Wagen übers weite Land in die Heimat kurvte.

Sommerferien waren Abenteuerurlaub pur für uns. Von der ersten bis zur letzten Minute. *Die Kinder aus Bullerbü* in orientalischer Fassung.

Das ganze Jahr über drehte es sich bei uns zu Hause fast ausschließlich um den großen Tag der Abreise. Alles, was man kochte, aß, am Straßenrand fand oder im Geschäft entdeckte, war ein potenzielles Mitbringsel für die Verwandtschaft und hatte große Chancen, mit auf die große Reise zu gehen.

Wem Deutschland den Ruf des Exportweltmeisters auch zu verdanken hat

Wir Muslim Girls können fast alle ein Lied davon singen, wie es uns zwar gelang, unsere Eltern von so modernen Errungenschaften wie einem modernen Fernsehgerät zu überzeugen, wir am Ende jedoch weiterhin auf dem defekten Fernseher herumtrommeln mussten, damit er uns *Dallas, Unsere kleine Farm* oder *Die Simpsons* ohne Unterbrechungen schauen ließ. Denn der nigelnagelneue Fernseher wartete eingepackt auf den Tag X, an dem er ins ferne Heimat- oder für uns eben eher Urlaubsland reiste, während uns in Deutschland die alte Flimmerkiste erhalten blieb. So zappten wir nicht selten imaginär vor dem eingepackten Fernseher herum, bis uns unsere Mütter ungeduldig aus unseren Hightech-Tagträumen rissen.

Das ganze Jahr über hielten unsere Eltern nach den perfekten Geschenken für die Verwandtschaft in der Türkei, in Marokko oder in Tunesien Ausschau, wobei das meist fast ausschließlich eine Frauenangelegenheit war. Die Ausbeute der Einkäufe iranisch-, pakistanisch- oder ägyptischstämmiger Mütter bei *Karstadt* und *Woolworth* fiel ein klein wenig bescheidener als bei anderen Muslim

Mamas aus. Nicht weil sie weniger großzügig gewesen wären; nein. Aber der Transport und die Anreise in diesen Teil der Welt gestaltete sich schlichtweg schwieriger und kostspieliger als für diejenigen, die es ausschließlich auf die andere Seite des Mittelmeerraums und der Schwarzmeerküste verschlug. Denn während die einen das Flugzeug nutzen mussten, um sich, ihre Kinder und die Geschenke wohlbehalten in die Heimat zu befördern, packten die anderen alles, was nicht niet- und nagelfest war, auf, an und in den treuen automobilen Esel des 20. Jahrhunderts. Und das sollte nie wenig sein!

Fast kein heruntergesetztes Kaffeeservice mit floralem und buntem Muster war sicher vor unseren Müttern. In allen möglichen Pastelltönen gab es für die vielen neugeborenen Kleinkinder Strampelanzüge, Höschen und Kleidchen. Während *Burda Moden* den Stoffabteilungen diverser Kaufhäuser treue deutsch-deutsche Kundinnen bescherte, brauchten unsere Mütter kein Schnittmuster, um die stets bunten Stoffe in großer Meterzahl zu kaufen. In der Heimat gab es schließlich genug Schwestern, Tanten, Mütter oder Cousinen, die für ihre neue Garderobe sich selbst ein Kleid oder Mantel nähten oder eines beim Schneider nähen ließen. Jetzt wissen Sie endlich, wem Deutschland den Ruf des Exportweltmeisters mit zu verdanken hat!

In unseren kleinen Wohnungen verstauten unsere Eltern in Kleiderschränken, Tüten und Kommoden die Geschenke bis zum Tag X. Wenn sich der Tag der Abreise näherte, begannen unsere Mütter ihre Jahresausbeute aus allen erdenklichen Ecken des Hauses hervorzukramen und in Koffer und Kartons zu verpacken. Auf Betten und Tischen, in Schlaf-, Kinder- und Wohnzimmern breiteten sie die gesammelten Schätze aus der Wunderwelt des Konsums aus. Vom Bügeleisen und Kaffeeservice über Videorecorder bis Gummistiefel, alles, was ein gutsortiertes Kaufhaus zu bieten hatte, fand sich in unseren Zechenhäusern oder Wohnungen wieder. So manch verschollen geglaubter Pullover fand sich plötzlich zwischen Babylätzchen und Jungsunterhosen wieder. Inventur-Feeling pur!

Damit war es aber noch nicht getan. Außer Möbeln und Kronleuchtern, die unsere Eltern mit der nie gelesenen Lokalzeitung einwickelten, mussten auch die Delikatessen des Abendlandes sorgfältig eingepackt werden.

Jedes Muslim Girl wusste: Wenn man uns im Supermarkt ob unserer überfüllten Einkaufswagen verwunderte bis verbiesterte Blicke zuwarf, weil das Abkassieren kein Ende zu nehmen schien, dann war die Familie im vorletzten Level zur Vorbereitung des großen und sehnsüchtig erwarteten Urlaubs angelangt.

Wie ein Großhändler exportierten wir Lebensmittel aller Art in unsere Ursprungsländer. Manchmal kamen wir uns dabei vor, wie sich auch unsere west-deutschen Nachbarn beim Packen für ihre DDR-Verwandtschaft vorgekommen sein mussten: Kartons voller Marmelade, Schokolade, Milch, Kaffee oder Säften standen in fast jedem Zimmer. Das Inventur-Feeling wich dem Lagerhallen-Feeling.

Das letzte Level im alljährlichen Muslim-Girls Urlaubs-Spiel

Wer jetzt glaubt, dass wir nach diesem Akt endlich in unsere Flieger, Reisebusse oder Autos springen konnten, irrt. Das letzte Level im alljährlichen Muslim-Girls-Urlaubs-Spiel hieß Auto-Beladen beziehungsweise Transport der Waren zum Flughafen oder Busbahnhof.

Entschieden sich die Eltern für das Flugzeug, standen wir mit voll beladenen Kofferwagen vor dem Check-in-Schalter und versuchten, das Bodenpersonal davon zu überzeugen, dass ein paar 100 Kilo mehr im Flieger schon nichts anrichten würden. Man müsse deshalb wirklich nicht gleich so viel Geld verlangen!

Als Kleinkinder sahen wir den Überzeugungskünsten unserer Mütter und Väter interessiert zu und kratzten uns lediglich ab und an am Kopf, wenn wir dem ganzen Spektakel nicht mehr folgen konnten. Manchmal setzten wir uns auch einfach nur wartend auf eine Sitzbank oder spielten mit unseren Geschwistern Fangen, wenn uns das alles zu lange dauerte. Und wenn deutsch-deutsche Altersgenossen mit ihren Eltern am Schalter neben uns – Destination Mallorca – gemeinsam den Mund nicht mehr zubekamen, dann ließ bei uns das Schamgefühl nicht mehr lange auf sich warten.

Dass einige von uns Jahre später als Erwachsene selbst die Verhandlungsrolle in gleicher Manier, nur in besserem Deutsch, übernehmen würden, hätten wir damals nicht für möglich gehalten. Schließlich war unsere kindliche Neugier mit den Jahren dem genervten Stress gewichen, den man jedes Jahr von Neuem durchmachen musste. Irgendwann schworen wir uns innerlich, dass, wenn wir erwachsen wären, damit endlich Schluss sei. Aber da unsere Herzen bekanntlich nicht aus Stein sind, machen wir uns heute daran, die Wünsche unserer Eltern selbst dem Bodenpersonal zu vermitteln.

Alles anschnallen, bitte – voll beladen in den Süden!

Wer mit dem Auto in die Ferien fuhr, hatte wohl die zäheste Reise vor sich. Entspannung und Ruhe standen auf der Prioritätenliste unserer Eltern nicht unbedingt auf Platz eins.

Es gibt eine Gruppe hier in Deutschland, die ansatzweise nachvollziehen kann, was wir über 2 000 bis 5 000 Kilometer quer durch West-, Ost- und Südeuropa sowie Nordafrika oder die Türkei durchstehen mussten: Lange vor der Entdeckung der »Putzfraueninsel« Mallorca, nämlich in den 1950er-Jahren, steuerten auch die Deutschen jährlich in ihrem kleinen VW-Käfer jahrein, jahraus die Amalfi-Küste in Italien an. Und um die teure Reise günstiger ausfallen zu lassen, nahmen sie eben alles, was sie brauchen könnten, einfach mit. Ganze Kisten und Körbe voller Obst und Gemüse – als wenn es in Italien davon nicht genug gäbe.

Bevor unsere Väter die Autotüren hinter uns zuwerfen konnten, musste alles, was über das Jahr mühsam zusammengesucht und gekauft worden war, ins Auto geladen werden. Das Packen konnte mitunter Stunden dauern und führte unter unseren Eltern nicht selten zu nervtötenden Streitigkeiten.

Waren schließlich alle großen und kleinen Habseligkeiten im Auto verstaut, konnte es endlich losgehen. Mit sämtlichen europäischen und amerikanischen Automarken, am liebsten aber im Ford Taunus, rollten wir – auf dem Dach Bettgestell, Matratze und Waschmaschine mit einer blauen Plane abgedeckt und hinten am Wagen der Anhänger – voll beladen in den Süden. So lange sich das Auto noch fortbewegen konnte, war alles gut.

Gerade erst eingestiegen, konnten wir nicht abwarten, bald an unseren Zielort anzukommen. Der Blick war stets nach vorne gerichtet. Die schöne Landschaften betrachteten wir Kinder nur aus dem Seitenfenster. Für Sehenswürdigkeiten am Rande der Strecke war keine Zeit eingeplant. Gewiss hätten wir damals schon einige interessante Besichtigungen vornehmen können, wenn unsere Eltern derlei nicht als Zeitverschwendung betrachtet hätten. Jeder Tag, den man nicht in der Heimat bei der Familie verbrachte, war für sie ein verlorener Tag. Wozu hatte man das ganze Jahr hart gearbeitet? Es war an der Zeit, endlich die Eltern und Geschwister wiederzusehen, die man in den ersten Jahren in Deutschland ohne Telefonanschluss oftmals das ganze Jahr über noch nicht einmal hatte sprechen können.

Ohne Klimaanlage, Platz oder Hotelübernachtung lief uns also 24 Stunden lang der Schweiß über das gesamte Gesicht und wir klebten von Tag zu Tag mehr an unseren Geschwistern und Sitzen fest. Von unserer Kleidung, die sich langsam, aber sicher wie eine zweite und eine eingeweichte Haut anfühlte, ganz zu schweigen. Neben vier oder fünf Geschwistern zu sitzen und langsam zu siamesischen Zwillingen zusammenzuwachsen war alles andere als kindgerecht. Trotzdem: So anstrengend es war, missen möchten wir diese Erfahrung nicht.

Je nach Ziel fuhren wir mit unseren Familien im Schnitt zwei bis fünf Tage auf den Autobahnen des europäischen Kontinents umher. An den Mautstellen warfen unsere Eltern die fleißig verdienten Markstücke als Lire, Francs und Pesetas in die Maut-Automaten ein. Während die einen sich furchtlos über Jugoslawien und Griechenland auf den Weg in die Türkei machten, fuhren die anderen die komplette Europäische Union über Belgien, Frankreich, Schweiz, Italien oder Spanien ab und landeten früher oder später mit hoch beladenen Autos und zwei Kilo weniger auf den Hüften in Marokko, Algerien oder Tunesien.

Mit Fouad, Mohammed, Leila oder Adnan am Check-in-Schalter

Heute sind die Reisenden auf den Autobahnen weniger geworden. Unsere Generation muss nichts mehr in die Heimat retten und bevorzugt die bequemere Fortbewegung via Flugzeug nach Casablanca, Tunis, Antalya, Nador oder Algier. Nur noch sehr wenige nehmen die mühsame Autoreise auf sich, wenn, dann mit Ehepartner, Schwester oder Bruder im Wechsel am Steuer. Man reist mit seinen Kleinkindern oder bildet eine Fahrgemeinschaft mit anderen seines Alters. Unsere Eltern, wenn sie denn mit uns reisen, plädieren oftmals noch für das gute alte Auto, um sich auch am Zielort frei bewegen zu können, ohne auf Zug, Reisebus oder Taxi angewiesen zu sein oder einen teuren Wagen mieten zu müssen.

Einige jüngere Muslim Girls tun sich heute zu Fahrgemeinschaften zusammen, lassen sich mehr Zeit und verwandeln die weite Tour in eine kleine Rundreise durch die europäischen Länder. Liegt ein reizvoller Ort am Wegesrand, wird der Wagen geparkt und ein Stadtspaziergang eingeschoben. Laut ADAC stieg wieder die Zahl derer, die über den Balkan in die Türkei fahren. Wirklich lohnenswert ist diese Reise aber, seit es Billigflieger gibt, höchstens für Großfamilien.

Einst brachten wir als Kinder und Jugendliche die Kassen der Tankstellenbesitzer mit unseren Eis- und Chipseinkäufen zum Klingeln. Heute toben unsere Kinder lautstark in den Terminals der Flughäfen Berlin-Tegel, Köln-Bonn oder Frankfurt-Hahn umher. Eigentlich bin ich sehr kinderlieb. Aber gelegentlich ertappe ich mich bei solchen Gelegenheiten dabei, genervt das Weite zu suchen oder die Eltern und Kinder mit einem ernsten Blick anzusehen, um ihnen zu signalisieren, dass mir Erziehung und Lautstärke gleichermaßen missfallen. Beim Check-in-Schalter oder am Gate Richtung Tanger gehöre ich meist zur Minderheit. Die wenigen Singles oder noch kinderlosen Paare sitzen abseits mit Kopfhörern in ihre Bücher vertieft oder warten turtelnd aufs Boarding. Wer aber glaubt, dass es spätestens im Flieger ruhiger wird, irrt gewaltig. Dort fängt die Sause dann erst richtig an.

Die Kinder an Bord heißen Fouad, Mohammed, Leila oder Adnan und halten dank der mangelnden Erziehungskonsequenz ihren Eltern Passagiere und Flugpersonal auf Trab, indem sie quer durch das Flugzeug jeden Ausblick kommentieren oder sämtliche Knöpfe oberhalb ihres Sitzes in Betrieb nehmen. Die Mütter und Väter träumen mit engelsgleicher Gelassenheit vom Tee bei ihrer Verwandtschaft – während man selbst vom Geschrei um seine Sinne gebracht wird und rätselt, wie man sich am besten in seiner gekühlten Cola ertränkt.

Abenteuer und Geselligkeit ganz sicher, aber Urlaub?

Als erwachsene Muslim Girls reisen wir nur noch selten mit unseren Eltern in den sogenannten Heimaturlaub. Oft bringen oder holen wir sie vom Flughafen ab oder reisen für kurze Zeit hinterher, um dann wieder in den deutschen Alltag zu Arbeit, Kindern oder Partnern zurückzukehren. Manche unserer Eltern verbringen ihren Lebensabend mit geruhsamem Pendeln, ein halbes Jahr hier, ein halbes Jahr dort.

Sollten unsere gläubigen Eltern jemals irgendwo anders hingereist sein, dann war es garantiert eine Reise nach Saudi-Arabien. Ihr größter Reisetraum: die große »Hadsch«, die Pilgerfahrt nach Mekka. Die Hadsch ist – neben Beten, Fasten, dem Glaubensbekenntnis und dem Geben von Almosen – eine der fünf Säulen des Islam und Pflicht für jeden Gläubigen; vorausgesetzt, die Kinder sind versorgt und man stürzt sich deswegen nicht in Schulden.

Die Wochen, die wir bei unseren Familien im Ausland verbracht haben, waren schön, spaßig und haben viele Eindrücke hinterlassen. Doch »Urlaub« im eigentlichen Sinn war dies nur bedingt.

Schließlich mussten wir Muslim Girls häufig Hausarbeiten erledigen oder unseren Müttern, Tanten oder Cousinen dabei zusehen. Zudem mussten wir in den Urlaubswochen nacheinander sämtliche Familienmitglieder besuchen, wenn sie nicht zu uns kamen. Die Treffen waren meist sehr amüsant, da wir sämtliche Neuigkeiten der Familie erfuhren. Und doch waren die vielen Besuche mit Mühen verbunden. Die gesamte Ferienzeit war verplant, täglich musste man sich auf andere Menschen einstellen und die Gäste bewirten. Da verhält es sich wie mit einer täglichen Party: In der ersten Woche ist das Ganze noch spaßig, aber nach vier Wochen ist es zu viel.

Zwar konnten wir auch Strand und Sonne genießen, doch der straffe Zeitplan ließ kaum Freiräume, um auszuspannen oder gar die nähere Umgebung und andere Städte zu erkunden. Andere Orte besuchte man höchstens, wenn man dort Verwandte hatte, aber dann sah man mehr die Familie als die Stadt.

Erst als Erwachsene nutzen wir die Möglichkeit, in unseren Herkunftsländern wie der Türkei, Marokko oder Ägypten die Nachbarstädte zu erkunden. Wir waren neugierig und wollten die Schönheiten dieser Orte eigenständig erforschen. Besonders dann, wenn Mitschüler, Kollegen oder Nachbarn sich in unseren Ländern landschaftlich und kulturell fast besser auskannten als wir selbst. Spätestens da wurde uns klar: Das müssten wir ändern! Höchste Zeit also, dass wir auf Erkundungstour gingen.

Muslim Girls reisen um die ganze Welt

Kein Wunder also, dass uns Muslim Girls heute eine gänzlich andere Reiselust in die Welt treibt. Es gibt so viele schöne Länder auf der Erde – warum immer an denselben Ort fahren?! Wir sind neugierig auf die Nachbarländer Frankreich, Belgien oder Polen. Wir wollen günstig einige Tage in andere Städte reisen, für ein paar Monate den Alltag in einer anderen Umgebung erkunden und unsere Fremdsprachenkenntnisse zum Einsatz bringen. Wir wollen uns von unserer portugiesischstämmigen Freundin Faro oder Lissabon zeigen lassen und sie das nächste Mal mit nach Istanbul nehmen und die Stadt und Menschen hautnah miterleben lassen.

Wir trauen uns aufgrund der politischen Lage selten, Länder wie Afghanistan oder Iran alleine zu bereisen, die uns wegen ihrer reichen Geschichte eigentlich sehr reizen; daher schließen wir uns lieber Reisegruppen an oder fliegen mit einer afghanisch- oder iranischstämmigen Freundin mit, wenn sie ihren nächsten Familienbesuch antritt. So lernen wir das Land von einer Seite kennen, die uns über einen klassischen Urlaub verschlossen geblieben wäre.

Natürlich gibt es auch Muslim Girls, die einfach nur Erholung und Rundum-Service suchen. Sie gönnen sich – wie jeder andere Europäer – einen Pauschalurlaub in einer der zahlreichen Massentourismuszentren rund ums Mittelmeer; von Mallorca über Kreta bis Hammamet ist alles dabei. Einfach mal nichts tun, in der Sonne liegen und sich bedienen lassen. Und wer sich lieber nicht in einer Ferienanlage mit englischen, deutschen oder russischen Touristen um die Poolliege zanken will, macht eben einen Tagesausflug zu einer nahegelegenen Sehenswürdigkeit.

Ob mit Ehemann, Mutter oder kleiner Schwester, gereist wird heute nicht nur mit Familienanhang, sondern häufig auch allein oder mit Freunden. Für manches – besonders für das erstgeborene – Muslim Girl mit konservativen Eltern war der erste Erholungsurlaub mit reichlich Überzeugungsarbeit verbunden. Schließlich waren die Eltern es nicht gewohnt, dass Töchter allein für einige Tage wegfuhren, geschweige denn überhaupt Urlaub an einem anderen Ort machten. Das kannte man nur von sehr wohlhabenden Landsleuten oder den Europäern, obgleich die Mädchen auch in ihren Herkunftsländern durchaus mal alleine verreisten. In Marokko beispielsweise ist es üblich, dass Eltern ihre Töchter mit anderen marokkanischen Kindern zum Campingurlaub ans Meer schicken. Dort verbringen sie dann ihre Sommerferien.

Die meisten Muslim Girls blieben in ihren Reiseplänen jedoch standhaft und so trafen wir uns gern ein oder zwei Wochen lang in den Hotelanlagen von Agadir, Alanya oder Scharm El-Scheich. Mit unseren Brüdern im Gepäck reisten wir bevorzugt in Länder wie Marokko, Tunesien oder Ägypten, wo einem die Männer wie Schmeißfliegen an den Fersen hingen. Ein Bruder als Begleitung konnte da ein wirklicher Segen sein! Als alleinreisende Frau lässt es sich dagegen in Ländern wie dem Libanon oder in Jordanien deutlich angenehmer reisen, weil die Männer dort anders sozialisiert sind und Belästigungen von Frauen dort von der Öffentlichkeit nicht geduldet werden.

Auch Länder wie Israel haben für das eine oder andere Muslim Girl ihren Reiz – die besetzten Palästinensergebiete inklusive –, vor allem, um Land und Menschen fernab der üblichen Berichterstattung kennenzulernen. Häufig erfolgt solch eine Reise im Rahmen eines Austauschprogramms oder aufgrund beruflicher Aktivtäten in dieser Region, die das Interesse daran zusätzlich erhöht.

Kunst- und kulturinteressierte Muslim Girls – mit dem entsprechenden Budget versteht sich – buchen darüber hinaus Frauenreisen, um Vietnam, Mexiko oder Syrien mit anderen Frauen zu entdecken.

Auch innerhalb Deutschlands sind wir in Bewegung, ob zum Shoppen in Berlin, Hamburg oder München oder zum Entspannen in der Pfalz, im Allgäu oder auf irgendeiner schönen Insel. Dass auch wir Muslim Girls in der Eifel wandern oder im Schwarzwald Ruhe und Natur genießen, mit unserem Nachwuchs auf eine Nordsee-Insel fahren und den Bodensee mit dem Fahrrad umrunden, passt vielleicht nicht ins Klischee, ist aber Teil der Wirklichkeit. Besonders Kultur, die mit unserer Herkunft im Zusammenhang steht, reizt uns und kann als Brücke zur allgemeinen Kunst- und Kulturszene Deutschlands fungieren. Reiseziel kann deswegen genauso die Mannheimer Moschee wie eine große Ausstellung über islamische Kunst im Hamburger Völkerkundemuseum sein. Uns lockt die Ausstellung der Schätze des Aga-Khan-Museums im Berliner Martin-Gropius-Bau ebenso wie der Karneval der Kulturen auf Berlins sommerlichen Straßen. Dass Muslim Girls auch Sinn für Kunst und Kultur haben, realisieren so langsam auch die staatlichen Museen, Theater und sogar Opernhäuser wie die Neuköllner Oper in Berlin, die regelmäßig zeitgenössische Opern aus dem Einwanderermilieu aufführt.

Auch Sprachreisen sind für uns Muslim Girls interessant, wenngleich wir ja in der Regel mindestens zweisprachig aufgewachsen sind. Ob eine Sprachreise auf Malta oder Bildungsurlaub in Lyon oder London – wir verbinden gern das Angenehme mit dem Nützlichen. Austauschprogramme während der Schule oder Auslandssemester im Studium machen sich gut im Lebenslauf eines Muslim Girls und öffnen Türen in die spätere Berufswelt.

Reisen erlaubt, Klassenfahrt verboten – was stimmt denn da nicht?

Na? Was schießt Ihnen gerade durch den Kopf? Haben Sie jetzt an jene Klassenfahrten gedacht, von denen immer in den Medien die Rede ist, da »mal wieder« ein Muslim Girl nicht teilnehmen konnte, weil seine Eltern es »aus religiösen Gründen« verboten haben? Tja, ganz sachlich betrachtet machen diese Klassenfahrtverbote nur einen geringen Anteil in der Schulrealität aus. Laut einer vom Bundesinnenministerium 2009 veröffentlichten Studie »Muslimisches Leben in Deutschland« nehmen lediglich zehn Prozent der muslimischen Mädchen nicht an Klassenfahrten teil. Ihnen geht es dann wie einigen christlichen Jugendlichen; Kinder der Zeugen Jehovas sind von derlei Verboten ebenfalls betroffen.

Die meisten muslimischen Eltern haben Sorge, dass den Mädchen während der Klassenfahrt etwas zustoßen könnte, dass sie sich zu sexuellen Handlungen hinreißen lassen, die sie später bereuen. Keine ganz unberechtigte Sorge, die sicher auch viele nicht-muslimische Eltern teilen. Aber es sind nicht allein die Eltern, die die Teilnahme an der Klassenfahrt verhindern.

Manchmal sind es die Muslim Girls selbst, die sich dagegen entscheiden und ihre Eltern bitten, sie nicht mitfahren zu lassen. Das wiederum kann daran liegen, dass sie schlichtweg kein Interesse daran haben, mehrere Tage nonstop mit ihren Mitschülern zu verbringen – dann müsste man vielleicht mal mit dem Klassenlehrer darüber sprechen, wie harmonisch das »Betriebsklima« in der Klasse aussieht. Es kann aber auch damit zusammenhängen, dass manche Muslim Girls ihre Eltern aufgrund der finanziell angespannten Lage nicht zusätzlich belasten möchten – auch dies ein Fall für die Klassenlehrer, die sich die Frage gefallen lassen müssten, warum das Kind so wenig Vertrauen hat, die finanzielle Notlage zu thematisieren und um Förderung durch schulnahe Stiftungen oder dergleichen zu bitten. Im Unterschied zu nicht-muslimischen Eltern in vergleichbarer Situation haben unsere Familien bloß die besseren »Ausreden«.

Denn oftmals sind die »religiösen Gründe« nur vorgeschoben und werden manchmal auch allzu leichtfertig von den deutschdeutschen Verantwortlichen akzeptiert. Schließlich passen sie einfach zu gut ins Klischee vom unterdrückenden Pascha, der seine Töchter am liebsten einsperren möchte. Den meisten unserer Eltern sind Klassenfahrten schlicht fremd. Sie finden in unseren Herkunftsländern höchstens in teuren Privatschulen statt. Obwohl sich manchen Eltern der Sinn einer Klassenfahrt nicht wirklich erschließt, lassen sie uns trotz alledem daran teilhaben, denn es ist Teil des Schulkonzepts. Selbst Eltern, die gegenüber moderner Pädagogik nicht aufgeschlossen sind, wissen zumindest, dass Schule wichtig ist. Immerhin sind mehr als 90 Prozent von uns Muslim Girls dabei, wenn es heißt: Koffer packen und auf geht's in die Jugendherberge!

Eine Sache noch. Oft spielen auch hier die Erstgeborenen eine wichtige Rolle: Durfte bereits die Älteste auf Klassenfahrt und hatte keine schlechten Erfahrungen gemacht, dürfen später auch die kleineren Schwestern mit. Wurde ihr aber die Teilnahme verwehrt, heißt das jetzt nicht automatisch, dass auch die Kleinen nicht mitdürfen. Im Gegenteil: Oftmals setzten sich nämlich die große Schwester und auch die Brüder, inzwischen zu autonomen Erwachsenen gereift, engagiert für ihre kleineren Geschwister ein. Zur Not bezahlt die Schwester sogar die Fahrt. Deswegen sollten Lehrer – im Fall des Falles – nicht nur das Gespräch mit den Eltern, sondern immer auch mit den älteren Geschwistern suchen. Denn oftmals sind unsere Familien nämlich sehr viel weniger patriarchal organisiert, als die deutsch-deutschen Lehrer glauben.

Und, Achtung! Denkbarriere öffne dich: Selbst Niqabträgerinnen tauschen sich untereinander aus, wo sich mit dem Partner oder mit der Freundin am besten Urlaub machen lässt und wohin ein Kurztrip lohnt. In Socialwebs wie *Facebook* werden über sogenannte

Threads, also aneinandergereihte Forumsbeiträge im Internet, die Vor- und Nachteile diverser Reiseziele besprochen. Da empfiehlt beispielsweise eine Niqabträgerin Städtetrips in die weltoffenen Metropolen London, München, Zürich, Wien oder Berlin, rät dagegen von Paris, der Stadt der Liebe, eher ab. Dort habe sich die Stimmung seit der Burka-Verbotsdebatte im Frühjahr 2010 auch gegenüber Niqabträgerinnen auf der Straße stark verschlechtert.

Muslim Tourists – attraktive Zielgruppe der Tourismusbranche

Für die Tourismusindustrie sind wir schon seit Langem eine relevante Zielgruppe, wenn auch erst seit Kurzem bewusst wahrgenommen. Unsere Eltern buchten vielleicht bescheidener und nur das Allernötigste, doch brachten sie trotzdem Geld innerhalb Europas, Asiens und Afrikas zum Zierkulieren und belebten gleichzeitig den Devisenhandel.

Bereits 1969 erkannte der Diplom-Ingenieur Vural Öger das wirtschaftliche Potenzial und die Bedürfnisse der in Deutschland lebenden Türken in Reisedingen, gründete das *Reisebüro Istanbul* und bot als Erster Direktflüge von Hamburg in die Türkei an. 1982 wurde daraus das Reiseunternehmen *Öger Tours,* welches heute unter dem Namen *Öger Group* fast 700 Millionen Euro Jahresumsatz macht, Reiseziele in 14 Ländern der Welt ansteuert, von Venezuela über Mauritius bis Thailand, und deutschlandweit über 200 und weltweit über 3000 Mitarbeiter beschäftigt. Seit 2003 steht an der Spitze von *Öger Tours* übrigens ein Muslim Girl: Nina Öger, die Tochter des Gründers, studierte Betriebswirtschaft, ist alleinerziehende Mutter und seit 2003 Geschäftsführerin des fünftgrößten Pauschalreiseveranstalters in Deutschland, der als europaweiter Türkeispezialist Nummer eins auch zahlreichen Nicht-Türken zu ihrem Traumurlaub verhilft.

Nina Öger hat ihr Unternehmen vom Image des Billiganbieters befreit und bietet nunmehr auch Reisen für anspruchsvolle Kunden. Aktivurlaube und Städtereisen, Kultur- und Rundreiseprogramme gehören ins Portfolio von Nina Ögers Management. Ein Muslim Girl weiß nämlich nicht nur, was Muslim Girls, sondern auch was Millionen andere Reisewillige wollen!

Allmählich tut sich auch was im Hotelsektor: Seit der Wirtschaftskrise 2008 denkt man nicht nur über Scharia-konformes Banking nach – zinsfreie Bankgeschäfte beispielsweise –, sondern auch über »Halal-Hotels«; »halal« heißt zu Deutsch »rein, erlaubt«. Die ersten Halal-Hotels sind bereits in arabischen Ländern in Betrieb gegangen und unter anderem eine Reaktion auf die Ansprüche der Touristen in und aus der Golfregion.

Zwar gibt es noch keine internationalen Richtlinien, wie ein solches Halal-Hotel auszusehen hat, aber es gibt dennoch ein paar grundlegende Merkmale, auf die geachtet wird: Es wird kein Alkohol ausgeschenkt. Es wird Halal-Essen angeboten, es werden also keine Produkte verwendet, die Schweinefleisch enthalten. Das Fleisch muss zudem nach islamischem Ritus geschächtet sein. Darüber hinaus sind Glücksspiele im Hotel untersagt und auf den Hotelkanälen werden keine pornografischen Filme gezeigt.

»Bereits zehn Prozent des weltweiten Tourismus-Marktes enthalten entsprechende Unterkünfte«, sagt Abdulla Almulla, Chairman des in Dubai ansässigen Konzerns Almulla Hospitality. Almulla will bis zum Jahr 2015 eine internationale Kette von 150 Scharia-konformen Hotels aufgebaut haben, von denen rund 90 im Nahen und Mittleren Osten und Nordafrika stehen sollen. Dies ruft auch internationale Investoren aus Europa auf die Tagesordnung, die ein gewinnbringendes Potenzial darin erkennen.

Diese Hotels, so hofft man, werden nicht nur für Muslime aus der Golfregion oder in Europa, sondern auch für Nicht-Muslime attraktiv sein, die sich von der sozialverantwortlichen Kultur und der ruhigen, familienfreundlichen Atmosphäre ansprechen lassen.

Davon sind offenbar auch andere überzeugt. So hat kürzlich die älteste europäische Luxushotelmarke *Kempinski* gemeinsam mit der internationalen Finanzfirma *Guidance Financial Group* die Marke *Shaza Hotels* gegründet. Christopher Hartley, Unternehmenschef von *Shaza*, diagnostiziert eine Sättigung des Hotelmarktes und will deshalb »ein Produkt kreieren, das sich unterscheidet«. Er glaubt an die neue Zielgruppe mit hohem ethischen Anspruch: »Scharia-konforme Hotels sind ein neues Konzept, doch arabische Gastfreundschaft ist Tausende von Jahren alt.« Das Unternehmen möchte auch auf dem europäischen Markt expandieren und eröffnet in Genf sein erstes Hotel.

Dass sich von diesem Konzept nicht nur arabische Ölmillionäre angesprochen fühlen, wird deutlich, wenn man sich auf der Webseite *Halaltrip.com* umschaut. Diese Seite prüft Hotels rund um den Globus nach diversen »Halal«-Kriterien, etwa ob es für Frauen einen eigenen Pool gibt, ob das servierte Essen halal ist, ob Alkohol serviert wird oder ob es einen separaten Gebetsraum gibt.

Kurz, unsere Generation schreit regelrecht danach, als Kunde ernst genommen zu werden: Bitte überzeugt uns mit Werbebotschaften von interessanten Reisezielen und Reiseangeboten! Lasst euch auch mal von uns inspirieren! Schafft neue Produkte, die mit Sicherheit auch für Nicht-Muslime interessant sein werden. Wir wollen doch alle die Welt entdecken!

10. WIR SIND MITTEN UNTER EUCH!

Sind alle Frauen im Herzen blond?

Wenn ich an meine Kindheit zurückdenke, dann sehe ich mich immer wieder vor dem langen Zeitungs- und Zeitschriftenregal in unserem Supermarkt um die Ecke. Dieser hieß *V-Markt*, bis er vor einigen Jahren in *EDEKA* umbenannt wurde. Dort half ich meiner Mutter oft beim Einkaufen, indem ich ihr die Sonderangebote übersetzte oder ihr erklärte, welches Preisschild zu welcher Gemüseart gehörte. Während sie den Rest ihrer Einkäufe erledigte, huschte ich schnurstracks zu dem besagten Regal.

Auf der einen Seite Schreibwaren und Musikkassetten. Die Kassetten von Dieter Bohlen alias Blue System mit rauchiger Stimme und Superhaarmähne lagen neben den Kassetten des 1,52 m großen Schlagersternchens Nicki, die mit ihrem bayrischen Akzent die Hitparadenzuschauer mit ihren poppigen Liedern à la *Herz über Kopf* oder *Wenn i mit dir tanz* millionenfach begeisterte. Später fanden sich dort auch CDs, die die gesamten Interpreten der Bravo-Hits-Charts im Regal vereinten. Das alles war mir egal. Mich zog es auf die andere Seite: Dort stand mein geliebtes Printregal, gefühlte 1 000 Meter Lektüre-Abenteuer. Noch heute kann ich an keinem Zeitschriftenregal und an keiner Buchhandlung vorbeigehen. Sie ziehen mich an wie Magnete.

Manchmal ging ich aus reiner Langeweile in den Supermarkt und stöberte in den Magazinen. Da sich dieses Regal glücklicherweise nicht neben der Kasse befand – was sich später leider ändern sollte –, konnte ich mir beim Durchblättern Zeit lassen. Niemand forderte mich auf, endlich ein Heft zu kaufen oder zu gehen.

Tageszeitungen wie die *Hannoversche Allgemeine* oder *Die Presse* interessierten mich nicht, erst recht nicht die Liebesheftromane à la *Doktor Stefan Frank* oder *Ihr Traum war nicht die Fürstenkrone*. Es irritierte mich allerdings als Kind, dass die Frauen zwar auf den Titelblättern mal hell- und mal dunkelblond waren, aber immer blond. Um mich herum im Supermarkt standen zahlreiche Frauen an der Käse- und an der Wursttheke oder vor dem Getränkeregal – ihr Haar war braun, rot, grau, nur selten blond.

Dass diese Heft-Romane mit rund 20 Millionen verkauften Heften pro Jahr trotzdem reißenden Absatz finden, ist entweder ein Beleg dafür, dass im Herzen alle Frauen blond sind, oder dass Liebe blind macht.

Gastarbeiter auf dem deutschen Medienmarkt

Als Elfjährige ließ ich mich mehr von der Masse der Klatsch-, Reise-, Frauen-, Jugend- und Kinder- sowie Näh-, Strick-, Koch- und Einrichtungsmagazine beeindrucken. Wow! So viele Seiten Hochglanzpapier – beeindruckt mit wenig Text und vielen Bildern und das in den unterschiedlichsten Größen! Die Menschen auf den Fotos lächelten einen glücklich oder verführerisch an. Jedes Magazin bediente eine andere Sehnsucht und öffnete Fenster in unterschiedlichste Lebenssphären dieses Planeten, Trendberichte zu Mode, Styling und Wohnen inklusive.

Kaufen konnte ich ein Magazin äußerst selten, dafür reichte mein Taschengeld nicht – was womöglich meine Neugier auf diese Erzeugnisse noch verstärkte. Und nur selten gelang es mir per Bettelblick meiner Mutter das nötige Kleingeld für eines dieser Hochglanzmagazine abzuluchsen. Denn obwohl es ihr sonst so wichtig war, dass ich las, war sie bei Zeitschriften und Magazinen für meine unersättlichen Ansprüche viel zu geizig. Sie argumentierte damit, dass die Hefte mehr aus Bildern als aus Texten bestünden, ihr Kauf also reine Geldverschwendung sei. Von der Halbwertzeit dieser Medien ganz zu schweigen.

Selbst mit meinem Lieblingsheft *Yps* konnte ich nur ganz selten ihre Blockadehaltung aufweichen. Pädagogischer Anspruch hin oder her. Auch *Yps* enthielt für meine Mutter schlichtweg zu viele bunte Bilder. Mit *Micky Mouse* und *Donald Duck* brauchte ich erst gar nicht zu kommen. Mein Vater war leichter zu überzeugen, ging aber dummerweise mit mir seltener einkaufen.

Fast alle werden sich erinnern, dass es zu jeder *Yps*-Ausgabe ein sogenanntes Gimmick dazu gab. Doch die wenigsten werden wissen, dass das Heft von der französischen Magazinreihe *Pif-Gadget* inspiriert war – ein »ausländisches« Magazin also! Es war beileibe nicht das einzige »Fremd-Produkt«, das auf dem deutschen Magazinmarkt erschien. Comics wie *Lucky Luke, Asterix* und *Garfield* gelten heute als Klassiker; sie sind allesamt eine spezielle Art von »Gastarbeitern« in diesem Land. Genauso wie der Großwesir Isnogud, dessen verzweifelter Kampf gegen den Kalifen in den 1970er-Jahren auch in Deutschland ein großer Comic-Erfolg war. Mich persönlich hat er nie besonders angesprochen, *weil* Isnogud ein dummer Fiesling war. Und Fieslinge üben nun mal keinen besonderen Reiz auf mich aus. Uns Muslim Girls war ohnehin klar, dass die Story nur pseudo-orientalisch war, und an einer Extraportion Häme hatten wir keinen Bedarf.

Später griff ich deutlich öfter zu Mädchen- und Jugendmagazinen wie *Bravo, Popcorn* oder *Mädchen,* die ich weiterhin im Laden oder bei meiner Freundin las. Erst als 1995 das Mädchenmagazin *Brigitte Young Miss* auf den Markt kam und die *Woman* – für die Frau um die 30 –, begann ich mir Magazine in regelmäßigen Abständen zu kaufen. Allerdings nicht immer die aktuelle Ausgabe, sondern eine ältere vom Flohmarkt, um mir das Gemecker meiner Mutter zu ersparen. Heute sind beide Magazine wegen sinkender Auflage und Anzeigenerlöse eingestellt. Die *Young Miss* lebt immerhin im Internet weiter.

Regelmäßig gekauft oder gar abonniert hätte ich allerdings keines von beiden. Ich stellte fest, dass bei all den Modestrecken, Schminktipps, Interviews und Porträts immer nur westliche Frauen zu sehen waren. Waren die Frauen mal Nicht-Deutsche, handelte es sich um Berühmtheiten aus den USA, Australien oder Europa. Frauen oder Mädchen, die orientalische Wurzeln hatten, schien es in der gesamten Magazinwelt nicht zu geben; Gastarbeitertöchter auch nicht, wenn überhaupt, dann höchstens ein paar Griechinnen oder Spanierinnen.

Was war hier los? Existierten wir in Deutschland etwa nicht? War die Zuwanderungsgeschichte nur ein Traum gewesen? Oder waren wir Muslim Girls inklusive unserer anderen »Gastarbeiter Cousinen« nicht kaufkräftig genug, um als Zielgruppe einer Frauenzeitschrift oder überhaupt als Konsumentinnen wahrgenommen zu werden? Trugen wir, ohne es zu wissen, Tarnkappen?

Muslim Girl, einsam, ungebildet, unterdrückt, sucht Schlagzeile

Warum kamen wir in dieser angeblich so bunten Medienwelt schlichtweg nicht vor? Es war Mitte der 1990er; wir gingen steil auf die Jahrtausendwende zu. Die erste Gastarbeiter-Generation ging langsam in den Ruhestand; mittlerweile steckten sogar einige der dritten Generation mitten in der Pubertät. Wir Muslim Girls studierten, arbeiteten oder hatten bereits zwei Kinder an der Hand. Aber im Spiegel der Medien – in den Printmedien, im Radio und im Fernsehen – wurden wir genauso wenig als Teil dieser Gesellschaft angesehen wie im wahren Leben oftmals auch.

Oder nein, das wäre nun wirklich ungerecht! So einfach können wir es uns auch nicht machen. Nein, wir kamen nicht *nicht* vor. Wir kamen durchaus vor. Ja, es gab auch in den vergangenen drei Jahrzehnten sehr wohl Muslim Girls im Fernsehen zu sehen und reichlich über uns zu lesen – und zwar im einzig wahren echten authentischen Kontext, wie man ihn von uns Muslim Girls gewohnt ist: Deutsch-deutsche Frauen waren Designerinnen, Ärztinnen, Beraterinnen, Wissenschaftlerinnen, Mütter oder Abenteuerreisende. Sie hatten ihr Leben im Griff und beschäftigten sich mit so spannenden Themen wie »Jenseits von Afrika«, »Mein Leben als Pferdezüchterin« oder »Wie koche ich für 20 Gäste ein Festmenü«. Wir dagegen waren schlichtweg eindimensional, einsam, ungebildet, unterdrückt und – vor allem – Opfer!

Besonders begehrt waren in den 1990ern die Geschichten von binationalen Ehen. Hatte sich ein Nicht-Muslim-Girl in einen Muslim Boy verliebt und war zusätzlich auch noch auf die Schnapsidee gekommen, ihn zu ehelichen und Kinder zu bekommen, sollte die Frau ihres Lebens nicht mehr froh werden und konnte sich bereits auf eine Odyssee durch arabische oder iranische Berge à la Betty Mahmoody einstellen, auf der sie nebenher noch um ihre Kinder kämpfte. Doch gleichzeitig war sie prädestiniert für ein Dossier in diversen Frauen- und Nachrichtenmagazinen.

Nicht, dass es solche Dramen nicht auch gegeben hätte (Betonung bitte auf »auch«!), nicht, dass derlei verschwiegen werden sollte. Aaaaber: Es gibt ein Leben jenseits dieser Schicksale und Katastrophen.

Wenn in den Medien jedoch die Realität dahingehend verzerrt wird, dass nur noch über bestimmte negative Ereignisse berichtet wird, nicht aber über positive, dann wird in gewisser Weise Rufmord betrieben.

Man stelle sich vor, die Medien würden ein Jahr lang aus Hamburg ausschließlich von den dort verübten Straftaten – Raubüberfälle, Einbrüche und Morde – berichten. Ob die Menschen Hamburg dann immer noch für die schönste Stadt Deutschlands halten würden?

Tja, da haben wir dann den Salat mit ranzigem Dressing in Form von plakativen Vorurteilen. Der Einfluss dieser immer wiederkehrenden und teilweise aufgebauschten Bilder löste bei uns Muslim Girls mehr als Betroffenheit aus. In der Mehrheitsgesellschaft entsteht der Eindruck, dass unsere Lebensrealität allein aus derart schrecklichen Ereignissen besteht. Die schlechte Stimmung und die Vorbehalte uns gegenüber sind damit auch ein Resultat dieser Berichterstattung. Wenn wir jahrzehntelang nur in der Sparte »Meldungen aus der Polizeistatistik« auftauchen, dann trägt genau diese Nachrichten-Selektion zur Meinungsbildung bei.

Natürlich ist es Aufgabe der Medien, über Defizite in der Gesellschaft und in der Politik zu berichten – sehr gern und unbedingt! Aber da ja auch die öffentlich-rechtlichen Sendeanstalten durchaus mal über andere Dinge berichten als über Katastrophen und Weltuntergänge, wäre es konsequent, wenn – etwa bei »Traumschiff«, bei »Wetten dass ...« oder »3nach9« – das eine oder andere selbstbewusste, erfolgreiche, glückliche Muslim Girl auftreten dürfte. Doch, ja, es gibt uns – und gar nicht so wenige. Man braucht nicht mal eine Lupe, um uns zu finden. Man muss nur die Augen aufmachen.

Eigene Anschauung, eigene Meinung

Es macht mich manchmal ganz kribbelig, wenn deutsch-deutsche Bekannte mir gegenüber bedauern, wie schlimm und rückständig Muslime doch seien – hallo? Schau dich doch bitte mal um! Wie viele deiner muslimischen Freunde sind denn bitte rückständig? Hast du jemals schlechte Erfahrungen mit ihnen gemacht? – Die Antwort lautet dann erstaunt: Öh, äh, nein, eigentlich nicht, aber ihr seid doch die Ausnahme, oder? – Ich erkläre, ich erläutere, ich rede mir den Mund fusselig. Alles okay? Alles kapiert? So weit, so gut. Doch sobald irgendwo eine Schlagzeile wie »Ehrenmord auf dem Parkplatz« auftaucht, geht die Leier wieder von vorne los.

Einen ganzen Tag lang wurde auf einer Fachtagung des Innenministeriums im Juni 2008 unter dem Titel »Medien in Deutschland: Integrationshemmnis oder Chance?« darüber diskutiert und gestritten, welche Verantwortung den Medien im Zusammenhang mit der Integration zukommt. Wie findet hier Berichterstattung samt Bebilderung statt? Einige Teilnehmer zeigten sich besonders entrüstet vor allem darüber, wie das Nachrichtenmagazin *Der Spiegel* regelmäßig Titelthemen zum Thema Islam in bedrohlich dunklen Farben und mit Angst schürenden Überschriften gestaltet. Beispiele gefällig? Bitte sehr: *Weltmacht hinterm Schleier* (Sonderausgabe 01 / 1998), *Papst contra Mohammed* (Ausgabe 38 / 2006), *Der heilige Hass* (6 / 206), *Der Koran* (52 / 2007), *Mekka Deutschland* (13 / 2007), *Allahs blutiges Land – Der Islam und der Nahe Osten* (Sonderausgabe 2 / 2003), *Allahs rechtlose Töchter* (47 / 2004) oder *Die dunkle Seite des Islam* (45 / 2014). Gegenbeispiele? Wenn man wirklich lange und gründlich sucht, wird man bestimmt fündig.

Im Heft selbst mögen die Beiträge eine gewisse Differenziertheit aufweisen, doch der erste und oft einzige Eindruck, der an der Tankstelle, im Lehrerzimmer oder daheim auf dem Lesesessel bleibt, ist alles andere als objektiv oder wertneutral. »Islam gleich Bedrohung« ist die einfache tausendfach wiederholte Botschaft. Und Muslimas?

Nicht nur der *Spiegel*, *Focus* oder der *Cicero* wählt zur Illustration von Artikeln, die sich in irgendeiner Weise mit dem Islam beschäftigen, mit großem Eifer stetig Bilder aus, die Frauen – mal jung, mal alt, mal mit, mal ohne Einkaufstüten, aber *immer* mit Kopftuch – vornehmlich von hinten zeigen. So als hätten sie kein Gesicht und als gäbe es keine anderen Motive; sei es die Nachrichtensendung *heute*, die *Frankfurter Allgemeine Zeitung* oder die *tageszeitung*. Selbst zur Bebilderung des Themas Integration müssen diese Motive herhalten. Diese Vermischung suggeriert, dass Migranten automatisch immer Muslime seien und es ausschließlich nur mit ihnen Probleme gibt. Zwar sollen Journalisten einem die Komplexität der Welt kompakt und verständlich vermitteln, doch alles in einen Pott zu werfen war freilich nicht damit gemeint.

Bühne frei: Auftritt der Muslimas

In der Studie »Migrantinnen in den Medien« beschäftigte sich im Jahr 2008 auch die Universität Siegen mit dem Medienbild unter anderem von uns Girls. Fazit: Sogenannte Migrantinnen wurden in den Medien erst ab den 1970ern überhaupt thematisiert. Als in den 1960ern die ersten muslimischen Frauen aus Tunesien, Marokko und der Türkei eigenständig zum Arbeiten hierherkamen, gab es offensichtlich keinen Bedarf darüber in irgendeiner Form zu informieren. Wozu auch? Hätte dies vielleicht die deutsch-deutsche Frau dazu angestachelt, mal ein ernstes Wort mit ihrem Göttergatten zu wechseln, warum sie eigentlich nicht mal im Krämerladen um die Ecke arbeiten durfte, während die Muselmanenfrauen sogar Grenzen hinter sich ließen? Schließlich konnte frau hierzulande erst ab 1977 ohne Einverständnis des Ehemanns eine Arbeit aufnehmen.

Doch muslimische Frauen sollten noch ihren Auftritt bekommen. Nämlich dann, als die hier lebenden und arbeitenden Männer ihre Frauen im Zuge der Familienzusammenführung nach Deutschland holten. Fortan tauchten unsere Mütter, Tanten und Großmütter als »Anhängsel« der Männer auf. Arzu Toker, die zwölf Jahre als Ausländervertreterin Mitglied des Rundfunkrates des WDR war, erklärt in der Studie, wie zu dieser Zeit ausgerechnet feministisch, aufklärerisch gemeinte Fernsehbeiträge das Bild der unterdrückten Zugewanderten in der deutschen Öffentlichkeit etablierten. Muslimische Frauchen tauchten in der Berichterstattung fortan im Zusammenhang von Unfreiheit und Zwang auf.

Darüber hinaus stellte die Studie fest, dass Frauen mit Zuwanderungsgeschichte immer wieder als Objekte dargestellt und den Berichten tendenziöse »Würzwörtchen« beigefügt werden, etwa dieser Art: »Schon für 30 bis 50 Mark bieten dunkelhäutige Schöne bedürftigen Freiern ihre Dienste an.«

Die wirkungsvollen Methoden medialer Inszenierung entlarvt die Studie am Beispiel eines *Spiegel*-Artikels: Der Artikel beschreibe die afrikanischen und osteuropäischen Frauen wie Objekte der Lust. Dabei würde das Gebot der journalistischen Neutralität missachtet und stattdessen der Schlüpfrige »Jargon des Freiers« angenommen, indem Zitate der männlichen Freier unkommentiert als Bildunterschriften oder als vermeintlich neutrale Beschreibungen in den journalistischen Text eingebunden werden. Die fotografische Abbildungen verstärkten die Objektposition der Migrantinnen zusätzlich. Die Frauen werden oft nackt und frontal zur Kamera sitzend voll erkennbar abgebildet, die Freier neben ihnen aber sind angezogen und werden mit schwarzen Balken unkenntlich gemacht. So werden diese vor der Öffentlichkeit geschützt, während die Frauen ihr voyeuristisch ausgeliefert sind.

Während Osteuropäerinnen in der Regel im Zusammenhang mit dem Thema »Prostitution« in Erscheinung treten, verkörpern muslimische Frauen die Idee einer abgeschlossenen »Parallelgesellschaft«. Die einst typische Darstellung der sinnlichen Orientalin mit dem geheimnisvollen Schleier, erklärt Schahrzad Farrokhzad, wissenschaftliche Mitarbeiterin am Institut für Interkulturelle Pädagogik an der Universität Köln, wurde inzwischen ersetzt durch das Klischee der unzivilisierten und rückständigen Muslima mit Kopftuch. Allerdings wird in der ansonsten recht eindimensionalen Berichterstattung in einem Punkt doch unterschieden: nämlich dann, wenn die Muslima kein Kopftuch trägt. In diesem Fall steht sie der deutschen emanzipierten Frau nahe und wird als »gemäßigte Muslima« bezeichnet.

Gazelle – ein Magazin für alle Frauen in diesem Land

Diese unausgewogene Berichterstattung, die fehlende Partizipation im Mediensektor und das Bedürfnis nach einem inhaltsstarken Frauenmagazin – das waren drei verdammt triftige Gründe, dass ich im Jahr 2006 die *Gazelle* auf den Markt brachte: das erste und einzige multikulturelle Frauenmagazin in Deutschland.

Nein! *Gazelle* ist keine »türkische Brigitte«. *Gazelle* ist auch keine »islamische Bunte«! *Gazelle* ist ein deutsches Frauenmagazin für deutsche Frauen – die eben heutzutage oft auch ausländische Wurzeln haben!

Es hatte bereits den einen oder anderen Versuch gegeben, Zugewanderte als Medienkonsumenten anzusprechen. Aber dann konzentrierte man sich stets auf eine Gruppe, nämlich auf die Deutsch-Türken, und publizierte entsprechend in türkischer Sprache. Selbst wenn man gewollt hätte, als afghanisch-, arabisch- oder italienisch-stämmiges Muslim- oder Nicht-Muslim-Girl hätte man erst einen Türkischkurs besuchen müssen, um das Medium überhaupt lesen zu können. Ich dagegen wollte schlichtweg ein Magazin für *alle* Frauen in diesem Land – wobei: Intelligent dürfen sie schon sein und Wert auf ihr Äußeres legen und Freude am Leben haben oder suchen. Für solche Frauen ist *Gazelle* die perfekte Begleiterin.

Drei Jahre werkelte ich mit Unterbrechungen an der Umsetzung herum. Für mich war klar: Bei einer immer weiter wachsenden und auf Bildung und Erfolg ausgerichteten Generation von Sprösslingen ehemaliger Gastarbeiterinnen und akademischer Einwanderer und mit dem Interesse auf der deutsch-deutschen Seite, mehr über die Vielfalt und sonstigen Neuheiten aus Deutschland zu erfahren, ist *Gazelle* ein Magazin mit Zukunft auf diesem hart umkämpfen Markt.

In anderen Redaktionen sitzen wenige bis gar keine Journalisten »mit Migrationshintergrund«. Jeder fünfte Deutsche entstammt einer Einwandererfamilie, doch unter den Journalisten sind weniger als 1,2 Prozent Einwandererkinder, wie der Berliner Medienexperte Ulrich Pätzold ermittelt hat. Insofern ist die Zielgruppenkenntnis in den Verlagen genauso schwach ausgeprägt wie der Ideenreichtum, wenn es um die Entwicklung von Magazinen für »Randgruppen« geht. Die Kreativität reicht lediglich für Kopien bereits bestehender Formate von Frauen-, Männer- oder Modemagazinen oder in jüngster Zeit höchstens noch für Landschafts- und Gartenmagazine. Das sind vielleicht »Tiger« im Medienmarkt, aber doch sehr zahme so konnte ich – auch ohne einen finanzstarken Konzern im Rücken – Schritt für Schritt *Gazelle* etablieren.

Die nicht existierende Konkurrenz machte es mir leicht(er). Nur *mik.Ses*, das »Magazin für InterKulturelles«, kam 2007 auf den Zeitschriften-Markt, ebenfalls von einem Muslim Girl gegründet, nämlich der 26-jährigen Kölner Deutsch-Türkin Ikbal Kilic. Auch sie gründete das Heft aus dem Bedürfnis heraus, das bestehende Medienbild über hier lebende Zuwanderer in einer vielfältigeren Weise darzustellen: »Es wird viel in den Medien über Integration gesprochen, aber wo sind die türkischstämmigen Journalisten? Wo sitzen sie in den Redaktionen?«, fragte sie provozierend im Interview mit *Quantara.de*, einem gemeinsamen Internetprojekt der Deutschen Welle, an dem auch das Goethe-Institut, das Institut für Auslandsbeziehungen und die Bundeszentrale für politische Bildung beteiligt sind. Bereits im Jahr des ersten Erscheinens wurde das Magazin aus finanziellen Gründen wieder eingestellt.

Quote unter dem Deckmantel der Solidarität

Wagt sich mal jemand mit neuen Ideen zum Thema »muslimische Frau und Integration« aus der Deckung, so heißt die Reaktion unisono: »Das interessiert keinen. Das will niemand lesen!« Ach ja, Muslim Girls heißen ja alle mit Vornamen »Kayna« und »Nümand« mit Nachnamen.

2008 wurde der Verein *Neue deutsche Medienmacher* gegründet, der seither versucht, die Sensibilität für eine ausgewogene Berichterstattung voranzutreiben und sich mit über zweihundert Unterstützern (mit und ohne Zuwanderungsgeschichte) für ein angemessenes Bild in der Öffentlichkeit und für mehr Mitspracherecht in den Führungsetagen engagiert.

So manche Redaktion verfolgt angeblich nur hehre Ziele: Schließlich will man uns Muslim Girls helfen und uns befreien! Doch das Gegenteil ist der Fall: Unter dem Deckmantel der Solidarität und der Unterstützung wird heimlich auf die Quote geschielt und mit reißerischen Geschichten aus der Klischee-Mottenkiste Kasse gemacht. Dramatische Schicksale und tragische Geschichten garantieren hohe Aufmerksamkeit. Mit einem Themenspektrum von Genitalverstümmelung bis Kindesentführung ist man als Medienmacher dementsprechend gut bedient. Hohe Klickraten auf den Onlineportalen und gute Auflagenverkäufe sind garantiert. Nebenbei wird dem werten deutsch-deutschen Publikum noch das beruhigende Gefühl vermittelt, dass es den Menschen als Deutschen unter Deutschen gar nicht so schlecht geht – im Gegensatz zu den armen, armen muslimischen Mitbürgern.

Herzlichen Dank auch für diese bombastische Unterstützung! Jetzt fallen wir nicht nur durch unser Aussehen auf, jetzt bemitleidet man uns auch noch immerwährend für unser trauriges Leben.

Jeden Tag aufs Neue: überraschende Geschichten!

Bei *Gazelle* gehen wir die Sache ganz anders an. Zwar wird *Gazelle* von mir als Muslim Girl herausgegeben und hat mindestens zehn unterschiedliche Muslimas im Team, doch wir verstehen uns keinesfalls als muslimisches Frauenmagazin. Der deutsche Kaberettist Florian Schroeder findet bei uns genauso viel Platz wie die libanesische Sängerin und Dirigentin Hiba al Kawas oder die deutsch-österreichische Starköchin Sarah Wiener.

Die vielen Mitglieder der *Gazelle*-Redaktion und unser Autorenstamm haben ihre Wurzeln in den unterschiedlichsten Ländern und spiegeln schon damit die Vielfalt der deutschen Bevölkerung wider. Die Eltern der muslimischen Autoren stammen aus Ägypten, Afghanistan, Marokko, Tunesien, Somalia, dem Iran oder der

Türkei. Die nicht-muslimischen Autoren stammen aus Laos, Polen, Spanien, Schweden und Ghana, aber natürlich auch aus Deutschland.

Im bunt gemischten *Gazelle*-Team trifft die Sichtweise eines buddhistischen Mitarbeiters auf die eines muslimischen, die eines Muslim Girls auf die einer katholischen Internatsschülerin. Aus solchen Begegnungen entstehen jeden Tag aufs Neue überraschende Fragen und ebenso überraschende Antworten. Wir stellen die Welt, aber auch uns gegenseitig infrage – das erweitert den Horizont für uns Autoren genauso wie für unsere Leser: Wie wird eine Leistungssportlerin aus Slowenien selbstständige Personalmanagerin in Deutschland? Welche Erfahrungen macht ein türkischstämmiger Vater im Geburtsvorbereitungskurs seiner deutsch-deutschen Ehefrau? Und was passt eigentlich zu einer Dunkelhäutigen besser: hellblauer Lidschatten oder doch lieber dezente Beigetöne? Ganz nebenbei entdecken wir bei dieser Recherche – auch für uns überraschende – kleine Geschichten, etwa dass Hadnet Tasfai, ProSieben- und rbb-Moderatorin mit eritreischen Wurzeln – aus Mangel an geeigneten Styling-Angeboten für schwarze Frauen in deutschen Geschäften ihre Kosmetika bei ihren London-Trips auf Vorrat kaufen muss.

Unser Radius weitet sich fast von selbst und lässt uns in unseren eigenen Reihen neue Geschichten aufspüren, ganz ohne aufwändige »Recherchereisen« in die »Ghettos« der Gesellschaft, wie sie in anderen Redaktionen manchmal erst noch »gewagt« werden müssen. Es scheint sich dabei um eine Art Mutprobe für junge deutsch-deutsche Volontäre aus behütetem Elternhaus zu handeln, die desto mehr von Erfolg gekrönt ist, je dramatischer sie die Zustände in den »Brennpunkten« beschreiben. Wenn sich ein deutsch-deutsches Frauenmagazin tatsächlich mal an das Thema »afrikanische Kosmetik« heranwagt, dann strotzt der Artikel dermaßen von Klischees, dass sich meine deutsch-somalischstämmige Freundin lauthals darüber empört und ärgert.

Die vergessene Zielgruppe und die vernachlässigte Kaufkraft

Diese verquere Wahrnehmung von uns »Migranten« wirkt sich auf den wirtschaftlich relevanten Sektor im Medienbereich aus: nämlich auf die Weltwirtschaft. Als potenzielle Kunden werden die inzwischen überwiegend erwachsenen Kinder der Zuwanderer beziehungsweise Muslime – was im allgemeinen Empfinden eh »irgendwie dasselbe« ist – erst seit einigen Jahren als Kaufkraft erfasst. »Ethnomarketing« nennt sich das dann neu-deutsch. Die Werbe-Anzeigen für die vermeintlich zielgruppenrelevanten Produkte werden dann bewusst in fremdsprachigen Medien abgedruckt oder ausgestrahlt. So wirbt der Autohersteller *VW* mit einer quirligen türkischstämmigen Familie für das neueste Golf-Modell. Aber auch spezielle Angebote sollen uns »Ausländer« ansprechen: So bietet etwa die Hypo-Vereinsbank (HVB) – in Kooperation mit der Bank YapiKredi – seit 2009 ein deutsch-türkisches Banking-Angebot in Berlin in einer neuen »Flagship-Filiale« an, die sich im Prinzip von einer herkömmlichen Filiale nicht unterschiedet – nur dass die Beschilderung zweisprachig ist und die Angestellten neben Deutsch auch Türkisch sprechen.

Prima. Damit erreichen die Unternehmen immerhin die (leider nur) zweitgrößte Migranten-Gruppe in Deutschland, etwa 2,5 Millionen Deutsch-Türken nämlich. Ähnlich weitsichtig sind die russischsprachigen Angebote für die rund 3,3 Millionen Deutsch-Russen hierzulande. Nur vergessen die schlauen Ethnomarketingmacher dabei nicht nur, dass viele Deutsch-Türken und viele Deutsch-Russen zwar die Sprache ihrer Eltern oder Großeltern sprechen und verstehen, sich aber längst untereinander bevorzugt auf Deutsch unterhalten oder sogar singen, wie wir das am Beispiel der Russlanddeutschen Helene Fischer sehen.

Schlimmer noch: Sie vergessen vor allem die restlichen elf Millionen Einwanderer, die Wurzeln in aller Welt haben und sich ebenfalls auf Deutsch miteinander verständigen, jedenfalls ganz sicher nicht auf Türkisch oder Russisch.

Ausschließlich die auf 37 Milliarden Euro geschätzte Kaufkraft der Deutsch-Russen und die auf 20 Milliarden Euro geschätzte Kaufkraft der Deutsch-Türken sind für die cleveren Werbestrategen von Relevanz. Die vermutlich über 100 Milliarden Euro starke Kaufkraft der übrigen Ethnogruppen ist offenbar zu vernachlässigen. Und so verwundert es nicht, dass ausschließlich in russisch- und türkischsprachigen Medien geworben wird.

Der ganze Werbeaufwand ist doppelt daneben: Es werden statt aller nur zwei Einwanderergruppen angesprochen, die deutsch-türkische und die deutsch-russische, und das auch noch mit großem Aufwand in der falschen Sprache – denn Einwanderer und vor allem ihre in Deutschland geborenen Nachkommen fühlen sich nicht wirklich ernst genommen, wenn man sie in der Sprache ihrer Großeltern anspricht.

Nun könnte man einwenden, dass die deutschsprechenden Einwanderer und ihre Zöglinge ja durch die bereits bestehende deutsche Werbung erreicht werden – aber Pustekuchen! Denn es werden ja keineswegs einfach nur die deutschen Werbeanzeigen oder Spots ins Russische oder Türkische übersetzt. Der im Ethnomarketing betriebene Aufwand ist zu recht erheblich größer: Man konzipiert die Kampagnen vollkommen neu und greift das Lebensgefühl sowie kleine Eigenarten der jeweiligen Gruppe auf – wie zum Beispiel die Lebendigkeit einer Großfamilie.

Und das Schönste: Endlich haben die Models mal keine blonden Haare und auch keine milchgesichtigen Babys im Arm! Als »Testimonials« der Produkte werden nicht deutsche Superstars, sondern gern Berühmtheiten aus dem jeweiligen Herkunftsland engagiert. Der Telekommunikationsanbieter *E-Plus* hat beispielsweise mit der Marke *AYYildiz* Handytarife für Deutsch-Türken entwickelt. Das Gesicht der Kampagne gehörte lange dem türkischen Entertainer Beyazit »Beyaz« Öztürk, den wohl nur eine Minderheit deutsch-deutscher Comedy-Liebhaber kennen wird, obwohl er bereits mehrfach in der deutschen Fernsehshow *TV Total* von Stefan Raab aufgetreten ist. Seit 2013 versucht das Unternehmen mit dem Projekt »Mein Beruf – Meine Zukunft« zudem Schüler mit Zuwanderungsgeschichte der 9.–12. Klasse bei ihrer Berufsorientierung zu unterstützen. In Kooperationen mit dem türkischsprachigen Radiosender MetropolFM, Schulen und Role Models, die selbst eine Zuwanderungsgeschichte haben und ihren beruflichen Weg gegangen sind, ermutigen sie die Jugendlichen beim Berufsfindungsprozess. Neben Ermutigung gibt es auch Hilfe bei Vermittlung von Pratikas und Ausbildungsplätzen.

Vergleichbare Kampagnen, also zielgruppenorientiert, aber deutschsprachig, könnte (und müsste) man auch für die große Restmenge nicht-türkischer und nicht-russischer Nicht-Deutscher machen. Aber nichts da! In deutsch-deutschen Printmedien findet man keine Werbeanzeigen oder Beilagen mit Frauen, die aussehen, als könnten sie Fatima, Amdela oder Consuela heißen. Keine neuen Pflegeprodukte, die für widerspenstiges Haar geeignet sind, keine Kosmetik für dunkleren Teint! Diesen Markt überlässt man großzügigerweise den Nachbarn aus Frankreich und Großbritannien, wo man offenbar schon begriffen hat, dass auch Muslim Girls Konsumentinnen sind.

Ja, wir haben Jobs! Und ja, wir verdienen eigenes Geld!

Auf Dauer können und wollen wir nicht unsichtbar bleiben. Über sieben Millionen Frauen mit Zuwanderungsgeschichte leben derzeit in Deutschland. Wir Muslim Girls sind längst in der Mitte der Gesellschaft angekommen, nur die Gesellschaft hat das noch nicht ganz verstanden – und die selbst ernannten Quer- und Vordenker, die Medien und Werbemacher, sind taub, blind und stumm wie die drei Affen des buddhistischen Gottes Vadjra.

Deswegen haben sie auch nicht gemerkt, was die ARD/ZDF-Medienkommission in der Studie »Migranten und Medien 2007« festgestellt hat: 86 Prozent der Menschen mit Zuwanderungs-geschichte nützen an mindestens vier Tagen die Woche das deut-sche (!) Fernsehangebot. Wir sind längst auch mit unserem Medi-enkonsum in Deutschland angekommen.

11. ALLES SO SCHÖN BUNT HIER

Fluch und Segen mit 20 cm Durchmesser

Seit vor mehr als 20 Jahren die ersten weißen Satellitenschüsseln auf den deutschen Markt kamen, schmücken sie zum Leidwesen mancher Ästheten die Fensterbänke und Balkone arabisch-, türkisch-, russisch- oder indischstämmiger Familien. Hässlich sei das – und das ganze Haus »ein Schandfleck!« Nun wäre es ein Leichtes, für die Öffentlichkeit weitestgehend unsichtbar eine Gemeinschaftsschüssel auf dem Dach zu installieren, doch besonders interessiert scheinen weder Hausbesitzer noch Hausbewohner an dieser für alle Seiten zufriedenstellenden Lösung zu sein. Also bleibt die Welt hässlich und das Haus ein Schandfleck.

Ist die Schüssel einmal angeschlossen, kann fortan jeder schauen, wonach ihm der Sinn steht. Das würde sicher auch so manchem deutsch-deutschen Nachbarn gefallen: Denn plötzlich lassen sich neue deutschsprachige Kanäle wie die österreichischen Sender *ORF, LT 1, Servus TV* oder der Schweizer Kanal *Star TV* einschalten. Und wer weiß, vielleicht würde der eine oder andere auf einem der zahlreichen fremdsprachigen Sender hängen bleiben und merken, dass es auf arabischen und iranischen Fernsehkanälen mehr gibt als finstere Muftis und Mullahs, die mit islamischen Rechtsgutachten, den Fatwas, drohen.

Meine Eltern, insbesondere meine Mutter, quälten sich fast drei Jahrzehnte mit dem deutschen Fernsehprogramm herum, weil mein Vater im Gegensatz zu anderen ausländischstämmigen Familien kein Bedürfnis nach arabischem TV hatte. Und da mit ihm nicht zu diskutieren war, blieben wir satellitenlos. Dank *Arte,*

Phönix, TV5 und für einige Jahre *TRT* – einem türkischen Sender, den man über Kabel empfangen konnte – liefen gelegentlich Dokumentar- und Spielfilme oder Kochsendung nicht deutscher Produktion auf unserem heimischen Fernseher. Nicht synchronisiert und höchstens mit deutschen Untertiteln. Was andere für dröges Bildungsfernsehen halten, war für unsere Familie die Rettung vor gähnender Langeweile.

Selbst wenn wir die Originalsprache nicht immer verstanden, waren wir froh, mal etwas anderes zu sehen als *Raumschiff Enterprise* oder *Musikantenstadl*. Vor allem der türkische Sender war eine willkommene Abwechslung, wenngleich keiner in unserer Familie auch nur ein Wort Türkisch spricht: aber zumindest erinnerten die Kulissen, die Schauspieler und die Moderatoren an arabisches Fernsehen, wie wir es aus Marokko kannten.

Meiner Mutter fehlte zudem die vertraute arabische Sprache, ihre Muttersprache. Denn Sprache möchte nicht nur gepflegt werden, man möchte sich auch mit ihr umgeben. Es ist ein schönes Gefühl, die Sprache zu hören, die einen geprägt hat. Jeder Reisende kennt das, wenn er plötzlich in einem fernen Land die Muttersprache hört. Da geraten wildfremde Menschen oft ohne Hemmungen miteinander ins Gespräch und unterhalten sich begeistert, als hätten sie alte Bekannte wiedergetroffen. Das gilt für uns als Muslim Girls mit türkischen, iranischen oder tunesischen Wurzeln genauso, wenn wir andere Muslim Girls im Urlaub antreffen, die Deutsch sprechen. Und wenn es nicht eine Horde grölender deutsch-deutscher Touristen ist, schenken wir ihnen ein freundliches Lächeln und kommen ins Gespräch. Schließlich ist Deutsch auch für uns eine Muttersprache.

Wenn ich beim Einkaufen in einer deutschen Großstadt unsere Brüder und auch Schwestern mit ihrer »Sich-Misch-Disch«-Sprache höre, dann kräuseln sich im ersten Moment meine Nackenhaare, aber im nächsten Moment wechsle ich amüsiert mit meinen Hochdeutsch sprechenden deutsch-deutschen und deutsch-ausländischen Freunden selbst in diesen Sprachmodus. Denn wem es wie dem Comedy-Duo Erkan und Stefan Spaß macht, sich so auszudrücken, kann dies gerne tun – solange es nicht voller Verachtung geschieht. Und als kleiner Tipp am Rande: Wenn man sie nicht gut beherrscht, sollte man die Blamage lieber nicht riskieren; denn die Personalpronomen »Sich«, »Misch«, »Disch« reichen beileibe nicht aus. Selbst diese Sprache (Linguisten sprechen von »Soziolekt«) unterliegt einer eigenen Grammatik und Phonetik.

Kleine Freuden via Television

Ein willkommener Nebeneffekt arabischen Fernsehens war zudem, dass unsere Eltern auch in ihrer Muttersprache auf dem Laufenden blieben. Das klingt seltsam. Aber schließlich war die erste Zuwanderungsgeneration nach Deutschland gekommen, als man bestimmte Worte noch gar nicht verwendete: Computer, Handy, Mailen, Bloggen, Solarstrom, Hybridautos und Castingshow – das waren Begriffe, die man bis vor zehn, 20 Jahren in der ganzen Welt noch nicht kannte. Und wie sagte man nun auf Arabisch, auf Persisch oder auf Türkisch dazu? Und vor allem, was ist das alles überhaupt? Jede Sprache erweitert und verändert sich. Das merken selbst Eltern, die ihren Kindern zwar aufmerksam zuhören, aber nicht wissen, was »simsen«, »posten« oder »ROFL« bedeutet.

Die Filme und Serien im arabischen Fernsehen erzählen Geschichten, die bei unseren Eltern, und gelegentlich auch bei uns Kindern, andere Emotionen wachrufen als die deutschen Fernsehsendungen. Aufnahmen aus dem Land ihrer Kindheit wecken Erinnerungen. Erinnerungen, die uns Kindern von den Urlaubsreisen ebenfalls bekannt waren und mit denen wir Gutes und Schönes verbinden.

Nicht zuletzt wollten wir einfach nur informiert bleiben, was im Herkunftsland passierte, gesellschaftlich, politisch, kulturell. Und manchmal hatte meine Mutter wie viele andere muslimische Frauen einfach nur das Bedürfnis, ihr Gebet zusammen mit anderen Betenden zu verrichten – und sei es via Liveübertragung aus Mekka.

Es mag banal und kurios klingen, doch es sind genau diese kleinen Freuden, die einem auch in der Fremde das Gefühl von Heimat geben, ohne sich deswegen von der Gesellschaft abzugrenzen, in der man nun lebt und leben will. Auch so manch Deutsch-Deutscher, der auf den Kanarischen Inseln überwintert, lässt es sich nicht nehmen, durch ein bisschen Pseudo-Sprühschnee auf seiner Plastiktanne ein wenig deutsche Weihnachtsstimmung aufkommen zu lassen. So in etwa verhält es sich mit der Satellitenschüssel auf unserem Balkon, nur dass diese das ganze Jahr über dort steht.

Das deutsche Fernsehen wird deswegen von uns nicht partout gemieden. Denn eine Satellitenschüssel bedeutet keineswegs, der deutschen Gesellschaft den Rücken zu kehren; sie ermöglicht schlichtweg die eine oder andere angenehme Ergänzung zum eintönigen öffentlich-rechtlichen und privaten Kabel-Programm.

Mehr Sender, mehr Vielfalt

In der öffentlichen Debatte über die Mediennutzung von »Migranten« in Deutschland wird oftmals befürchtet, dass Inhalte und Darstellungsweise arabisch- und türkischsprachiger Fernsehsendungen zu einer Radikalisierung der Jugendlichen beitragen könnten. Wie wäre es denn, wenn man sich einfach mal zu unseren Mamas vor die Mattscheibe gesellt und eine arabische Kochsendung schaut? Ein anderer müsste sich währenddessen eine Stunde 50 *Jahre Zum Blauen Bock* mit Heinz Schenk anschauen. Dann können wir ja mal sehen, wer am Ende Bomben schmeißt.

Es mag für deutsch-deutsche Köpfe in diesem Land unvorstellbar klingen, aber die Breite des Angebots nicht-deutschsprachiger Sender ist deutlich größer. Die Bundeszentrale für politische Bildung hat nachgezählt: Allein in türkischer Sprache sind mittlerweile über 40 Sender in Deutschland zu empfangen. Kaum weniger vielfältig ist das arabischsprachige Angebot, das in Privathaushalten, aber auch in Cafés und Kultureinrichtungen genutzt wird.

Es gibt drei wesentliche Gründe, warum hier lebende arabischsprachige Bürger sogenannte Heimatprogramme konsumieren. Der Mainzer Geografie-Dozent Ala Al-Hamarneh hat sie in dem Buch »Die arabische Welt im Spiegel der Kulturgeografie« aufgelistet. Erstens: Für einige arabischstämmige Zuwanderer ist das Unterhaltungsprogramm in arabischer Sprache verständlicher als das deutsche. Zweitens: Durch die Sender kann der Kontakt zum Herkunftsland aufrechterhalten werden.

Besonders für Flüchtlingsfamilien kann dies von großer Bedeutung sein, weil die Sehnsucht in die alte Heimat noch besteht und sich ein neuer Alltag sowie die Akzeptanz in Deutschland noch nicht eingestellt haben. Und drittens: Es besteht Interesse an der »arabischen« Sichtweise auf aktuelle Themen und Debatten in der Welt.

Was das deutsche Fernsehprogramm angeht, haben auch unsere Eltern durchaus ihre Vorlieben: Unsere Väter schalten gern die *Tagesthemen* ein, schauen sich Tierdokumentationen und Westernfilme an und freuen sich, wenn der alte italo-amerikanische Haudegen Bud Spencer einem Bösewicht nach dem anderen eine überbrät. Unsere Mütter schauen den Starköchen Sarah Wiener oder Alfons Schuhbeck aufmerksam bei der Zubereitung ihrer Speisen zu oder bleiben bei *Frauentausch* hängen. Und sollten unsere Mütter die aktuelle Sendung von *Das Perfekte Dinner* verpasst haben, müssen wir Muslim Girls kurzfristig auf unsere Laptops verzichten, damit die liebe Frau Mama die verpasste Folge im Internet sehen kann.

Und wir Muslim Girls selbst? Wir möchten unsere Hirnzellen mit den Sprachen unseres Lebens auf Trab bringen: ob Englisch, Deutsch oder Französisch, ob Türkisch, Persisch, Urdu oder Arabisch. Wir nutzen alle – in Buchstaben: a l l e! – zur Verfügung stehenden Kanäle, sei es TV, sei es Zeitung, sei es Internet, um uns unser eigenes Bild von der Welt zu machen, und beschränken uns dabei nicht ausschließlich auf die *Bild*. Da lockt uns nicht einmal der günstige Preis.

Vor vier Jahren übrigens ließen sich meine Eltern dann doch noch – auf mein Drängen hin und das vor allem meiner Mutter zuliebe – eine 25 Zentimeter große grau-weiße Satellitenschüssel auf dem Balkon anbringen – wohlgemerkt: in unserer wohlsortierten Straße! Hauseigentümer und Vermieter hatten kein Problem damit, zumal es laut Gerichtsspruch von 2003 jedem rechtlich zusteht, seine Heimatprogramme via Satellitenschüssel zu empfangen. Doch einige Bewohner des Hauses störten sich daran, allen voran die Frau des Hausmeisters. Eines Mittags entschied mein Vater, das Ding muss weg – nachdem man ihn aufgefordert hatte, es zu entfernen. Noch am selben Tag wanderte die Schüssel vom Balkon in den Keller. Da liegt sie nun immer noch und gruselt sich womöglich in einer dunklen Ecke.

Das ignorante Verhalten der Nachbarn und die Unterwürfigkeit meines Vaters ärgerten mich gleichermaßen, sodass ich mit beiden Seiten in Konfrontation gehen wollte. Wie konnte man sich gegenüber seinen Nachbarn, mit denen man über zwei Jahrzehnte friedlich zusammengelebt hatte, derart intolerant verhalten?! Und wie konnte man sich ein derart ignorantes Verhalten auch gefallen lassen?!

Beides ärgerte mich. Beides war überflüssig. Man hätte sich zusammensetzen und eine Lösung finden können, die für beide Seiten funktioniert – etwa die »unsichtbare« Gemeinschaftsanlage auf dem Dach. Aber auch meine Mutter wollte keinen Streit und weiterhin lieber nicht negativ auffallen, egal ob sie recht oder Grund für Widerspruch gehabt hätte – und so riss ich mich zusammen und zügelte meinen Zorn.

Paradoxerweise haben sich meine Eltern inzwischen in ihrem Haus in Marokko eine Satellitenschüssel angeschafft, um nunmehr umgekehrt auf dem Laufenden über das gute alte Deutschland zu bleiben.

Vor allem an meiner Mutter ist der deutsche Fernsehkonsum nicht spurlos vorübergegangen: Ihr Fernsehgeschmack hat sich mittlerweile so angepasst, dass sie heute keine Folge der Daily Soaps *Rote Rosen* oder *Wege zum Glück* verpassen kann – nicht mal am Mittelmeer. Was für mich der deutsche TV-Alptraum ist, bleibt mir also ausgerechnet im Marokkourlaub nicht erspart.

Wir könnten so prima unseren Fernsehabend gemeinsam verbringen

Nachrichten schauen wir in allen Variationen. Die deutschen Nachrichten genießen bei allen Einwanderergruppen hohes Ansehen, weil sie im Ruf der Unabhängigkeit stehen – woran wir Muslim Girls jedoch, zumindest was die Berichterstattung über die muslimischen Länder angeht, gelegentlich zweifeln, was wiederum unser Bedürfnis nach möglichst breit gefächerter Information verstärkt.

Bei Serien oder Musiksendungen bevorzugen die Deutsch-Türken klar die türkischen Formate. Das ist gründlich erforscht. Über den Fernsehkonsum weiterer nicht-deutschstämmiger Bevölkerungsgruppen in Deutschland gibt es jedoch noch keine detaillierten Studien.

Lediglich der bereits zitierte Mainzer Wissenschaftler Ala Al-Hamarneh hat per Umfrage in 200 Haushalten im Rhein-Main-Gebiet ermittelt, wie es um den arabischsprachigen Fernsehkonsum steht. Das wenig überraschende Ergebnis: Die Menschen schauen Sendungen in beiden Sprachen, in Deutsch und in Arabisch.

Der Nachrichtensender *Al-Jazeera* aus Qatar, der dem Modell des englischen Nachrichtensenders *BBC* nachempfunden ist und bei dem heute auch ehemalige arabischsprachige *BBC*-Journalisten tätig sind, sowie der Sender *Al-Arabiyya* aus den Vereinigten Arabischen Emiraten sind besonders wegen ihrer politischen und religiösen Talkshows sowie der Informationssendungen sehr beliebt. Sender wie *Rotana Europe,* der dem saudi-arabischen Prinzen Al-Waleed bin Talal gehört, strahlen zahlreiche Musik- und andere Unterhaltungssendungen aus und richten sich an ein mehrheitlich junges und konsumfreudiges Publikum.

Die tägliche Reichweite des Fernsehens ist bei »Migranten« mit 83 Prozent ähnlich hoch wie bei Deutschen (89 Prozent), stellte die ARD / ZDF-Studie »Migranten und Medien 2007« fest. Im Klartext: Neun von zehn Deutsch-Deutschen könnten ihren Fernsehabend prima mit acht von zehn Nicht-Deutsch-Deutschen verbringen. Es sehen nicht nur alle etwa gleich viel Fernsehen, sondern auch fast dasselbe: »Die Ergebnisse lassen keine ausgeprägte mediale Parallelgesellschaft erkennen. Alle Migrantengruppen werden von deutschen Medien gut erreicht«, so das Fazit der Studie.

Auf der Rangliste der genutzten Fernsehsender stehen laut Studie bei den Einwanderergruppen *ProSieben* und *RTL* ganz oben. Bei den Deutsch-Türken nehmen die türkischsprachigen Unterhaltungssendungen der *Kanal D, ATV* und *Show TV* allerdings ebenfalls einen großen Marktanteil ein. Doch die jüngere Generation der Deutsch-Türken im Alter von 17 bis 29 Jahren schaltet laut der 2006 durchgeführten WDR-Studie »Das Fernsehpublikum türkischer Herkunft« mittlerweile zu gleichen Anteilen deutsch- und türkischsprachige Sender ein.

Radio und Internet dagegen nehmen – wie bei allen anderen Bevölkerungsgruppen – allgemein weniger Raum als Fernsehen ein. Die tägliche Nutzung des Internets ist bei »Deutschen« und »Migranten« etwa gleich hoch, nämlich 28 beziehungsweise 22 Prozent. Das Radio hingegen wird immerhin von 84 Prozent der Deutschen täglich genutzt, aber nur von 47 Prozent der Migranten. Das Radio dient vor allem zur Unterhaltung und als Hintergrundbeschallung, wobei die allermeisten auf deutschsprachige Programme zugreifen. Unter den fremdsprachigen Sendern ist *Metropol FM* mit einer halben Million Hörern der beliebteste deutsch-türkische Radiosender. Er verbindet Nachrichten in deutscher und türkischer Sprache mit türkischer Pop- und Rockmusik.

Aus meiner persönlichen Erfahrung kann ich das nur bestätigen. In unserer Kindheit war der Fernseher lange die einzige Informationsquelle. Bücher waren in zahlreichen unserer Haushalte selten vorhanden; einige unserer Eltern konnten schließlich nicht mal lesen. Doch dabei sollte es nicht bleiben.

Außerdem waren die einzigen ausländischen Zeitungen mit einem halbwegs vernünftigen und auch in der deutschen Provinz funktionierenden Vertrieb die türkischen Zeitungen. Heutzutage unterhalten sie sogar Redaktionen in Deutschland, die eigenständig aus Deutschland berichten. Zeitungen wie die *Hürriyet* oder *Milliyet* druckten von 1969 bis 2013 sogar in Deutschland. Bücher und die zugehörigen Regale standen höchstens bei Akademikereltern, die in der ersten Zuwanderergeneration bekanntlich deutlich in der Minderheit waren. Bei den übrigen stand eine Vitrine mit Geschirr.

100 Prozent von allem statt 20 Prozent auf alles!

Manche Kritiker erkennen im Konsum ausländischer TV-Programme eine rückwärtsgewandte Gesinnung und eine ablehnende Haltung gegenüber Deutschland. Für uns Muslim Girls ist Fernsehen – egal in welcher Sprache – Horizonterweiterung oder auch einfach nur schlicht Unterhaltung. Denn eines ist sicher: Die Heimatsender bilden aufgrund der amerikanischen, französischen, arabischen oder asiatischen Produktionen vielfältigere Lebenswelten ab als die Sender hierzulande. Fernsehen ist für uns eben wirklich ein Fenster in die alte Heimat unserer Eltern, aber auch in die gesamte restliche Welt.

In einem Punkt haben die Kritiker sicher recht: Sprache wird vor allem durch Interaktion erlernt und vertieft. Wenn eine nach Deutschland eingewanderte Frau ausschließlich vor dem fremdsprachigen Programm sitzt, ist die Wahrscheinlichkeit sehr gering, dass sie die deutsche Sprache lernt. Von fehlenden sozialen Kontakten mal abgesehen. Für die Kinder gilt dasselbe verschärft: es reicht eben nicht, das Kind einfach vor dem Fernseher abzusetzen und zu hoffen, dass das pädagogisch wertvolle *Logo* und *Kika* alles richten wird – egal in welcher Sprache. Auch hier gilt: Kinder machen ist nicht schwer, Kinder erziehen dagegen sehr.

Davon abgesehen haben deutsche Fernsehsender Sorge vor einer wachsenden Zuschauerabwanderung, wenn die Zuschauer mangels Sprachkenntnissen ihren hoch spannenden Sendungen wie *Die Super Nanny, taff* oder *Familie im Brennpunkt* nicht folgen können. Schließlich machen Menschen mit nicht-deutscher Herkunft etwa ein Viertel der Bevölkerung aus.

Gerne würde ich nun schreiben, dass Bürger nicht-deutscher Herkunft und insbesondere Muslime einfach einen sehr viel höheren Anspruch an Fernsehunterhaltung haben und deswegen auf andere Kanäle abwandern. Doch dann würde ich lügen. Allzu eifrig schalten auch wir bei Sendungen wie *Bauer sucht Frau* oder *Das Supertalent* ein oder schauen uns auf unseren sogenannten Heimatkanälen nicht weniger anspruchsvolle Sendungen an. Nicht wenige Muslim Girls fiebern bei *Germany's next Topmodel* Heidi Klums fachkundigem Urteil entgegen oder lassen sich von *GZSZ* auf die Folter spannen. Auf den fremdsprachigen Sendern beglücken uns bunte türkische Heirats- und marokkanische Einrichtungsshows, afghanische Castingshows oder mexikanische und türkische Daily Soaps. Neuerdings schauen wir mit Begeisterung auch arabische synchronisierte Seifenopern aus China und Japan.

Unsere Mütter schälen gern Möhren und Kartoffeln, während sie Chafaï Choumicha bei der Arbeit zugucken: Die marokkanische Fernsehköchin zaubert entweder in ihrer Studioküche neuartige, manchmal sehr kuriose Gerichte oder bereist die unterschiedlichen Regionen Marokkos, um ihre Zuschauerinnen daheim beim Kochen zu filmen. Eine nordafrikanische Version der in Deutschland so beliebten Sarah Wiener also.

Beliebt ist auch die Zuschauersprechstunde des nicht unumstrittenen ägyptischen Scheichs Al-Qaradawi auf *Al-Jazeera*. Am Nachmittag gönnt man sich dann gern eine Familienserie aus Katar oder eine Reportage über Serbiens Tourismuserblühen. Wir sind währenddessen oft bereits während der Arbeit hoch gespannt auf neue Folgen von *Devious Maids*, *Grey's Anatomy* oder *The Big Bang Theory*. Und wenn der Muezzin – der Ausrufer zum Gebet – zwischen Comedysketchen und Olivenöl-Werbung zum Gebet im TV ruft, dann erheben sich die betenden Muslim Girls und Eltern zum Gebet und schauen später einfach weiter. Ohne Konflikte und Hin- und Hergerissensein. Denn hat man seine rituelle Waschung vor dem Muezzin-Ruf vorgenommen, kann man pünktlich losbeten und anschließend seine Sendung weiterschauen. Alles nur eine Frage der Planung.

Gleich wird geknutscht!
Wo zum Geier ist die Fernbedienung?

Die Satellitenschüssel war für unsere Eltern die Rettung vor allen schlechten Einflüssen. Bis dahin hatten sie bei jeder Szene, in der ein Mann sich bei sanfter Musik langsam einer Frau annäherte, zügig umgeschaltet. Es war ihnen höchst unangenehm, wenn in den 1990er-Jahren Mädchen barbusig durch die RTL-Show *Tutti Frutti* huschten. So etwas gehört sich nicht, und die lieben Kinder sollten gar nicht erst auf die Idee kommen, so ein Verhalten jemals nachzuahmen!

Seit wir denken können, hat der Fernseher in unseren Familien – selbst bei großem Besuch – als elektronisches Familienmitglied eine aktive Rolle gespielt. Er war und ist nonstop in Betrieb. Nicht selten sitzt die Familie vereint am Wochenende im Wohnzimmer und unterhält sich bei Essen und Trinken bis in die späten Abendstunden über Gott und die Welt. Wer hier seine Fernbedienung verlegt hat, darf sich nicht über nervöses und fluchendes Verhalten der Älteren wundern. Denn schon haben die lieben Kleinen gelangweilt von arabischen Talkrunden zum deutschen Unterhaltungsprogramm umgeschaltet. Während sie in dem einen Moment noch Harry Potter schauten, zogen sie sich im nächsten Moment mit allen Zaubersprüchen in ihre Kinderzimmer zurück und ließen den deutschen Privatsender weiterlaufen. Wenn die Alten ermüdet von ihren Gesprächen dann den Blick zum Fernseher schweifen ließen, war der Schreck groß. Statt eines arabischen Konzerts gab es Sex auf der Motorhaube.

Klar, wir könnten jetzt mit unseren 60- oder 70-jährigen Eltern und Großeltern über die Selbstverständlichkeit von Sex und das Inspirationspotenzial von Erotikfilmen diskutieren. Aber stattdessen schalten wir lieber mit einem beschämten Grinsen um, wenn uns die Alten nicht sowieso schon zuvorgekommen waren. Wobei auch sie sich manchmal ein kleines Grinsen nicht verkneifen können. Ganz sicher finden sie das unmoralisch unpassend und mal wieder typisch für »diese Ungläubigen«. Damit meinen sie alle, die nicht ansatzweise Anstand jeglicher Art zeigen: also unfreundlich sind, sich rücksichtslos verhalten oder alte Menschen in Pflegeheime abschieben. Familie, Scham und Respekt sind für zahlreiche Muslime sehr wichtige Eckpfeiler im Umgang miteinander.

Womit wir aber – über die Generationen hinweg – fast alle ohne Zweifel ein Problem haben, ist das Frauenbild in westlichen Ländern: An allen Straßenecken räkeln sich halbnackte Dessousmodels auf Litfaßsäulen oder Werbeplakaten. Frauen mit mangelndem Selbstbewusstsein lassen sich ihre Brüste vor der TV-Kamera vergrößern, und kaum ein Spielfilm kommt ohne Bettszene aus. Ohne ein wachsames Auge auf den Fernseher kann in einer muslimischen Familie daher deutsches Fernsehen nicht ohne Weiteres eingeschaltet bleiben. Besonders bei Kindern achtet man darauf, dass sie so etwas nicht zu sehen bekommen.

Mit dieser immerwährend zur Schau gestellten Freizügigkeit können unsere Eltern nur schwer etwas anfangen und so ertappen wir uns in ihrer Anwesenheit dabei – gewöhnt an diese Prozedur –, wie wir als erwachsene Frauen zwar von *Pretty Woman* hin und weg sind und eigentlich keine Szene verpassen wollen, aber bei Kussszenen, die länger als fünf Sekunden dauern, rasch umschalten. Wenn der Vater im Raum ist, sogar vor dem Zustandekommen des Kusses. Wir haben regelrecht einen siebten Sinn dafür entwickelt, nach wie vielen Sekunden wir wieder zurückschalten können, ohne große Verluste vom Film hinnehmen zu müssen.

Doch wer denkt, dass bei arabischen, türkischen, malaysischen oder indischen Fernsehsendern nur verhüllte und keusche Frauen auftreten, hat die Rechnung ohne die muslimischen Länder gemacht. Die Fernsehanstalten wollen auch dort unterhalten und interessieren sich genauso für die Quotensteigerung wie andernorts. Ein bisschen nackte Haut hier und ein paar Schlagzeilen dort schaden an keinem Ort der Medienwelt. Das mediale Frauenbild ist daher nicht weniger sexistisch. Und dies nicht erst seit heute.

Wer türkische und arabische Filme aus den 1950er- oder 1970er-Jahren kennt, weiß, wie ultrakurze Miniröcke an orientalischen Beinen aussehen, wie orientalische Schönheiten mit einem lasziven Tanz auf dem Tisch den Männern den Kopf verdrehen und wie sich türkische und arabische Männer mit Elvis-Koteletten und Superschnauzer leidenschaftlich auf die attraktive Protagonistin stürzen.

Türkisches, indisches oder arabisches TV brachte also alles zum Vorschein, was es auch in den westlichen Kanälen zu sehen gab, und somit konnten unsere Eltern selbst auf ihren Heimatkanälen nie der modernen Welt gänzlich entfliehen.

Allerdings ist das Bild der Muslima hier vielfältiger als auf deutschen Sendern: Da berät eine verhüllte Psychologin ein hilfesuchendes Paar und spricht über die Erektionsprobleme des Mannes; dort sprich auf demselben Sender wenige Stunden später unverhüllt eine stark geschminkte Moderatorin die Nachrichten. Es gibt Liebesfilme, in denen die Darstellerinnen verhüllt und unverhüllt, aber immer erstklassig gestylt sind, Dramen, in denen Frauen der Familie die Hölle heißmachen, oder Komödien, in denen sie auf frivole Weise ihre Ehemänner betrügen. An anderer Stelle räkelt sich eine großbusige Schönheit auf ihrem Bett, schürzt ihre mit Botox aufgespritzten Lippen und stöhnt ihren aktuellen Charterfolg in die Kamera. Ein anderes Mal moderiert der selbstbewusste weibliche Nachwuchs mit und ohne Tuch um den Kopf mit viel Energie und Charme durch Kinder-, Musik- und Jugendsendungen.

»Da findet man alles, was es im westlichen Fernsehen auch gibt, nur als arabische Version«, stellte der deutsche House-DJ Hans Nieswandt erstaunt fest, als er auf Einladung des Goethe-Instituts im Nahen Osten unterwegs war. Und er fügte hinzu: »Endlos viele Musiksender mit total teuer produzierten Videos. Wie auf *MTV*, nur in anderer Schrift.«

Kein Wunder also, dass Nicht-Muslime in einer auf *Qantara.de* veröffentlichten Reportage erstaunt feststellten, dass die Klischees auf uns Muslim Girls ebenso wenig passen wie auf unsere TV-Programme.

Übrigens; Muslim Girls sitzen nicht nur vor dem Bildschirm, sie sitzen auch vor der Kamera. Jedenfalls ab und zu. Achtung, MAZ ab?

Gute Unterhaltung mit Muslim Girls

Na endlich! Ich dachte, ich traue meinen Augen nicht, als ich kürzlich zu später Stunde meinen alten Fernseher einschaltete. Plötzlich blieb ich beim Zappen im *WDR* hängen. Nein, nicht weil ich mir eine erneute Dokumentation über das Ruhrgebiet mit seiner Vielfalt im Zeichen der Weltkulturhauptstadt ansehen wollte, sondern weil sich auf der Bühne der Comedyshow *Ladies Night* eine geballte und stolze Portion Unterhaltung und Humor im Körper einer – halten Sie sich fest! – weiblichen türkischstämmigen Comedian präsentierte. Weiblich, türkisch, lustig. Wow!

Okay. Den einen oder anderen türkischstämmigen Comedian hatten wir schon erlebt, allen voran Kaya Yanar. Mit seiner eigenen Fernsehshow »Was guckst du?« auf *Sat 1* nahm er jahrelang deutsch-ausländisches Leben aufs Korn und begeisterte mit seinen Witzen die gesamte Nation. Der nächste Star ist der Mannheimer Bülent Ceylan, der mit seinen langen schwarzen Haaren glatt als Frau durchgehen könnte, es aber nicht tut, weil er nun einmal keine ist, aber es sich nicht nimmt, als eine aufzutreten: In Gestalt der vor Selbstbewusstsein strotzenden Anneliese.

Aber weibliche Comedians? Sie sind schon im deutsch-deutschen Comedybetrieb Mangelware. Aber für ein Muslim Girl aus dem angeblich humorlosen Paralleluniversum schien ein Auftritt im Comedybereich vollkommen undenkbar.

Jenseits der Mattscheibe fielen mir in diesem Moment nur zwei deutsch-türkische Kabarettistinnen ein: Serpil Pak und Nursel Köse, die 1992 das »Putzfrauenkabarett« *Die Bodenkosmetikerinnen* gegründet hatten, in dem sie deutsch-türkische Klischees aufs Korn nahmen.

Nursel Köse tritt seither als Schauspielerin im Fernsehen und Kino auf – allerdings auch hier als Putzfrau oder wie im letzten Fatih-Akin-Film *Auf der anderen Seite* als Prostituierte. In einem Interview mit der Frauenzweitschrift *Brigitte Woman* bedauert sie, dass sie in Deutschland nur solche Engagements bekommt: »Ich erzähle diese Opfergeschichten nicht gern, aber in der Türkei bin ich mit dem Film *(Auf der anderen Seite)* wirklich ganz groß rausgekommen, wurde in Zeitungen als geniale Schauspielerin gelobt und habe verlockende Angebote bekommen; auch international bin ich inzwischen gefragt. Im Vergleich dazu passierte in Deutschland wenig. Kein großes Medieninteresse, keine interessanten neuen Rollen. Ich sollte weiter die arme, unterdrückte Türkin spielen, die Kopftuchfrau, die Putzfrau oder Prostituierte – wie die letzten 20 Jahre.«

Aber jetzt! Auf meiner kleinen Flimmerkiste, durfte ich erleben, wie sich etwas im deutschen Unterhaltungsfernsehen bewegt! Meltem Kaptan war ihr Name – den ich dank meines miserablen Namensgedächtnisses prompt wieder vergaß. Nur Kaplan blieb in meinem Kopf hängen. Der türkische Name Meltem war mir bis dato unbekannt, schließlich kann man auch als Muslim Girl nicht alle Namen der orientalischen Länder kennen. Und Kaplan, nun ja, zu irgendwas musste die ganze Terrorismus- und Extremisten-Berichterstattung ja gut sein. Dieser selbst ernannte »Kalif von Köln« war lang genug in den Medien gewesen, bis seine Abschiebung in die Türkei im Oktober 2004 quasi live übertragen wurde. Es reichte, um sie später bei Google zu suchen und zu finden.

Meltem Kaptan also hieß diese türkische Comedian, und sie brachte das Publikum zum Lachen. In Waldorfmanier sang sie ihren Namen auf Türkisch und Deutsch, erzählte, dass sie offiziell mit Herr Kaptan angeschrieben würde, und servierte dem Publikum Lebenshilfe-Tipps aus dem Deutschland der 1950er-Jahre. Schreiend komisch, sag ich Ihnen.

Doch welche Enttäuschung, als ich nach der Sendung auf der Internetseite der Show surfte, um den vollständigen Namen der Künstlerin nachzulesen! Nichts fand ich hier. Gerade mal ein Bild der Kabarettistin, aber nicht ein einziger Satz über sie – geschweige denn ihr Name. Mit dieser Art der Nichtpräsentation war sie übrigens allein. Die anderen zwei Künstlerinnen des Abends wurden ausgiebig vorgestellt und – selbstverständlich – namentlich erwähnt. Sie hießen Tina Teubner, die für ihre vielseitigen Talente im Kabarett und Chanson gelobt wurde und sogar den Deutschen Kleinkunstpreis erhielt; und Cloozy, die gerne in verschiedene Rollen schlüpft: mal Vorstandssekretärin Helga Raspel, mal österreichische Galeristin Leni Resi. Und Meltem Kaptan? Nun ja, selbst das Foto war etwas unglücklich getroffen, denn sie erinnerte mich bei einem flüchtigen Blick an den Bochumer Comedian Hennes Bender, aber der hätte in einer Frauenshow ja nichts zu suchen gehabt.

Gute Unterhaltung mit Muslim Girls – wenn uns das gelänge, dann könnte es in Deutschland richtig gemütlich werden. Und das tut es auch endlich. Denn neben Meltem Kaptan tummeln sich bereits die nächsten komödiantischen Damen im Comedy-Bereich. Mit dabei sind mittlerweile die iranischstämmige »Vollbluttussi«, wie Enissa Amani sich selbst betitelt, die aus einem kommunistischen und nicht-religiösen Haushalt stammt und von ihrer Mutter bei ihrer ersten Menstruation eine Grußkarte mit folgenden Zeilen erhielt: «Herzlichen Glückwunsch zur bolschewistischen Woche! Wir sind stolz, dass du dich für den roten Weg entschieden hast.« Senay Duzcu, die die erste türkischstämmige Komikerin in Deutschland ist, und Idil Baydar, die einen als Prolldiva Jilet Ayse und Gerda Grischke das Fürchten lehrt. Dass sich »Multikulti on TV« – ohne Birkenstock und Räucherstäbchen – auszahlt, hat uns bereits ein Trend aus Indien gezeigt. Die Rede ist von Bollywood.

Aaja Nachle – Komm, tanz mit mir!

Bollywood-Filme sind aufgrund ihrer der muslimischen Welt ähnlichen Moralvorstellungen beliebte Jugend- und Erwachsenenfilme in unserer kleinen Muslim-Girl-Welt. Von der Zwölfjährigen bis zu den 70-jährigen Großeltern kann man gelassen mit der ganzen Familie vor dem Fernseher sitzen, ohne die Fernbedienung – oder im Kino den Notausgang – im Auge behalten zu müssen. Nur äußerst selten passiert es heute, dass sich eine Bettszene einschleicht, die fast ins Kamasutra übergeht.

Bollywood-Filme sind uns und unseren Eltern von Kindheit an vertraut und werden über den gesamten Erdball – in den USA, Afrika, Europa, Asien und Australien – angeschaut. Vor allem bei den Frauen stehen sie hoch im Kurs. Seit es in Europa Pakistanis, Türken, Afghanen, Araber und Perser gibt, wächst und gedeiht sogar mitten in Deutschland eine Community von Bollywood-Verehrern.

Bollywood-Blockbuster – wie etwa der Film *Aaja Nachle – Komm, tanz mit mir!* mit Madhuri Dixit, Indiens Grande Dame des Films – werden verschlungen und ihre Stars regelrecht angebetet. Was übrigens bislang nur bei sehr wenigen Muslimen zu tiefschürfenden Glaubenskonflikten geführt hat.

Es grenzt daher an marktanalytische Fahrlässigkeit, dieses wirtschaftliche Potenzial in Deutschland so gut wie verschlafen zu haben. Hollywood kennt hier jeder, doch die größere Zuschauerzahl und Bekanntheit weltweit genießt das produktivere Bollywood – mit bis zu 500 neuen Filmen im Jahr. Auch sind die Filme alles andere als unrealistisch – zumindest nicht unrealistischer als die amerikanischen Produktionen. Denn, wie Shah Rukh Khan in einem *Stern*-Interview sagte, man wird auf dem Globus eher auf der Straße tanzenden Menschen begegnen als einem in Unterwäsche herumfliegenden Superman oder einem Präsidenten, der die Welt vor Aliens rettet. Der Sarkasmus, mit dem 2005 besagtes *Stern*-Interview mit dem Star der Filmfabrik geführt wurde, ist angesichts solchen Erfolges mehr als ignorant. Schließlich hätte man sich gegenüber Leonardo di Caprio womöglich nicht so zu reden erlaubt.

RTL II traute sich zwar auch erst nach einer Oscarnominierung des Bollywood-Films *Logaan* 2001 als erster privater Sender den Bollywood-Film *In guten wie in schlechten Tagen* auszustrahlen, doch die Entscheidung sollte sich lohnen. Denn der Sender gewann damit auch zahlreiche deutsch-deutsche Fernsehzuschauer. Längst gibt es hierzulande eine große Begeisterung für alles, was mit dem Orient und besonders mit Indien zu tun hat. Das geht bei Publikationen wie dem erfolgreichen Bollywood-Magazin *Ishq* los und führt weiter zu Tapeten, Lampen und Saris über Lebensmittel, Tanzshows bis hin zu Indienreisen.

Der jahrzehntelange Mangel in Deutschland hat allerdings zu einem regen Handel mit Raubkopien geführt, was es den Filmverleihern heute schwer macht, sich auf diesem Markt durchzusetzen. Mit *My Name is Khan* schaffte es 2010 endlich auch ein viel beachteter sozialkritischer Bollywood-Film in die deutschen Kinos und beweist damit mehr denn je, wie vielfältig Indiens Filmfabrik und der Frauenschwarm Khan sind. Denn Bollywood ist alles andere als zweistündiges, lautes Kino mit nicht enden wollenden Tänzen und Gesängen, wo es nur um Liebesgeschichten geht. *My Name is Khan* thematisiert die Folgen, mit denen amerikanische Muslime nach den Anschlägen vom 11. September 2011 konfrontiert waren und heute teilweise noch sind. Wer über Bollywood lästert, entlarvt nur, dass er keine Ahnung hat, wovon er spricht.

Wo bleiben die deutschen und kreativen Eigenproduktionen zum Thema Zuwanderung und Islam? Filme wie *Wut, Gegen die Wand* oder der viel diskutierte Tatort *Familienaufstellung*, der die Widersprüche aus dem Milieu einiger hier lebender Deutsch-Türken thematisierte, sollen ihre Sendezeit haben. Doch das kann ja wohl nicht alles gewesen sein!

Liebe Regisseure, liebe Drehbuchautoren ...

Liebe Regisseure, liebe Drehbuchautoren! Die Schauspieler türkischer, algerischer oder iranischer Abstammung liegen euch ja ohnehin schon damit in den Ohren. Bitte macht euch ran an die unendlich vielen Geschichten voller Leben, Liebe und Humor. Sie sind nicht weniger interessant, unterhaltsam und informativ, wenn darin Muslim Girls vorkommen, echte Muslim Girls, wie wir wirklich leben, wie wir wirklich denken. Rückt Frauen in den Mittelpunkt, die etwas zu erzählen haben!

Nun gut. Der Fairness halber muss man wohl sagen, dass die Redakteure der Fernsehsender und die Produzenten fast vorrangig deutsch-deutscher Herkunft sind. Sie können sich anscheinend einfach nicht vorstellen, dass das Leben einer Muslima in Deutschland nicht ausschließlich aus herzzerreißender Tränenflut besteht. Womöglich glaubt man aber ohnehin, dass wir deutsche Sender schon lange abgeschrieben haben. Wenn es so weitergeht, erfüllt sich das womöglich auch.

Geschweige denn, dass sich deutsch-deutsche Zuschauer tatsächlich für andere Geschichten aus unserem Milieu interessieren könnten. Warum dann auch Sendungen oder Filme produzieren, die neue, spannende oder humorvolle Geschichten aus unserer Realität erzählen. Man könnte ja damit erfolgreich sein. So wie mit dem Riesen-Serienerfolg *Aisha* aus Frankreich.

Er lief auf *France 2* und war mit fünf Millionen Zuschauern eine regelrechte Quotenbombe. Einen Kinofilm gab es obendrein auch schon. Er erzählt die Geschichte der 25-jährigen Französin Aisha, Tochter algerischer Einwanderer, die im Vorort von Paris lebt, und ihre Liebe zu einem Franzosen sowie den kleinen Konflikten innerhalb ihrer bunten und lebendigen Familie. Eine wirklich unterhaltsame Milieustudie. Die nichts beschönigt, aber auch nichts dramatisiert.

Und wenn die Deutsch-Türkin Sibel Kekilli 2010 anlässlich der Verleihung des deutschen Filmpreises für ihre schauspielerische Leistung auf der Bühne Produzenten und Regisseure bittet, ihr Jobangebote zu machen, dann stimmt etwas nicht in diesem Filmland. Es ist höchste Zeit, dass endlich ein frischer und kreativer Wind durch die Studios und Sender weht. Alors, allez hop oder Platz da!

Neeein, uns reichen nicht zwei Comedy-Serien wie *Türkisch für Anfänger* und *Alle lieben Jimmy*, über die wir herzlich lachen konnten, wenn es uns gelang, rechtzeitig zur vorabendlichen Sendezeit von der Uni oder Arbeit nach Hause zu hetzen. Aber ganz sicher werden wir unser Geld nicht weiter in Filme wie *Die Fremde* oder *Ayla* stecken, die uns ein weiteres Mal über 100 Minuten von Ehrenmorden erzählen.

Wir wollen bittebitte endlich unterhalten werden! Wir wollen überraschende, gefühlvolle, witzige, ja, einfach originelle Filme im Kino und Fernsehen sehen! Wenn wir euch schon ständig die tragischen Geschichten liefern müssen, dann wäre es nur fair, wenn endlich auch mal auf unsere Bedürfnisse eingegangen wird. Wir versprechen euch, da kommen dann wirklich alle auf ihre Kosten, so wie es sich für eine gute Partnerschaft gehört. Finanziell kann sich das auch lohnen. Das hat der äußerst berührende und unterhaltsame Film *Almanya – Willkommen in Deutschland* der Samdereli-Schwestern bewiesen. Er hatte über 1,3 Mio. Zuschauer und über 9 Mio. Euro eingespielt. Nicht nur Til Schweigers Hasen- und Küken-Streichelzoo kann die Kassen klingeln lassen und die Zuschauer unterhalten. Man muss sich nur trauen, liebe Produzenten und liebe Filmförderung.

Ich wiederhole es an dieser Stelle gerne und auch noch 1 000 weitere Male, bis daraus ein Mantra wird: Unser Leben ist vielfältig!

12. MUSLIMA 2.0 – IM KALEIDOSKOP DER INFORMATIONEN

Büchereiausweis:
Kombi-Ticket für eine Zeit- und Weltreise

Ist die Erde eine Kugel oder doch eine Scheibe? Diese Frage wurde Gott sei Dank bereits im 16. Jahrhundert von dem portugiesischen Seefahrer Fernando Magellan beantwortet. Bei Fragen von solcher Bedeutung wanderte ein Muslim Girl bis vor etwa 20 Jahren in die nächstgelegene Bücherei. Dort tat sich ein Kosmos auf, den wir bis in die tiefste aller Welten erforschen konnten, ohne uns großartig vom Fleck zu bewegen. Dort erfuhren wir, dass bereits vor über 2000 Jahren der griechische Philosoph Aristoteles wusste, dass es sich bei unserer Erde um eine Kugel handelt. Doch wer wollte dem grauhaarigen alten Mann schon Glauben schenken? Wie üblich mussten erst einmal ein paar 100 Jahre vergehen, bis der Menschheit die Wahrheit bewiesen war. Kommt einem alles irgendwie bekannt vor ...

In den Regalen unserer Büchertempel fanden sich Antworten auf all die Fragen, die mit der Zeit auf uns einprasselten. Jedes Buch barg eine neue sprudelnde Quelle an Wissenswertem. Wir begannen in der Kinder- und Jugendabteilung und arbeiteten uns Regal um Regal vorwärts in den Erwachsenentrakt. Die Welt stand uns offen – zumindest in den scheinbar endlosen Regalmetern der Bibliothek.

Dabei waren unsere ersten Begegnungen mit der Bücherei als Kind nichts Selbstverständliches. Denn erstens musste man von der Existenz einer Bücherei wissen und zweitens eine in der Nähe haben. Ich lernte unsere Bücherei durch eine meiner Grundschulfreundinnen kennen, die ich an einem Nachmittag im Frühjahr begleitete, als sie ihre Bücher abgeben musste. Bis dato war mir das Gebäude nie besonders aufgefallen, das sich mitten in unserer Einkaufsstraße in einem unscheinbaren Fachwerkhaus versteckt hatte. Keine Leuchtreklame, kein Hinweisschild wies darauf hin, was es damit auf sich hatte.

Muslim Girls meiner Generation kamen mit der Bücherwelt fast alle nur durch Zufall in Berührung – durch engagierte Lehrer, lesende Mitschüler, ehrenamtliche Betreuer. Nur wenige betraten voller Mut und Neugier eigenständig das geheimnisvolle Büchereigebäude, gerieten dann aber alsbald in den Sog der vielen Bücher. Meist dauerte es aber eine Weile, bis sie jemanden – die Bibliothekarin oder einen geübten anderen Nutzer – trafen, der ihnen das kostenlose Ausleih-Prinzip erklärte.

Häufig schleppten wir dann bei der nächsten Gelegenheit aufgeregt unsere Väter in die Bücherei, um einen offiziellen Büchereipass zu beantragen, der uns wie das Kombi-Ticket für eine exklusive Zeit- und Weltreise erschien. Später sollten wir unsere jüngeren Geschwister mitnehmen, die diesen Ort viel selbstverständlicher erlebten als wir. Auch sie ließen sich begeistern, wenngleich der Zauber auf sie häufig nicht mehr so stark wirkte wie auf uns, die wir als Büchereineulinge nach Jahren intellektueller Entbehrung dort im Geiste unsere Muslim-Girls-Flagge gehisst hatten.

Jedes vierte Bibliothekskind hat eine Zuwanderungsgeschichte

Selbst wenn wir weit entfernt von einer Bücherei wohnten, mussten wir Muslim Girls nicht ohne Bücher leben; hier kamen zum Glück Bücherbusse zum Einsatz. Die Fahrer fuhren von Woche zu

Woche, bestückt mit zahlreichen Buchexemplaren – oft waren es mehr als 1 000 Stück –, in die entlegenen Stadtteile und versammelten die Kinder vor dem mobilen Bücherregal.

Für alle Kinder sind Bibliotheken der einfachste Weg, die Welt kennenzulernen, aber für uns Muslim Girls oft auch der einzige. Die meisten Leseratten in der Bibliothek sind jung und weiblich. 75 Prozent der Bücherbus-Benutzer gehen noch zur Schule. Und ein großer Anteil hat ausländische Wurzeln. Die Stadtbibliothek Herne nahm 2008 ihre Kundenstruktur mal genauer unter die Lupe und stellte fest, dass jeder fünfte ihrer Nutzer einen sogenannten Migrationshintergrund hat; unter den Schülern sogar jeder zweite. Im Schnitt waren die Bibliothekskunden ohne Migrationshintergrund 42,3 Jahre alt, die Nutzer mit Migrationshintergrund hingegen durchschnittlich 27,2 Jahre. 80 Prozent der Kinder in der »Juniorfahrbibliothek« sind laut Herne-Studie zwischen acht und elf Jahre alt. Jedes vierte davon hat eine Zuwanderungsgeschichte.

Als eine der ersten öffentlichen Bibliotheken baute seit den 1980er-Jahren die Stadtbibliothek Duisburg ein Literatur- und Medienangebot speziell für türkische Einwanderer auf und übernahm damit eine Vorbildfunktion für das gesamte öffentliche Bibliothekswesen in Deutschland. Es sollte der Dialog zwischen muslimischer und christlicher Kultur gefördert werden. Wer heute in andere Stadtbibliotheken wie die in Hannover geht, findet neben türkischer Literatur auch arabische und persische. Das ist nett gemeint, aber eigentlich nicht wirklich notwendig. Denn wir Muslim Girls brauchen keine besonderen Bücher. Das übliche Sortiment von *Das fliegende Klassenzimmer, Jim Knopf und die Wilde 13* über *Ronja Räubertochter* oder *Die drei ???* tut es auch – solange es möglichst viele Orte gibt, die uns mit niedriger Hemmschwelle frei zugänglich sind. Doch das ist leider immer seltener der Fall. Selbst die Bücherbusse fallen immer häufiger den kommunalen Sparzwängen zum Opfer.

Denn obwohl diese Art der Horizonterweiterung und Sprach-vermittlung für die Kinder problemlos und attraktiv ist und für die Kommunen zudem sehr viel kostengünstiger als die Bibliotheks-immobilien selbst, wird gerade an Bibliotheken in immer mehr Städten gespart. Während man in Hamburg noch einmal in Busbü-chereien investiert, werden in Berlin, Köln oder im hessischen Darmstadt-Eberstadt »Abschaffungen« diskutiert – wenn nicht gleich durchgeführt.

Schade! Denn hier könnte man Kindern, die sonst nicht die Möglichkeit haben, über ihre soziale Mauer hinwegzuschauen, leicht eine Tür in umfassende Fantasie- und Wissenswelten öffnen. An einem Ort, dem die Mehrzahl der Eltern obendrein auch noch vertraut. Doch so manch weitsichtiger Politiker und selbst so erfahrener Bibliotheksnutzer dreht nicht ungern den öffentlichen Bücherhallen vorschnell den Saft ab und meint zu wissen, dass die kleinen Moslem-Kinder samt ihrer anderen Altersgenossen in den Büchereien heutzutage ohnehin nur am Computer sitzen und spie-len! Und sie zücken den Rotstift.

Internet – wir sind nicht nur drin, sondern auch dabei!

Der US-amerikanische Essayist und Finanzmathematiker Nassin Nicholas Taleb schreibt in seinem 2008 erschienen Buch *Schwarze Schwäne*: »Das Problem ist: Wir denken in schlüssigen Geschich-ten, verknüpfen Fakten zu einem stimmigen Bild, nehmen die Vergangenheit als Modell für die Zukunft. So schaffen wir uns eine Welt, in der wir uns zurechtfinden. Aber die Wirklichkeit ist anders: chaotisch, überraschend, unberechenbar.«

Da mag er recht haben, doch in unserem übermächtigen Chaos von Fragen und den uns begegnenden Vorurteilen mussten wir Muslim Girls erst einmal Ordnung schaffen. Es galt, die gröbsten

Wissenslücken zu stopfen, um uns in der Welt zurechtzufinden. Dabei erwies sich uns die Bibliothek als ein helfender Weggefährte, der uns Wissen in der extrem schmackhaften Kombination mit Unterhaltung schenkte.

Die ersten öffentlichen Computer in den Bibliotheken öffneten unseren Horizont um eine weitere unerwartete Dimension: das Internet! Die weiten Prärien von Nullen und Einsen sowie ratternden Einwahl-Geräuschen und den obligatorischen Tennisaltmeister-Spruch von Boris Becker: »Bin ich schon drin?« – wie aufregend wir das alles fanden!

Fortan sollten wir nicht nur drin sein, sondern auch mit dabei. Eine Userin im Forum der beliebten deutsch-türkischen Webcommunity *vaybee.de* erinnert sich an ihre erste Berührung mit dem großen, unendlich weiten Unbekannten: »Als ich meine Ausbildung in einer Computerfirma anfing und im Vertrieb eingesetzt wurde, sollte ich *hp*-Touchpads ausfindig machen. Von da an war es um mich geschehen. Damals interessierte ich mich für Hip-Hop und R'n'B und wollte nur Radio aus den Staaten hören. Danach dachte ich: Wenn man sonst alles im Internet findet, warum nicht auch türkische Seiten? Habe dann eine türkische Seite ausfindig gemacht, wo man chatten konnte. Was ich sehr lustig fand, dann kamen Vorschläge von Cousins aus der Türkei, die dann meinten: Lass uns über *mIRC* oder *ICQ* chatten. So fing ich an und irgendwann im Jahre 2000 entdeckte ich auch *Vaybee*.«

Für alle Nicht-Insider: *Vaybee* ist eine sehr erfolgreiche deutsch-türkische Webcommunity; *mIRC* und *ICQ* sind spezielle Computer-Programme, mit denen man chatten kann.

Doch das Wichtigste: Im Internet sind die jüngeren Muslim Girls endlich mal keine (Digital) Immigrants, sondern (Digital) Natives, was eine schöne Erfahrung sein kann – zumal Haarfarbe, Hautfarbe und Akzent im anonymen World Wide Web ohnehin keine Rolle spielen. Seinen Namen kann man sich frei aussuchen, sodass niemand über die Aussprache von Mahsheed oder Karima klagen kann, weil man sich einfach »Lala88« oder »Tara93« nennt. So selbstverständlich kann es auch gehen.

Das Muslim Girl 2.0 wird geboren

In den Bibliotheken infizierten sich manche von uns mit dem Internetvirus und schon bald strömten wir weiter in die günstigen Internetcafés mit mehr PC-Plätzen, die seit den frühen 1990er-Jahren an fast jeder Ecke eröffnet wurden. Und Schritt für Schritt fanden wir heraus, was sich mit diesem Internet sonst noch anfangen ließ. Ab ungefähr 1993 gingen die ersten Suchmaschinen an den Start, die das komplette Netz auch für uns nach Informationen absuchten. Vorher musste man schlichtweg wissen, wo man landen wollte. Und seit *Google* die World-Wide-Web-Bühne 1998 betrat, sich schnell auf den Thron setzte und sich seither nicht mehr wegstoßen lässt, geben wir sämtliche Worte als Suchbegriffe ein, die uns in den Sinn oder sonst wie unterkommen – egal in welcher Sprache.

Ob Städtenamen aus unseren Herkunftsländern oder Namen von Fernsehstars – der Suchroboter spuckte ungefiltert aus, was er fand. In den folgenden Jahren sollte sich das Internet so rasant entwickeln, dass wir bald Onlinezeitungen lesen, Webprotale besuchen und in der Online-Enzyklopädie *Wikipedia* blättern und mitwirken konnten.

Laut der bereits erwähnten ARD- und ZDF-Studie nutzen 38 Prozent der 14- bis 29-jährigen »Migranten« täglich das Internet. Die jüngeren surften zunächst – noch meilenweit entfernt von jeglichen Erwachseneninhalten – auf *Toggo* zum Beispiel, wie die Kinderseite von *Super RTL* heißt. Die älteren Muslim Girls schauten lange erst einmal nur gespannt zu, was sich in der weiten Welt im World Wide Web so tat und bewegte.

Doch schnell stellten wir fest, dass wir selbst auch etwas zu erzählen hatten. Bald waren uns *Facebook*, *StudiVZ* oder andere soziale Netzwerke nicht mehr genug. Es reichte uns nicht länger, darüber zu berichten, dass wir uns über das bombastische Wetter freuten oder wir gerade an unserer Hausarbeit über den industrialisierten Wohnungsbau der DDR saßen.

Mit unserer Tastatur und dem Internet wurden wir aktiv. Das Muslim Girl 2.0 war geboren!

Wertvolle Islamsprechstunden im Internet

Während wir Muslim Girls im Fernsehbereich immer noch warten müssen, dass unsere Stimmen endlich vernommen werden, können wir im Internet Themen plötzlich selbst buchstäblich in die Finger nehmen: Das Internet ist unsere Spielwiese. Aber nicht nur das. Wir beschäftigen uns intensiv mit Themen rund um den Islam, besonders mit der Rolle der Frau im Islam. So tauschen wir uns zum Beispiel darüber aus, warum sich einige von uns ihr Tuch partout nicht verbieten lassen wollen, und erheben selbstbewusst unsere Stimme gegen jede Art von Diskriminierung und tauschen die entsprechenden Erfahrungsberichte aus. Sprechen uns Mut zu. Wir erklären nicht nur in den weitverbreiteten Ethno-Webcommunityforen oder Frauenwebseiten wie *www.gofeminin.com*, warum wir sind, wie wir sind, sondern gehen auch mit eigenen Webseiten wie *www.kopftuch.info*, *www.al-sakina.de* oder *www.muslima-aktiv.de* offensiv an die virtuelle Öffentlichkeit. Here we are!

Das Internet ermöglicht uns inzwischen eine Auseinandersetzung mit unserer Religion, die wir andernorts selten führen können. Zwar befinden sich derzeit über 700 000 Schüler mit muslimischem Glauben an deutschen Schulen, einen entsprechenden und einheitlichen Islamunterricht gibt es bundesweit jedoch immer noch nicht. Den immerhin größten Modellversuch mit 128 Schulen und 11 000 Schülern gibt es in Nordrhein-Westfalen, wo seit 1986 zunächst Islamkunde im Rahmen des türkischen muttersprachlichen Unterrichts gelehrt wurde. Seit 1999 wird »Islamische Unterweisung im muttersprachlichen Unterricht« unterrichtet. Aber auch das ist immer noch in der Modellphase.

Ohne »echten« Islamunterricht, in dem die muslimischen Schüler offen und unbefangen mit sachkundigen Lehrern über ihre Religion sprechen können, bleibt das Internet für viele die einzige Informationsquelle in allen religiösen Fragen. Hier kann man sich anonym und offen miteinander austauschen, wozu man im realen Leben nicht immer den Mut hat. In den sogenannten »Koranschulen« oder daheim ist es selten möglich, ungezwungen mit Lehrern oder Eltern über heikle Themen wie voreheliche Sex zu sprechen. Die diversen Internetforen entwickelten sich deswegen zu kleinen Islamsprechstunden, die reges Interesse vor allem bei Muslim Girls finden.

Und so haben Religionsbereiche in Internetforen wie *www.turkdunya.de* oder *www.maroczone.de* viele treue Besucher, die sich durchaus kritisch mit ihrer eigenen Religion und Traditionen auseinandersetzen, obgleich sie sich deshalb nicht weniger als gläubige Muslime sehen.

Allerdings lässt sich nicht leugnen, dass die sozialen Medien wie *Facebook*, *Youtube* und *Twitter* auch Sammelbecken für all jene sind, die eher einen radikalen und intoleranten Islam vermitteln. Die aktivsten und umtriebigsten unter ihnen sind die Salafiten, die mit ihrem Islamverständnis jenen einen Weg aufzeigen wollen, die Unterwerfung und Gebote als Befehle verstehen, ohne dabei den eigenen Verstand bezüglich der unterschiedlichen islamischen Auslegungen einzusetzen. Vereine wie *Die wahre Religion, Lies!* oder *Way to Allah* mit den Predigern Pierre Vogel, Ibrahim Abou-Nagie oder der in der Günther-Jauch-Sendung zum »Quasselimam« aufgestiegene Abdul Adhim Kamouss, die im übrigen keiner islamischen Autorität unterliegen, scharen junge Menschen um sich, die desillusioniert die einzig wahre Antwort auf das herausfordernde Leben suchen. Die vermeintlich einfachen Antworten auf ihre

Lebensfragen bringen Menschen zusammen, die sich einsam fühlen und nach Gemeinschaft suchen. Eine Reflektion über die eigene Religion ist in so einer homogenen Gruppe kaum möglich und wird obendrein bewusst unterbunden. Denn wer Fragen stellt, stellt den Islam infrage und will damit dem Islam schaden. Umso wichtiger, dass muslimisches Leben und der Islam nicht nur in der Schule vermittelt werden, sondern auch Anerkennung für die Herkunftskultur der jungen Menschen gefunden wird, um keinen Nährboden für Salafiten zu bieten, die wie Rattenfänger alles verführen, was bis drei nicht die plumpen Sprüche vom verdorbenen Ungläubigen und Westen glaubt. Dass in Deutschland mittlerweile Islamische Theologie an den Uni-Standorten Osnabrück, Frankfurt, Tübingen und Erlangen gelehrt wird, ist ein weiterer und wichtiger Schritt der Anerkennung der Muslime in Deutschland. Die Auseinandersetzung mit der eigenen Religion kann auf Augenhöhe mit anderen Religionen in der neuen Heimat Deutschland erfolgen. Die Religion wird daher auch fester Bestandteil der hiesigen Wissenschaftskultur. Aus der einstigen Hinterhofreligion wird neben dem Judentum, dem Christentum nun auch der Islam zur Heimatreligion. Für kommende Generationen ein wichtiges Zeichen von gelebter Normalität.

Einmal Pressespiegel kreuz und quer

Ein nützlicher Service der Webportale wie *Turkisch-Talk, Iran Now* oder *Vaybee* ist, dass sie sämtliche Nachrichten und Berichte aus dem Internet fischen, die einen Bezug zu ihrem Herkunftsland oder allgemein zu Integration haben, und diese ihren Besuchern zur Verfügung stellen – auf Deutsch oder in der jeweiligen Landessprache. Hier finden sich Links zu Beiträgen aus renommierten Medien wie *Spiegel Online, Frankfurter Allgemeine Zeitung* oder *DIE ZEIT*, um nur einige wenige zu nennen.

All die genannten Seiten werden in deutscher Sprache betrieben und können daher von jedem in diesem Land verstanden werden, der der deutschen Sprache mächtig ist!

Der Schweizer Medienwissenschaftler Joachim Trebbe fand in seiner Untersuchung zur Mediennutzung junger Menschen mit Migrationshintergrund heraus, dass die gedankliche und kulturelle Annäherung an die deutsche Gesellschaft groß sei. So wurde nun auch wissenschaftlich festgestellt, was wir Muslim Girls schon längst wussten: Man muss nicht für jedes Stück neue Identität einen Teil der alten aufgeben. Unsere Mediennutzung spiegelt daher schlichtweg unsere »bikulturelle« Identität wider. Im Klartext: Nichts ist selbstverständlicher als eine deutschsprachige Webseite für iranischstämmige Nutzerinnen und Nutzer. Warum denn auch nicht?

Dabei füllt das Internet auch Lücken und berücksichtigt Themen und Inhalte, die in der Berichterstattung der Mainstream-Medien eher vernachlässigt werden. Den größten Dienst an der Meinungsvielfalt leisten hierbei einzelne Personen: die Blogger. Denn während die meisten Webportale nur bestehende Beiträge von anderen Medien übernehmen, veröffentlichen viele Blogger selbstrecherchierte Berichte. Die Macher des Portals *www.Migazin.de* zum Beispiel haben sich explizit zum Ziel gesetzt, die politische, gesellschaftliche und kulturelle Partizipation von Migrantinnen und Migranten in der Aufnahmegesellschaft zu fördern und die Menschen füreinander zu sensibilisieren.

Blogger – richtige Worte zur richtigen Zeit

Blogger stellen sich politisch brisanten Themen und finden dabei oftmals die richtigen Worte. Ein Blogger ist zum Beispiel Omar Abo-Namous. In seinem Weblog »Too Much Cookies Networks. Das krümelige Weblog – live aus der Parallelgesellschaft« *(www.*

toomuchcookies.net) kommentiert und analysiert der Hannoveraner neu gegründete Muslim-Vereine genauso kritisch wie die innenpolitische Lage Deutschlands.

Als im Sommer 2009 die Stimmung unter den hiesigen Muslimen hochkochte, als die Muslima Marwa El-Sherbini in einem deutschen Gericht erstochen wurde, übernahm er in seinem Blog eine wichtige und mäßigende Position.

Vorausgegangen war eine tragische Geschichte: Die Ägypterin Marwa El-Sherbini, schwanger im dritten Monat, war von dem Deutsch-Russen Alex W. mitten im Dresdner Gerichtssaal mit mehreren Messerstichen ermordet worden. Sie hatte ihr Recht auf Strafanzeige genutzt, als sie auf einem Spielplatz in Dresden von Alex W. als »Islamistin« und »Terroristin« beschimpft worden war. Der Mann, der sich vor Gericht erneut abfällig über die Frau äußerte, war wegen seiner rassistischen Äußerungen verurteilt worden. Noch im Gerichtssaal zückte Alex W. ein Messer und erstach Marwa El-Sherbini vor den Augen des Gerichts, ihres Sohnes und ihres Mannes. 18 Stiche in dreißig Sekunden. Als der Ehemann versuchte einzugreifen, wurde er von einem Gerichtsbeamten, der im Durcheinander auf den Ehemann statt auf Alex W. zielte, angeschossen und schwer verletzt.

Der Fall erregte unter den Muslimen großes Aufsehen. Besondere Empörung rief nicht nur der grausame Vorfall an sich hervor, sondern vielmehr die Reaktionen in Politik und Medien, die sich allesamt ungewöhnlich bedeckt verhielten – vor allem im Vergleich zu den Schlagzeilen, die sonst auf den Zeitungen prangen, wenn es um Gewalt und Muslime geht.

Auf muslimischer Seite wurden dabei Emotionen geschürt, um Ressentiments gegenüber der deutschen Mehrheitsgesellschaft zu wecken. Marwa El-Sherbini wurde dabei als »Märtyrerin für das Kopftuch« bezeichnet. Doch das empörte andere Muslimas, besonders die Freunde und Verwandten des Opfers, da Marwa El-Sherbini nunmehr für politische Propaganda missbraucht wurde.

Der Blogger Omar Abo-Namous und seine Frau Kathrin Klausing fassten auf ihrer gemeinsamen Webseite *www.Nafisa.de* die Ereignisse und die Berichterstattung sachlich zusammen. Auf *www.toomuchcookies.net* rief Abo-Namous zu Besonnenheit auf: »Ein Mann hat eine Frau getötet. Das ist kein Grund durchzudrehen. Von Predigern, ›Scheichs‹ und anderen Gemeindevorstehern ist zu erwarten, dass sie angesichts des Mordes an Marwa El-Sherbini in Dresden einen klaren Verstand bewahren und eventuelle Hitzköpfe beruhigen, statt sie noch weiter anzustacheln.«

»Burkas und Bulgur für alle!«

Auf den ersten Blick scheinen vor allem Männer das Blogger-Terrain für sich gepachtet zu haben. Doch weit gefehlt. Die Muslim Girls holen auf und schicken ihre Meinungen und Gedanken ebenfalls durch die Weiten des World Wide Web. In ihrem Blog »Meryems Welt« *(www.meryemdeutschemuslima.wordpress.com)* schreibt die in München lebende Deutsch-Türkin Meryem über den Islam und das Christentum, für Filme und Musik, aber auch über »Basteleien im Photo-Impact«. In ihrem Blog »Habse(e)ligkeit« *(www.habseligkeit.wordpress.com)* notiert die türkisch-georgisch-deutsche Studentin Fatma Camur aus Krefeld ihre kritische Beobachtungen über Muslime im Spiegel der Medienwelt – wenn auch nunmehr als geschütztes Blog.

Im Blog *(www.radikalekonvertiten.wordpress.com)* schrieben selbsternannte radikale Konvertiten. Unter dem Motto »Burkas und Bulgur für alle!« kämpfen die Bloggerinnen für eine Überwindung des westlichen Bekleidungsnotstands und des Welthungers – im übertragenen Sinne und mit einem Augenzwinkern, versteht sich. Die Burka, so wird dort erklärt, wird ihren Durchbruch spätestens dann haben, wenn *Google* die angekündigte Software auf den Markt bringt, mit der man in Sekundenbruchteilen via Handy wildfremde Menschen identifizieren und »ausgoogeln« kann. Im Kampf gegen das Böse auf der Welt streben die radikalen Konvertiten natürlich die Weltherrschaft an. »Dazu indoktrinieren wir nach und nach anfällige ahnungslose Frauen und bauen Minarette als Zeichen unserer imperialistischen Absichten.« Und dabei sind sie, wie sie im Blog bekennen, »völlig humorlos, ironiefrei und fern jeglicher Selbstkritik«. Deshalb sei auch jedes Wort »schwarztee-ernstgemeint«.

Drei Beispiele von vielen. In ihren Blogs schreiben Muslim Girls über ihre Sicht auf die hiesige Gesellschaft, aber auch über das muslimische Ausland wie den Iran oder den Israel-Palästina-Konflikt. Aber in unseren Blogs geht es auch unpolitisch zu:

Die 32-jährige Bloggerin Sevda zum Beispiel liest für ihr Leben gern und rezensiert auf *www.sevda-selda.blogspot.com* insbesondere Liebes- und Fantasyromane. Wer etwa nach einigen Stunden Rumgesurfe Hunger bekommt und nicht weiß, was er sich zubereiten soll, kann einen Klick weiter bei *www.esmas-schlemmereien. blogspot.com* einen Blick auf ihre Rezepte für Selbstgebackenes und -gekochtes werfen.

In den Bloggersphären des Internets spiegelt sich wie in einem Kaleidoskop das Leben der Muslim Girls. Einfach online gehen und überraschen lassen!

13. ALLE DENKEN IMMER NUR DAS EINE, ODER?

»Wer legt denn ein Baby vor die Tür?«

Meine erste bewusste Begegnung mit dem Thema »Kinderkriegen« fand im Herbst 1985 statt. Ich war damals vier Jahre alt und hatte keine Ahnung von nichts. Meine Eltern und ich waren bei meiner Tante in Berlin zu Besuch. Da entdeckte ich die Sensation: ein Baby! Das erste, das ich je in unserer Familie gesehen hatte.

Ich war auf die Arbeitsplatte vor dem Küchenfenster gekrochen und schaute meiner erwachsenen Cousine bei der Zubereitung eines Salats zu, während meine Eltern, meine Tante, mein Onkel und mein Cousin im Wohnzimmer saßen. Das Baby schlief und so konnte ich ungestört der Frage auf den Grund gehen, woher dieses kleine Ding plötzlich aufgetaucht war.

Leider waren die Antworten meiner Cousine sehr widersprüchlich. Sie wollte mir weismachen, dass sie das Kind gefunden habe, was ich mir nicht vorstellen konnte. »Wie kann man ein Baby finden?« Sie behauptete, dass es ihr vor die Haustür gelegt worden war, was ich nicht glauben mochte. »Wer legt denn ein Baby vor die Tür?« Sie verhaspelte sich in ihren Antworten und meinen Fragen so sehr, dass sie schließlich genervt aus einer Schublade Klebeband hervorkramte und mir damit den Mund zuklebte.

Meine Mutter, die die Aktion meiner Cousine äußerst merkwürdig fand, befreite mich vom Kleber, aber von der Last der Fragen leider nicht. Beschämt und leicht beleidigt schielte ich fortan auf dieses kleine Ding, das auf derart mysteriöse Weise in diese Familie gekommen war. Heute ist aus dem pummeligen Baby eine hübsche, groß gewachsene und intelligente junge Frau geworden, die nach ihrem Abitur für ein Jahr nach Montreal ging und nun Film studiert. Sie wird sicher bessere Antworten auf interessierte Fragen finden als ich damals bei ihrer Mutter.

Es sollte noch ein paar Jahre dauern, bis das Thema Kinderkriegen wieder auf meiner Tagesordnung stand, denn vorerst verkniff ich mir alle Fragen dieser Art. Noch einmal Klebeband im Gesicht wollte ich mir ersparen. Aber eines Nachmittags sollte ich als Zweitklässlerin bei einer Schulfreundin auf den Buchklassiker der sexuellen Aufklärung stoßen: Das Buch *Peter, Ida und Minimum: Familie Lindström bekommt ein Baby* der schwedischen Autorinnen Grethe Fragerström und Gunilla Hansson war 1977 erstmals erschienen und erklärt auf sehr freundlich gestaltete Art und Weise, warum Mama Ida, seit sie ein Kind erwartet, wegen jeder Kleinigkeit garstig an die Decke geht, wie ein Alltag mit dem Schreihals aussieht, wenn er auf der Welt ist, und wie das Baby überhaupt erst entstanden ist. Die Illustrationen versteht jedes Kind sofort. Und die wichtigsten Fragen wären damit erst einmal geklärt. Doch schade, schade, dieses Buch gibt es leider nicht in jedem Haushalt, auch nicht in jedem muslimischen!

Sexualkunde – und alle machen mit

Kinder- und Jugendärzte sowie Psychologen empfehlen Eltern, die sexuelle Aufklärung unbedingt vor Eintreten der Pubertät vorzunehmen. Bereits Kleinkinder beobachten neugierig ihr Umfeld, sehen vielleicht ein knutschendes Liebespaar auf der Straße, schnappen im Kindergarten von älteren Kindern spezifische Begriffe auf oder »erwischen« die Eltern beim Schmusen oder gar beim Sex. Fragen sind dann unausweichlich.

Als Muslim Girl waren wir von diesen Beobachtungen nicht ausgeschlossen. Allerdings war der Umgang unserer Eltern in den meisten Fällen weniger offenherzig oder unbefangen als der vieler deutsch-deutscher Eltern. Dabei war es egal, ob unsere Eltern iranische Akademiker waren oder türkische Gastarbeiter. Nur selten lagen sich unsere Eltern in den Armen, küssten sich vor anderen oder sprachen sich auch nur mit Kosenamen an. Sie gingen auf ihre eigene Art herzlich miteinander um; doch bereits ihre Eltern lebten ihre Ehe auf diese zurückhaltende Weise.

Das war in Deutschland lange nicht anders. Die meisten Älteren werden sich erinnern: Noch in den 1970er-Jahren wurden Zärtlichkeiten nicht in der Öffentlichkeit ausgetauscht. Dementsprechend selten wurde die sexuelle Aufklärung offensiv angegangen – bei unseren verklemmten muslimischen Eltern genau wie bei den verklemmten deutsch-deutschen Eltern unserer Altersgenossen.

Die allermeisten muslimischen Einwanderer wissen mittlerweile, dass in der deutschen Schule Sexualkundeunterricht stattfindet – und sind darüber in einem gewissen Maße sogar erleichtert. Schließlich können sie sich somit den unangenehmen Fragen entziehen, da geht es ihnen nicht anders als allen anderen Eltern. Bezüglich der Lehrpläne ist der Tenor der heutigen Muslim-Girls-Mamis sogar sehr positiv; zum Glück werden die Inhalte in der Regel vorab in Elternabenden besprochen, bevor es an die schulische Vermittlung geht.

Das deutsch-deutsche Muslim Girl Jessica aus Düsseldorf ist Mutter einer zehnjährigen Tochter und zeigte sich mir vor einiger Zeit in einem Gespräch zum Thema Sexualkundeunterricht ausgesprochen erleichtert: »Ich muss ehrlich sagen, dass das Thema uns Eltern viel mehr beschäftigt hat. Wir haben uns sehr viele unnötige Gedanken und Sorgen gemacht. Die Kinder ›freuten‹ sich insgeheim darauf und waren eher bereit dafür als wir Eltern!«

An der Grundschule ihrer Kinder wurden die Schüler über mehrere Wochen mit Gesang und Schauspiel im Rahmen eines Theaterstück des Jugendamtes auf den sachlichen Aufklärungsunterricht vorbereitet. Dabei lernten sie nebenbei viel über das eigene Körpergefühl. Auch »Nein-Sagen« stand auf dem Lernprogramm, um sexuellen Missbrauch und Belästigung vorzubeugen. Die vormals skeptische Mutter zeigte sich hinterher vom Unterricht begeistert: »Die Kinder haben alles sehr gut angenommen. Da hatten die Lehrer absolut recht, denn die Kinder wussten eh sehr viel mehr, als wir uns erträumt hatten.«

Nur vereinzelt sträuben sich Eltern gegen den Sexualkundeunterricht. 2004 wollte eine muslimische Mutter in Hamburg sogar gerichtlich einfordern, dass ihre Kinder vom Sexualkundeunterricht befreit würden, weil sie durch diesen Unterricht in einen Gewissenskonflikt geraten würden. Ihre Klage wurde vom Gericht abgewiesen: »Die Relevanz der Sexualität und der sexuellen Aufklärung sowohl für das Individuum als auch für die Gesellschaft begründet ein berechtigtes Interesse an einer die elterliche Erziehung ergänzenden Behandlung des Themas im schulischen Unterricht.« Islamische Verbände wie beispielsweise die *DITIB* oder der *Zentralrat der Muslime* begrüßten das Urteil.

Ängste vor »zu früher« Aufklärung

Wenn auch die meisten muslimischen Eltern den Sexualkundeunterricht befürworten, sind sie dennoch gelegentlich vor allem wegen der Inhalte und dem Zeitpunkt der Aufklärung etwas unsicher. Eigentlich wäre es ihnen lieber, wenn mit den Kindern nicht bereits in der Grundschule detailliert über sexuelle Praktiken und Geschlechtsorgane gesprochen würde, geschweige denn ihnen Bilder oder Filme entsprechenden Inhalts gezeigt würden. Dabei gehen Kinder zu diesem Zeitpunkt mit diesem Thema noch am unbefangensten um. Ängste vor »zu früher« Aufklärung haben vor allem konservative und strenge Gläubige – aller Religionen! Der schiitische und indischstämmige Prediger Sayyed Muhammad Rizvi zum Beispiel spricht sich zwar für den Sexualkundeunterricht aus, fordert aber, dass Schüler erst aufgeklärt werden sollten, wenn

sie selbst geschlechtsreif sind. Dabei hebt er hervor, dass im Aufklärungsunterricht nicht Praktiken und die Verhütung von Schwan-
gerschaften und Geschlechtskrankheiten im Vordergrund stehen
sollten, sondern allein der Umgang mit den eigenen Trieben. Lern-
ziel müsse sein, sich bis zur Ehe »aufzuheben«.

Dass Kinder und Jugendliche durch den Sexualkundeunterricht
zum vorehelichen Sex inspiriert werden, ist dabei die eigentliche
Angst so mancher muslimischer Eltern. Dabei müssten sie eigentlich wissen, dass alles Verbotene einen noch größeren Reiz ausübt.
Genau deswegen befürworten andere muslimische Eltern, dass die
Kinder sich in Sexualfragen auskennen. Auch deshalb spricht sich
das deutsch-deutsche Muslim Girl Khadija aus Schleswig-Holstein,
Mutter zweier Kleinkinder, für die sexuelle Aufklärung in Schulen
aus: »Falls es bei Allah leider so aufgeschrieben sein sollte, dass
meine Kinder sich nicht an die Gebote halten, dann hoffentlich
wenigstens so, dass es zu keiner ungewollten Schwangerschaft
kommt. Mal abgesehen von eventuellen Krankheiten etc.«

Ängste herrschen keineswegs ausschließlich nur bei Muslimen
vor. Auch christliche Familien vertreten gelegentlich eine ablehnende Haltung gegenüber der Sexualkunde. Im nordrhein-westfälischen Salzkotten sind im Jahr 2009 Baptisten-Eltern wiederholt
ins Gefängnis gegangen, weil sie sich weigerten, die verhängten
Bußgelder zu zahlen. Sie hielten ihre Kinder von dem Sexualkundeunterricht fern, indem sie ihre Kinder über mehrere Wochen
hinweg einfach nicht zur Schule schickten, um eine zufällige Teilnahme zu vermeiden. Die Ablehnung sexueller Aufklärung ist also
beileibe kein muslimisches Phänomen!

Manche Muslim Girls in meinem Bekanntenkreis wurden von
ihren Müttern noch mal zur Seite genommen, nachdem die Aufklärung in der Schule erfolgt war. Den ersten Schritt, den macht
eben keiner so gerne.

Und so findet die Aufklärung von uns Muslim Girls – wie von
den meisten Kindern – wohl weiterhin mehrheitlich in der Schule

statt, was schließlich auch ganz okay ist. Es gibt eben Themen, über die man lieber nicht mit seinen Eltern redet.

Jungs, Schwärmerei und das obligatorische Flaschendrehen

Die meisten Muslim Girls machen hierzulande dieselben pubertären Erfahrungen wie ihre nicht-muslimischen Altersgenossinnen. Während ich mit meinen deutsch-evangelischen Freundinnen eher zu den Spätzündern gehörte, machen heute die meisten jungen Mädchen ihre ersten sexuellen Erfahrungen recht früh, das gilt auch für so manches Muslim Girl.

Exemplarisch sei die 15-jährige Leyla aus Hagen herausgegriffen. Sie ist Deutsch-Marokkanerin, trägt Tuch und hat vier ältere Brüder. Jungs, Schwärmerei und das obligatorische Flaschendrehen spielen auch in ihrem Leben eine Rolle. Nur ein klein wenig anders, was die Selbstverständlichkeit in dieser Angelegenheit angeht. Da geht es bei den meisten deutsch-deutschen Mädchen dann doch etwas entspannter zu. Leylas Antworten sind ehrlich und zeigen, wie unspektakulär die Pubertät von Muslim Girls aussehen kann – und das offensichtlich nicht als Ausnahme!

Stichwort Freund:

»Wir interessieren uns alle in dieser Zeit für Jungs. Für meine deutschen Freundinnen ist es normal, mit einem Jungen 'ne Beziehung einzugehen. Von meinen deutschen Freundinnen kenne ich das so: Jungen ansprechen, Handynummer austauschen und Date klarmachen. Dadurch hatte ich besonders in der Zeit von zwölf bis 14 den Wunsch, einen Freund zu haben. Ich denke aber auch, dass Medien eine Rolle dabei spielen. In diesen ganzen Serien, die uns Mädchen interessieren, spielt ja die erste Liebe 'ne große Rolle und dann noch durch die Zeitschriften, wo es darum geht, wie man an seinen Schwarm rankommt und wie schön so 'ne Beziehung sein kann. Heute denke ich anders. Ich habe die Besonderheit eines Mädchens, das sich ›aufspart‹, entdeckt und realisiert, dass das auch was Schönes sein kann. Deswegen habe ich auch nicht das Bedürfnis, einen Freund zu haben.«

Erste Küsse und Flirten:

»Man findet ja ab und zu schon jemanden süß und versucht, ein bisschen dessen Aufmerksamkeit zu gewinnen, obwohl ich so eine bin, die niemals so offensichtlich und direkt geflirtet hat. Also da kenn ich von meinen Freundinnen was anderes. Da gehen manche dann wirklich offensiv an die Sache. Falschendrehen? Hab ich das letzte Mal in der vierten Klasse gespielt. Da gab es nur die harmlose Version mit Wangenkuss.«

Beim Thema Sex ist den meisten klar: Da gibt es nichts zu naschen. Wie alle Mädchen in Deutschland haben auch viele Muslim Girls im Alter zwischen 16 und 18 Jahren ihren ersten Freund und treffen sich regelmäßig mit ihm; was nicht heißt, dass es dabei gleich wilden Sex gibt. Meine deutsch-deutschen Freundinnen haben im Prinzip keine anderen Geschichten als andere Muslim Girls. Jede muss ihren Weg finden, wie sie sich auf dem aufregenden fremden und unsäglich weiten Feld »Sex« bewegt – je nach Charakter, Beliebtheit oder persönlicher Moralvorstellung. Die einzige Besonderheit, die man bei uns Muslim Girls vielleicht festmachen könnte, ist das Thema »Jungfräulichkeit«. Das spielt in unseren Familien traditionell eine wichtigere Rolle als in deutsch-deutschen Familien, wobei auch manche meiner deutsch-deutschen Freundinnen sehr bedacht auf ihre körperliche Unberührtheit war. Doch auch bei uns Muslim Girls wird in den meisten Fällen und gegen alle Vorurteile die Jungfräulichkeit weder beim Arzt noch in der Hochzeitsnacht kontrolliert.

Die Reinheit der Frau und der Gipfel der Erkenntnis

Jungfräulichkeit war über Jahrtausende und über alle Kulturen hinweg – von den alten Griechen über das Judentum bis zum christlichen Glauben – von großer Bedeutung und ist es vielerorts immer noch. Die unberührte »Reinheit« der Frau wird am stärksten von den Müttern hochgehalten, die ihren Töchtern gegenüber die Wichtigkeit der Jungfräulichkeit durch permanente Andeutungen unterstreichen. Doch eben diese Andeutungen können zu so mancher Verwirrung führen.

Wie im Falle meiner damals siebenjährigen marokkanischstämmigen Freundin, die an einem warmen Sommertag mitten in Frankfurt wie aus heiterem Himmel zur Vorsicht ermahnt wurde. Sie spielte mit ihrer Schwester ausgelassen Gummitwist, hüpfte und sprang munter umher. Da rief ihre Mutter plötzlich aus dem Fenster: »Hört auf damit! Sonst fällt euch da was raus!« – Von was sprach die Mutter da bloß? Ein großes Fragezeichen schwebte über den Kinderköpfen. »Was soll denn rausfallen?!«, fragten sie verwirrt. – »Hört einfach auf damit!«, schimpfte die Mutter und damit war das Thema auch schon erledigt. Die Mutter schloss das Fenster und widmete sich ihrer Hausarbeit.

Die meisten Mädchen hatten zum Glück ältere Schwestern, Freundinnen oder Cousinen. Manche von ihnen waren bereits verheiratet oder hatten zumindest sexuelle Erfahrungen gesammelt. Wir hatten also immer genug Lindströms um uns herum. So lernten wir, was »es« war und dass das Jungfernhäutchen zwar nicht wirklich herausfallen, aber doch bei übereifrigen Beinbewegungen reißen könnte. Aufklärung Stufe II: diesmal in Sachen Jungfräulichkeit.

Ältere Cousinen waren ebenfalls eine wertvolle Informationsquelle, um zum Beispiel im jährlichen Sommerurlaub herauszufinden, was sich hinter so manchem Gestrüpp in den Bergen oder in

Häuserwinkeln dunkler Gassen ereignete. In meiner kindlichen Naivität blieb mir fast die Spucke weg, als mir meine Cousine eines Tages eröffnet, dass sich eine ihrer Mitschülerinnen ausländische Pornos auf dem Elektrobasar besorgte, die dort heimlich unter dem Ladentisch verkauft wurden. Unfassbar, dass es so etwas in Marokko geben sollte! Bis dahin glaubte ich, Pornos gäbe es nur in westlichen Ländern. Ein paar Jahre später sollte ich Sex aber auch auf arabischen TV-Kanälen entdecken.

Was sexuelle Aufklärung im Jugend- und Erwachsenenalter angeht, leistet heutzutage wohl das Internet die wichtigste Arbeit, da finden sich nämlich Antworten auf alle Fragen, ohne dass jemand die schamroten Ohren sieht.

Moment mal, da stimmt doch was nicht!

Veränderungen gehen rasend schnell. Während meine Generation in sexueller Annäherung noch zurückhaltend war, gehen die heutigen Muslim Girls locker und spielerisch mit (ihrer) Sexualität um. Mädchen verschenken Blumen, machen den Jungen Komplimente und stehen bei den Annährungsversuchen an vorderster Front. Bereits in der Grundschule sind die Girls die »Jäger« und die Boys die »Sammler«, wie mir eine Deutsch-Palästinenserin in Berlin erzählte, die Mutter eines heute vierzehnjährigen Sohnes ist.

Heute braucht man zum Flirten nur ein Handy. Per SMS werden Komplimente ausgetauscht, während man mit den nichtsahnenden Eltern im Wohnzimmer die neueste Folge der türkischen Liebesserie *Aşk-i Memmu* verfolgt – bei der die Muslim Mamas wegen der heißen Kussszenen die Fernbedienung nicht aus der Hand legen. Die Muslim Girls machen währenddessen Treffpunkte aus, um mit Muslim Boys Eis essen zu gehen oder sich im Kino aneinanderzukuscheln.

In den 1970er- oder 1980er-Jahren erhielten Muslim Girls noch so manchen »Willst Du mit mir gehen?«-Brief oder bekamen einen Klapser auf den Hintern – allerdings häufiger von Thorsten, Enrico oder Hendrik als von Mahmoud, Fatih oder Peyman. Muslim Boys verhielten sich ihren Glaubensschwestern gegenüber etwas bedeckter; schließlich wuchsen wir alle damit auf, dass man uns Muslim Girls zu beschützen hatte, wenn es sein musste, und nicht anzubaggern. Was nicht bedeutet, dass nicht trotzdem auch schon mal mit ihnen geflirtet wurde.

Die Lebensrealitäten unterschieden sich gewaltig; jedes Muslim Girl erlebte ihre Pubertät anders: Einer Freundin von mir, die heute Deutsch- und Geschichtslehrerin in Hamburg ist, war es als Jugendliche sogar untersagt, sich mit ihren Mitschülern bloß zu unterhalten. Sie sollte ausschließlich dem Unterricht folgen und ohne Umwege nach Hause gehen. Eine andere, ebenfalls muslimische Freundin von mir spielte dagegen auch nachmittags mit gleichaltrigen Jungen, ohne deswegen Ärger mit den Eltern zu bekommen. Beide in derselben Stadt, beide mit marokkanischen Gastarbeitereltern.

Obwohl, oder vielleicht auch gerade deshalb, die Gefahren laut mancher Eltern an jeder Ecke lauern, wurden und werden Jungen und Mädchen oftmals sehr unterschiedlich behandelt, vor allem was das Thema vorehelichen Sex anbelangt. Wir Muslim Girls befassten uns in jungen Jahren quasi nur theoretisch mit Sex, indem wir mit unseren besten Freundinnen über diesen oder jenen Jungen schwärmten, über Liebe philosophierten oder uns über die Anzahl späterer Kinder unterhielten. So sollte es sein. So wurde es erwartet.

Bei unseren Brüdern sah die Sache anders aus: Nicht alle, aber auch nicht wenige hatten schon als Teenager (wechselnde) feste Freundinnen und sammelten reichlich sexuelle Erfahrungen. Das wussten nicht nur wir Geschwister, sondern auch unsere Eltern, die sich zu unserer Verwunderung nicht daran störten. Galt doch – zumindest rein islamisch gesehen – die Keuschheit auch für das männliche Geschlecht. So heißt es in Sure 24 Al-Nur (Das Licht), Vers 30: »Sprich zu den gläubigen Männer, dass sie ihre Blicke zu Boden schlagen und ihre Keuschheit wahren sollen. Das ist reiner für sie. Wahrlich Allah ist dessen, was sie tun, recht wohl kundig.«

Daher war den Muslim Girls, deren Eltern ihr Handeln religiös begründeten, klar, dass da etwas faul war in der Erziehung. Allerdings stießen einige von uns erst in der späteren Pubertätsphase oder als Erwachsene auf diese Sure. Denn auch wenn wir einen Koranunterricht besuchten, verstanden wir selten, was die Suren bedeuteten, und die wenigsten Koranlehrer waren in ihrer Didaktik so professionell, dass sie uns die nötigen Hintergründe des Islam vermittelten.

Unsere Eltern verwiesen bei ihrer Erziehung zwar oft auf angebliche Gebote des Islam, doch in Wirklichkeit wussten sie selbst nicht, von was sie sprachen. Jungfräulichkeit war einfach ein Gesetz, das unausgesprochen und ungeschrieben, aber fest in den Köpfen einbetoniert war. Eine Ordnung, die seit Jahrtausenden und bereits in vorislamischer Zeit galt und die man als Muslim wie andere Gewohnheiten und Eigenheiten auch in die Alltagspraxis übernahm, ohne sie zu hinterfragen.

Statt auf den großen Bruder, vertrauen wir auf Gott – und Pfefferspray

Die größeren Freiheiten der Jungen wurden von uns Muslim Girls durchweg als ungerecht empfunden. Deswegen sind auch die Mädchentreffs, die man bundesweit in Großstädten findet, immer sehr beliebt, weil sie einen Freiraum für junge Muslim Girls darstellen. Dort ist mehr Platz zum Spielen und Tanzen, man hilft uns bei den Hausaufgaben und wir treffen auf erwachsene Frauen, denen wir Löcher in den Bauch fragen können. Dort wird niemand ausgelacht, beschimpft oder ignoriert. Gerade für Muslim

Girls aus sozial schwächeren Familien sind diese Treffs wichtige Orte, um ihre Bedürfnisse ausleben und sich entfalten zu können.

Die ungleiche Behandlung von Jungen und Mädchen durch die Eltern führt immer wieder zu innerfamiliären Konflikten. Zwar fordern die Mädchen nicht unbedingt von ihren Eltern ein, den Brüdern den Umgang mit deren Freundinnen zu verbieten. Aber die meisten Muslim Girls sind über die Inkonsequenz ihrer Eltern empört: Wenn man schon auf die Gesetze des Islam poche, dann müsse man die Gesetze auch auf alle anwenden, so der Tenor. Schließlich stünde der Islam über allem; ihm kann nicht widersprochen werden. Im Islam werden alle gleich behandelt; und genau das ist es auch, was immer mehr junge Mädchen und Frauen antreibt, den Islam für sich zu entdecken und sich ihm zuzuwenden.

Zahlreiche Muslime leben ihre Religion achtlos und ritualisiert, wie so manche Christen, die Weihnachten und Ostern feiern, ohne wirklich zu wissen, was sie feiern. Doch die Terroranschläge vom 11. September 2001 haben nicht nur furchtbare Bilder und Emotionen hinterlassen, sondern eine ganze Generation von jungen Frauen neu über ihren Glauben nachdenken lassen. Aus der Furcht, dass man einer grausamen Religion angehören könnte, entstand eine Renaissance des Islam. Die vielen Fragen führten zu einer intensiven Beschäftigung mit Religion, und plötzlich erhielten Muslim Girls in den Versen des Koran überraschende Antworten. Dass sie dabei gelegentlich auch auf umstrittene Auslegungen so mancher selbst ernannter Prediger stießen, war ein unbeabsichtigter Nebeneffekt. Selten sind sie wirklich als extremistisch einzustufen.

Sie entdeckten aber durch den Koran, dass die Regeln für ihre Brüder und Väter genauso galten wie für sie selbst, für ihre Schwestern und für ihre Mütter. Seither ist ihnen klar, dass nichts anderes sie besser beschützt als ihr Glaube. Statt auf den großen Bruder, vertrauen sie nun auf Gott. Und natürlich – für den Fall der Fälle – auf das Pfefferspray in ihrer Handtasche.

Die Suren und die Hadithe – die Aussprüche des Propheten –, auf die die Lebenspraxis der Sunniten gestützt ist und die ihnen als wichtige Richtschnur gelten, nutzen allerdings einige Muslim Girls wie eine Gebrauchsanweisung fürs Leben, statt ihren Verstand einzusetzen. Bei jeder Gelegenheit greifen sie darauf zurück. Das kann dann auch schon mal sehr skurrile Formen annehmen.

In einem Forum schrieb eine Userin, dass sich ihr Verlobter von ihr getrennt hätte, nachdem seine Mutter eine Heirat zwischen den beiden abgelehnt hatte. Da das Mädchen bereits intim mit ihm gewesen war, bat sie nun verzweifelt darum, dass ihr jemand im Forum den Hadith nennen solle, der ihre Rechte in dieser Angelegenheit benennt, damit sie ihm diesen Hadith vorlegen könnte. Quasi als Druckmittel. Nach dem Motto: Wenn wir nicht heiraten, dann verstößt du gegen Gottes Gesetze! Leider musste man sie enttäuschen: Der gesuchte Hadith existiert nicht.

Auch wenn das nicht den gängigen Vorstellungen von der unterdrückten Muslima entspricht: Die heutige Generation junger Muslim Girls ist durch den Glauben selbstbewusster und ein klein wenig gelassener geworden – gerade im Umgang mit Freiheit, Freunden und Freuden. Schließlich liegt im Islam das Paradies unter den Füßen der Mütter. Frauen haben Anspruch auf Brautgabe, nicht ihre Väter oder ihre Männer. Sie haben ausdrücklich das Recht, eine Heirat abzulehnen oder die Scheidung einzureichen oder von ihrem Partner vor dem Akt liebkost zu werden, statt dass er über sie wie ein Stück argentinisches Steak herfallen kann (zugegeben, das mit dem Steak steht da nicht explizit, aber sinngemäß) – um nur ein paar Beispiele zu nennen. Es ist nicht alles schlecht, was in diesem Buch steht.

Wir Muslim Girls lassen uns nicht in unserer Bewegungsfreiheit einschränken und sehen darin auch keinen Widerspruch zu unserem Glauben. Alleine wohnen, ausgehen oder sich verlieben steht uns genauso zu wie allen anderen – und lässt sich für viele von uns mit dem Glauben vereinbaren.

Männer, die strengen Hüter der Moral?
So einfach ist das nicht!

Es mag von außen wie eine Kleinigkeit aussehen, gehört aber zum wesentlichen Kern unseres Glaubens – bei allem, was wir tun, steht immer die »Nia«, die Absicht, im Vordergrund unseres Handelns. Da kann jemand noch so fromm daherkommen; wenn seine Absichten keine guten sind, dann hilft alles Beten und Fasten nichts. Sind die Absichten aber guter Natur, gibt es keinen Grund, sich schlecht zu fühlen. Wichtig ist nicht, *was* man tut, sondern *warum* man es tut. Und das gilt für Jungen genauso wie für Mädchen.

Oberflächlich betrachtet gelten meist die Männer in muslimischen Familien als die strengen Hüter der Moral. Doch allen Vorurteilen zum Trotz sind es eher die Frauen, die uns das Leben schwer machen: Es sind Mütter, Tanten oder Großmütter, die junge Mädchen einer alten, vorislamischen Tradition opfern – selbst wenn diese beispielsweise vorsieht, Mädchen einer Genitalverstümmelung zu unterziehen. Nicht Männer drängen auf solche Operationen, sondern Frauen!

Sie fordern den Beweis der Jungfräulichkeit auf Gedeih und Verderb ein – wenn nicht vor der Hochzeit durch ein ärztliches Attest, dann durch das berühmt-berüchtigte blutbefleckte Bettlaken in der Hochzeitsnacht. Dabei gieren sie und ihre weiblichen Verwandten nach dem Laken mit lauten Ju-Ju-Rufen, um es der versammelten Sippe zu präsentieren, als hätte das Brautpaar soeben ein Gegenmittel gegen Parkinson entwickelt.

Was hier praktiziert wird, ist keine islamische Pflicht oder Empfehlung, sondern eine archaische Tradition, von der manche nicht lassen können. Diese Tradition hat auch zur Folge, dass diese Frauen ihre Söhne ohne Grenzen »erziehen«, ihnen keinen Respekt gegenüber Frauen beibringen und sie auf die Idee bringen, eine Braut aus der »Heimat« zu heiraten – natürlich erst, nachdem sich der kleine Pascha mit Mamas Segen ausgelebt hat, versteht sich.

Diese muslimischen Muttersöhnchen suchen sich zum »Hörnerabstoßen« – entgegen allen Vorurteilen – keineswegs gezielt deutsche Mädchen. Mit deutschen Mädchen Erfahrungen sammeln und eine Jungfrau aus dem Heimatland der Eltern heiraten – nein, so einfach ist das nicht!

Im Gegenteil: Deutsche Mädchen gelten nicht ausschließlich als leichte Beute, sondern genießen bei einer Reihe von muslimischen Jungen oftmals einen sehr guten Ruf und Respekt. »98 Prozent der türkischen Weiber sind dumm. Sie können deutschen Frauen nicht das Wasser reichen. Unsere Weiber haben kein Niveau und Qualitätsbewusstsein. Man braucht nur gut auszusehen, dann poppt man fast 90 Prozent von denen. Die deutsche Frau ist selektiver«, erklärt ein sich offenbar fachkundig fühlender 32-jähriger Deutsch-Türke aus Düsseldorf in einem Internetforum für Deutsch-Türken.

In einem anderen Forum äußert sich ein Deutsch-Marokkaner ähnlich: »Marokkanerinnen sind bei mir eh unten durch, so watt Dummes. Nehmt euch mal ein Beispiel an den deutschen Mädels. Da müsst ihr aber noch 100 Jahre in die Schule gehen, um die Intelligenz deutscher Mädchen zu erreichen. Ihr seid echt traurig mit euren Ansprüchen, einfach krankhaft seid Ihr!«

»Die deutschen Weiber klauen unsere süßen Mokkas weg!«

Wenn ein deutsch-deutsches Mädchen das Interesse eines Muslim Boys weckt, sind zahlreiche arabische, iranische oder türkische Muslim Girls gern mal ein klein wenig eifersüchtig. So klagt eine Userin im Internet: »Die deutschen Weiber klauen uns immer unsere süßen Mokkas weg!«

Und es findet sich gewiss auch manches deutsch-deutsche Mädchen, das sich beschwert, wenn ein Muslim Girl sich den süßen Rotschopf aus der Parallelklasse geangelt hat.

Am meisten misstrauen wir Muslim Girls uns insgeheim gegenseitig, auch wenn über diese Art von Vorurteilen selten geredet wird. Doch in den Gesprächen für dieses Buch wurde mir oftmals die erste Lektion in Liebesdingen genannt: Vertraue nie einer Landsfrau! Vor Kurzem gestand mir eine meiner deutsch-marokkanischen Freundinnen per SMS, dass sie froh über unsere gute Freundschaft sei, obwohl sie von Deutsch-Marokkanerinnen eigentlich nichts halte. Puh, Glück gehabt, und mal wieder ein Vorurteil aus der Welt geschafft.

Die Gründe für dieses Misstrauen liegen schlichtweg in der Sorge, dass Geheimnisse nicht geheim bleiben, wenn man sie nahestehenden Landsfrauen anvertraut. Erzählt die Freundin nämlich das Geheimnis im Vertrauen ihrer Mutter, dann würde es binnen kürzester Zeit in der ganzen Community die Runde machen. Außerdem besteht stets die Gefahr, dass ein Muslim Girl mit den eigenen Eltern in Streit gerät, etwa weil es irgendetwas Verbotenes gemacht hat. Im Eifer des Gefechts kann es dann schnell passieren, dass das Muslim Girl die von den Eltern als vorbildlich gepriesene Freundin als eben doch nicht so vorbildlich entlarvt und dabei sämtliche Geheimnisse ausplaudert.

So vertrauten wir unsere intimsten Geheimnisse lieber unseren italienisch-, polnisch- oder deutschstämmigen Freundinnen an als unseren türkischen, iranischen oder arabischen. Denn, wie es in einem Internetforum erklärt wird, »einer Deutschen ist es egal, ob du einen Freund hast oder ob du mal etwas »Harames« (also Verbotenes) getan hast. Eine Araberin versteht dich vielleicht in dem Moment auch, aber sie will sich vor anderen beweisen, indem sie andere schlecht macht, um sich besser darzustellen. Arabischen Freundinnen kann ich nur vertrauen, wenn sie meine Familie nicht persönlich kennen. Bei den anderen hätte ich viel zu viel Angst, dass mein Vertrauen missbraucht wird.«

Es braucht etwas Zeit, um zu realisieren, dass es auch in den eigenen Reihen schweigsame und vertrauenswürdige Muslim Girls gibt. Eine »Beziehungsarbeit«, die auch Petra und Pia kennen dürften. Voreingenommenheit, Eifersucht und Missgunst sind eben nicht die schönsten, aber sehr verbreitete Eigenschaften der Menschheit. Und leider manchmal besonders unter Frauen.

Ein bisschen Bi schadet nie! Oder doch?

Muslim Girls sind ohne Zweifel Meisterinnen darin, den Balanceakt zwischen Traditionen und den eigenen Wünschen zu meistern. Sei es im familiären, schulischen oder beruflichen Bereich. Der aber wohl schwerste und härteste Balanceakt ist der des Herzens. Der Satz »Wo die Liebe hinfällt« geht vielen Menschen leicht und ohne große Bedenken über die Lippen. Oftmals lacht man amüsiert darüber, wenn man sich und seinen Partner oder die Paare in seinem Freundeskreis betrachtet. Findet es amüsant, wer mit wem oder mit wem man selbst zusammengekommen ist. Doch für so manches Muslim Girl schmerzt Amors Pfeil auf ganz besondere Weise. Nämlich dann, wenn das Herzblatt kein Muslim ist und, vor allem, nicht demselben Kulturkreis angehört. Eigentlich genügt die Konversion zum Islam, doch für manch Liebenden ist das nicht einmal genug, weil die familiäre Ablehnung seitens ihrer Familie wegen seiner nicht-muslimischen und ethnischen Herkunft schwerer wiegt als die neue Religionszugehörigkeit. Der männliche Muslim hingegen heiratet und liebt, wen er möchte. Selbst dann, wenn seine Eltern eine junge Frau bevorzugen, die aus demselben Herkunftsland stammt. Er kann sich meist allein aufgrund seines Geschlechts besser durchsetzen. Die Freiheiten ihm gegenüber sind in den meisten Familien nach wie vor größer als für sie. Mädchen und Frauen müssen sich wie in allen Lebensbereichen immer noch beweisen und Durchhaltewillen beweisen.

Zu diesem Thema rührte mich vor mehr als zwei Jahren eine Begegnung auf ganz besondere Weise. Es geschah auf einer meiner

bundesweiten Lesungen in der nordrhein-westfälischen Landes-
hauptstadt Düsseldorf. Eine Stadt, in der jeder Dritte einen sogenannten Migrationshintergrund hat. Wo Menschen aus allen fernen und nahen Ländern zu Hause sind und multikulturelle
Begegnungen zur Tagesordnung gehören. Doch in Liebesdingen ist
so manche Begegnung unerwünscht. Nach meiner heiteren Lesung
kam ein junger Mann auf mich zu. Die ganze Zeit über hatte er
ruhig und aufmerksam zugehört. Er war chinesischer Student,
hatte Liebeskummer und wollte mich nun um Rat bitten.

Er erzählte mir von seiner heimlichen Beziehung zu seiner mus-
limisch-ägyptischen Kommilitonin, die wie er zum Studieren aus
dem Ausland nach Düsseldorf gekommen war. Ich begriff sofort,
auf was er hinauswollte. Sie war Muslima, er nicht. Mit gebroche-
ner Stimme und Tränen in den Augen erzählte er, wie sie bei einem
Elternbesuch von ihm berichtet hätte und den Wunsch äußerte,
ihn heiraten zu wollen. Doch ihre Eltern lehnten ihn kategorisch
ab. Was zur Folge hatte, dass sie ihm über *Skype* mitteilte, dass sie
die Beziehung beenden wolle. Dass sie die Trennung in Wirklichkeit gar nicht wollte und eher dem gesellschaftlichen Druck nach-
gab, war offensichtlich. So sehr ich ihm auch helfen wollte und mir
für die beiden eine glückliche Zukunft wünschte, so wenig war ich
in der Lage, ihnen einen Weg aufzuzeigen. Mal davon abgesehen,
dass ich sie und ihre Charaktere nicht kannte. Von ihren Familien
und ihrer Beziehung ganz zu schweigen.

Die offensichtlichste Lösung schien in der Konversion zu liegen.
Ob nun aus Überzeugung oder ihr zuliebe, wie es zahlreiche Männer für Muslim Girls schon vor ihm taten und noch immer tun. Es
hätte für diesen Schlag von Eltern allerdings keinen Unterschied
gemacht. Nicht nur, dass er kein Muslim war, er war obendrein kein
Ägypter, kein Araber. Er war Asiate, ein Chinese, die in der arabischen Welt zwar für ihren Fleiß bewundert, aber oft genug für
Gottlose gehalten werden. Rassismus ist und bleibt ein weltweites
und erfolgreiches Konzept. Angewandt von allen – egal ob selbst

von Rassismus betroffen oder nicht. So konnte ich ihm an diesem Abend nur tröstend ein Taschentuch reichen und meine Hand auf seine Schulter legen. Für diese Eltern zählte das persönliche Glück der Kinder, ganz besonders der Töchter, nicht, wenn es zur Folge hatte, dass man sich dem Spott und dem Gerede der Nachbarn oder der Familie aussetzen musste.

Die Religion dient hier allzu oft nur als Schachfigur, um sich in die strategisch passende Position zu bringen. Nicht wenige heute verheiratete oder geschiedene Muslim Girls aus der Türkei, Arabien oder Pakistan hatten Schwierigkeiten, einen kurdisch-, bosnisch- oder iranischstämmigen Muslim zu ehelichen. Je nachdem passte entweder die ethnische Herkunft oder die Religionsgruppe – Sunnit vs. Schiit – nicht. Das konnte sogar so weit gehen, dass Eltern den Partner ablehnten, wenn er nicht aus demselben Dorf oder derselben Region stammte.

Bei Marokkanern kam es schon zu Konflikten, wenn eine Partei arabischstämmig und die andere Amazigh war. Beide waren sie marokkanischer Herkunft, doch als Amazigh, besser bekannt unter dem europäisch geprägten Begriff Berber, gehörte man den Ureinwohnern Marokkos an, die im Zuge der Islamisierung Nordafrikas von den Arabern erobert wurden und bis heute ihre eigenen Tamazight-Dialekte sprechen. So mancher jungen Liebe wurden daher schnell ihre Grenzen aufgezeigt. Gott bewahre, dass ein Muslim Girl auf die Idee kommt, mit einem Chinesen oder Deutschen nach Hause zu kommen. Selbst wenn er konvertierte, schwebte ein Hauch von Skepsis bezüglich seiner Konversion in der Luft. Es herrschten obendrein die wildesten Phantasien über deutsche Männer. Die Peters und Jans dieser Republik würden sich angeblich immerzu mit ihren Frauen in Swingerclubs herumtreiben und die wildesten Sexphantasien ausleben, wie tausend Mal im »neuen Bildungsfernsehen« *RTL 2 exlusiv* gesehen. Fehlendes Wissen auf beiden Seiten geht also gewaltig in die Hose. Damit lassen sich Vorurteile prima pflegen. Besonders, wenn Brüder und

Cousins das alles mit eigenen Augen gesehen haben, weil sie sich regelmäßig in zwielichtigen Etablissements aufhalten. Selbstverständlich alles nur der Recherche wegen und nicht aus Eigennutz und Spaß. Das versteht sich ja von selbst. Das Nachsehen haben also wir Muslim Girls, die in Haushalten aufwachsen, wo Engstirnigkeit fest zum Charakterzug gehört und frau wie ein Sonderling leben muss. Und trotz alledem gibt es Muslim Girls, die auf ihrem Recht, jeden lieben zu dürfen, bestehen und bereit sind, darum zu kämpfen. Dabei stehen die Chancen, den Kampf zu gewinnen – mit allen Vor- und Nachteilen –, nicht immer schlecht. Weil sie entweder auf Zeit spielen und in ihrer Familie Verbündete suchen oder mit ihrer Familie brechen.

Letzterer Weg ist wohl der härteste, gleichzeitig aber auch einer der größten Liebesbeweise gegenüber dem Partner. Dass dies in einer später kriselnden Beziehung gegen den Partner verwendet werden kann, birgt zudem eine große Gefahr und hat damit so mancher Beziehung den Todesstoß verpasst. Wenn die Hürde dann aber einmal geschafft ist, entpuppt sich der neue Schwiegersohn für die Eltern erstaunlicherweise oft als der beste, den man sich vorstellen kann. Warum dann vorher so unnötig viele Tränen auf Seiten der Muslim Girls vergossen werden mussten, werden die sturen Eltern nur selten beantworten können beziehungsweise wollen. Man wolle schließlich immerzu nur das Beste.

Kompliziert wird es auch, wenn ein Muslim Girl sich zu seinen Geschlechtsgenossinnen hingezogen fühlt. Der Weg zu der Erkenntnis, lesbisch oder bisexuell zu sein, ist schwer, besonders, wenn im familiären Umfeld für derlei Orientierung keine Akzeptanz herrscht. Wer es sich dann endlich eingestanden hat, hat meist einen steinigen Weg vor sich. Die Frage, ob man sich nun vor der Familie outet oder es doch lieber für sich behält, steht im Raum.

Viele Mädchen und Frauen wollen ihren Eltern keinen Kummer bereiten oder haben Angst, von der Familie ausgegrenzt zu werden.

Nicht wenige ziehen es daher vor, ihre Sexualität im Verborgenen auszuleben und zum Schein auch eine Ehe einzugehen. Entweder der Familie zuliebe oder weil frau selbst den Wunsch hegt, eine Familie zu gründen.

Dabei ist es nicht unüblich, sich einen ebenfalls homosexuellen Partner auszusuchen, um gemeinsam den oft schmerzlichen Weg der Verheimlichung zu gehen. Nachwuchs ermöglichen sich diese Muslim Girls und Boys über den Weg der künstlichen Befruchtung – neun Monate später erfreuen sich beide an ihrem Nachwuchs, dem sie genauso viel Liebe schenken wie heterosexuelle Paare. Wer sich nun fragt, ob die Familien dieser Muslim Girls und Boys nichts ahnen, stellt eine berechtigte Vermutung auf. Häufig ahnen oder wissen Eltern oder Familienangehörige von der sexuellen Orientierung ihrer Kinder. Aber wie mir eine muslimische Lesbe augenvedrehend sagte: »Du kennst doch unsere Orientalen. Wir sind Meister der Verdrängung.« Hierin gleichen sich wohl Eltern auf der ganzen Welt, egal, ob sie Atheisten sind oder Christen, Juden oder Hindus: Wer sein Kind nicht so akzeptieren kann, wie es ist, und der Meinung und dem Getratsche seiner Umwelt mehr Wert beimisst als seinem eigenen Kind, wird auf Gedeih und Verderb leugnen. Und so werden Millionen Mädchen und Jungen, Frauen und Männer zu einem Doppelleben gezwungen.

Meinem ratlosen jungen Mann aus Düsseldorf wünsche ich, dass sich am Ende für ihn und sein Muslim Girl alles doch noch zum Guten wendet. Herzkummer ist und bleibt wohl eines der schmerzhaftesten Gefühle, das Menschen durchleben. Wenn es um Herzensangelegenheiten geht, sollte sich niemand einmischen oder versuchen, die Liebenden auseinanderzureißen. Was uns Muslim Girls angeht, schaffen wir für unsere Folgegeneration hoffentlich endlich mehr Akzeptanz.

14. SCHADE, JUBILÄUM OHNE PARTY

Vier Muslim-Generationen – mitten in Deutschland

Mehr als 50 Jahre sind nun vergangen, seitdem die ersten ausländischen Arbeitskräfte nach Deutschland kamen. Am 20. Dezember 1955 unterzeichneten die Bundesrepublik Deutschland und die Republik Italien das erste Abkommen »Zur Anwerbung und Vermittlung von Arbeitskräften«. Groß gefeiert wurde dieses Jubiläum bislang nicht. Wozu auch? Die »Gastarbeiter« haben ja nur das kriegszerstörte Deutschland mitaufgebaut, das Wirtschaftswunder mitermöglicht, die hiesige Küche durch neue Gemüsesorten, Gewürze und Gerichte bereichert, Lebensfreude und Geselligkeit mitgebracht sowie Mode und Lifestyle beeinflusst. Also fürwahr kein Grund, die Sektkorken knallen zu lassen oder mit Ayran anzustoßen ...!

Inzwischen ist die erste Einwanderergeneration in die Jahre gekommen. Alte muslimische Frauen und Männer spazieren im Schneckentempo durch ihr deutsches Viertel und lassen ihr bewegtes Leben Revue passieren. Sie freuen sich über ihre Enkelkinder, denen sie – entgegen aller Absprachen mit so manch gesundheitsbewussten Eltern – immer wieder haufenweise Süßigkeiten schenken.

Kurz darauf sitzen die Kleinen dann schmatzend mit *Karius und Baktus* im Mund und Plombenziehern zwischen den Zähnen neben ihrem *Dede*, dem türkischen Opa, oder ihrer *Nine*, der türkischen Oma, auf dem Sofa und erzählen ihnen begeistert, was sie im Kindergarten gebastelt haben. Die Sprache ein munterer Mischmasch aus Türkisch und Deutsch, je nachdem, was gerade schneller in den Sinn kommt oder die Geschichte treffender zum Ausdruck bringt.

Ohne Scheu kommentiert die jüngste Enkelin Omas »a bisserl komische Klamotten« – die Kombination aus brauner Strickjacke und buntem Blümchenkleid ist wirklich nicht ganz en vogue –, während der ältere Bruder seinem Vater das neue Modellflugzeug vorführt, das er soeben mit viel Geduld fertiggestellt hat. Mit rauen, von harter Arbeit gezeichneten Händen klopft auch der Großvater dem Bub auf die Schultern. Da betritt die älteste Enkelin das Zimmer, sie hatte nebenan ihrem Baby schnell die Windeln gewechselt. Vier Generationen in einem Raum. Mitten in Deutschland. Trautes Heim, Glück allein.

Ja, die Zeit ist wie im Fluge vergangen. Als ungeduldige Kinder konnten wir es manchmal nicht abwarten, endlich unsere eigenen Wege zu gehen. Jetzt sind wir erwachsen, haben selbst Kinder. Unsere Eltern sind im Ruhestand. Für den einen oder anderen haben sich die Arbeitsmühen ausgezahlt; die Rente reicht für ein beschauliches Leben. Andere haben Mühe, sich mit dem Ersparten über Wasser zu halten. Und manche haben sich entschieden, nun doch endlich in ihre Länder zurückzukehren. Dorthin, von wo sie einst ihre Reise angetreten hatten. Andere mussten diese Welt verlassen – sei es wegen Krankheit oder wegen des hohen Alters – und konnten ihre Enkelkinder nicht mehr in den Händen halten. Jede Familie hütet ihre eigene Deutschlandgeschichte.

Wer aus politischen Gründen sein Land – vielleicht schon seit Jahrzehnten – nicht mehr betreten kann, hat sich hoffentlich mit seinem Dasein in Deutschland angefreundet. Arrangiert mit dem Wetter, mit den Launen, mit dem Umgang oder mit dem Obst und Gemüse, das wässriger schmeckt als das Obst und Gemüse seiner Kindheit. Aber vielleicht schmecken die iranischen Kirschen, die pakistanischen Trauben oder die irakischen Melonen in der Erinnerung auch nur deshalb so süß, weil die Sehnsucht nach Heimat so groß ist.

Privatsekretärinnen auf Lebenszeit

So lange unsere geliebten Eltern noch am Leben sind, haben wir Muslim Girls alle – neben Ausbildung, Studium, Beruf und eigener Familie – ganz sicher eine Aufgabe, die wir bereits von klein auf kennen: Für unsere Eltern sind wir nämlich Privatsekretärinnen auf Lebenszeit. Vor allem die ältesten Geschwister sind Anlaufstelle für jegliche Anfrage. Wenn unsere Eltern eine Bitte an uns richten, können wir nur selten Nein sagen.

So füllen die Elternbelange regelmäßig unsere To-do-Listen. Meist schon als Kinder und Jugendliche, spätestens aber als Erwachsene erklären wir unseren Eltern das Mitgliederschreiben der Krankenkasse, prüfen die Beitragserhöhung der Autoversicherung, füllen Wohngeldanträge aus und laufen Kündigungen diverser Handyverträge hinterher. Jetzt, wo die Herrschaften in die Jahre gekommen und in ihrer Beweglichkeit beeinträchtigt sind, suchen wir für unsere Eltern eine passende Erdgeschosswohnung – mit Satellitenempfang versteht sich.

Wenn wir mehrere Kilometer von ihnen entfernt, womöglich sogar im Ausland unser eigenes Leben führen, lassen wir uns in großen Umschlägen die amtlichen Schreiben und Formulare schicken, um sie zu bearbeiten. Wir erstellen die Steuererklärung und übermitteln die Formulare via *Elster*, dem elektronischen Formular des Finanzamtes. Wenn nötig organisieren wir unsere beruflichen Reisetermine so, dass wir zwischendurch unsere Mütter in ihrer vertrauten Umgebung zur ärztlichen Untersuchung begleiten können.

Das World Wide Web mit seinen Kommunikationsmöglichkeiten und die Handyflatrates lassen uns keine Ausrede: Wir müssen unseren Eltern einfach unter die Arme greifen, auch wenn wir nicht immer glücklich darüber sind. Wir helfen aus, wann immer es nötig ist. Schließlich haben sich unsere Eltern entsprechend ihren Möglichkeiten auch um uns gekümmert, und heute sind eben wir an der Reihe. Wer sonst, wenn nicht wir?!

Nicht wenige Migranten leiden aber infolge ihres strapaziösen Lebens unter psychischen Krankheiten, die in Arbeitsunfähigkeit, Niedergeschlagenheit und Depression münden können. Ein Neuanfang in einem fremden Land gelingt nicht jedem problemlos. Umso tragischer ist es, dass hierzulande flächendeckend spezifische Anlaufstellen wie Psychotherapeuten fehlen, die mit den kulturellen Gepflogenheiten und Werten der Migranten vertraut sind.

Deutsch-deutsche Ärzte können die Beschwerden unserer Eltern und Großeltern manchmal nicht richtig diagnostizieren, weil das Erscheinungsbild trügerisch ist: Scheinbar leidet jemand schlichtweg unter Bauch- oder Brustschmerzen, doch derlei körperliche Symptome können psychische Ursachen wie Antriebslosigkeit oder innere Leere haben.

Im Gespräch kann ein aufmerksamer Arzt aufgrund kleiner Hinweise des Patienten solche Symptome richtig deuten. Doch oftmals verhindern Sprachdefizite jedes vertraute Gespräch zwischen Arzt und Patient. Wie erklärt man in einer fremden Sprache die feinen Unterschiede zwischen stechendem und pochendem Schmerz oder zwischen Kribbeln und Pulsieren?

Hinzu kommt, dass es unseren Eltern oftmals unangenehm ist, über ihre Beschwerden zu sprechen, weil es in ihrem traditionellen Kulturkreis eher unüblich ist, intime Dinge oder seelische Probleme außerhalb der Familie mit fremden Personen zu besprechen.

Im Leben fern der Heimat hat nicht nur die Seele Schaden genommen; die jahrelangen stressigen Tätigkeiten am Fließband, in Hochöfen oder unter Tage haben auch körperliche Spuren hinterlassen. Viele ehemalige Gastarbeiter leiden unter chronischen Erkrankungen wie Rheuma, Arthritis, Sodbrennen oder Gicht.

Besonders verbreitet ist der Diabetes. Fast jedes Muslim Girl hat jemanden in der eigenen Familie, der davon betroffen ist. Rund 600 000 Zugewanderte sind in Deutschland diabeteskrank – oftmals in Folge einer lebenslangen Fehlernährung, weil unsere Eltern nicht verstehen konnten, dass die gehaltvolle türkische Küche mit geschmolzener Butter, der übersüße marokkanische Tee, das viele Fleisch und das Essen zu später Stunde schlichtweg der Gesundheit schaden.

Gesundheitliche Aufklärung und gezielte Vorsorge, die sich an die erste Einwanderergeneration und dort vor allem an die familiären »Gesundheitsbeauftragten«, die Mütter und Ehefrauen, richtet, fand nie und findet auch heute noch nicht statt. Allmählich wird derlei auf den Heimatsendern thematisiert, weil durch den aufkommenden Wohlstand von Marokko bis Iran wie im Wirtschaftswunderland Deutschland die Übersättigung Einzug gehalten hat.

Ein paar ins Türkische übersetzte Plakate oder Broschüren beim Hausarzt oder Gynäkologen sind reine Alibiversuche. Viele Patientinnen können sie nämlich nicht lesen, weil sie Analphabetinnen sind. Und viele andere verstehen die türkischen Broschüren nicht, weil eben nicht alle Zuwanderer Türkisch sprechen, auch wenn sich das nach 50 Jahren Zuwanderergeschichte in Deutschland noch immer nicht herumgesprochen hat. Stellen Sie sich vor, jemand eröffnet Ihnen auf Englisch oder Spanisch, was es mit Ihren Beschwerden auf sich hat ...!

Serienmörder Krebs

Wenn es um muslimische Frauen geht, wird statt über weit verbreitete tödliche Krankheiten lieber über krankhafte Tötungsdelikte geredet. Auf der Hitliste der Gesprächsthemen steht ganz oben der sogenannte Ehrenmord. 36 Frauen und zwölf Männer kamen laut Bundeskriminalamt zwischen 1996 und 2006 bei sogenannten Ehrenmorden ums Leben. Jeder einzelne Fall ist einer zu viel, aber die BKA-Zahlen sind trotzdem viel zu hoch angesetzt und beruhen meist allein auf Vorurteilen. Ein Mann ausländischer Herkunft, der ein nahes Familienmitglied tötet, begeht einen »Ehrenmord«. Tötet ein deutsch-deutscher Mann seine Frau oder Tochter, handelt es sich um ein Familiendrama. Das stellte die Volkskundlerin Anna Caroline Cöster in einer wissenschaftlichen Untersuchung fest. Sie fand heraus, dass es sich nur in zehn von 25 untersuchten Fällen tatsächlich »um einen geplanten Mord im Namen der Ehre« gehandelt hatte.

Doch selbst wenn jedes Jahr wirklich 2,8 Frauen von wahnsinnigen Muslimen ermordet werden, ist Krebs in allen Variationen ein sehr viel effektiverer Mörder: Blut-, Magen-, Brust-, Eierstock- oder Bauchspeicheldrüsenkrebs, um nur einige Arten zu nennen, von denen Frauen jeder Religion betroffen sind.

An Brustkrebs erkranken in Deutschland jährlich rund 57 000 Frauen; die Krankheit macht auch bei muslimischen Frauen keine Ausnahme. 8 000 Frauen jährlich erkranken an Eierstockkrebs, eine Erkrankung, die sogar vielen deutschen Frauen kaum bekannt ist. Türkische Männer haben ein höheres Risiko, an Lungenkrebs zu erkranken, was wohl daran liegt, dass sie häufiger rauchen. Doch unabhängig davon, warum wer von welchen Krankheiten mehr betroffen ist als andere – die Frage, wie man mit den kranken Menschen umgeht, ist noch nicht annähernd beantwortet.

So much to do and so little done

Wir Muslim Girls sind deswegen nicht mehr nur Privatsekretärinnen und Dolmetscherinnen wie in unserer Kindheit, sondern längst auch medizinische Assistentinnen und Hilfskrankenschwestern. Wir begleiten unsere Mütter in die Kurorte, weil das Personal in den therapeutischen Einrichtungen immer noch nicht auf *alle* Patienten in diesem Land eingestellt ist. Sie verstehen nicht, warum sich unsere Mütter alle paar Stunden waschen wollen – nämlich, um ihr Gebet zu verrichten. Andersherum verstehen unsere Mütter nicht immer, dass sie als chronisch Kranke nicht zu fasten brauchen, da es zum einen gesundheitlich für sie nicht gut ist und zum anderen auch der Islam Kranke vom Fasten befreit. Manche Ärzte reden sich deswegen jedes Jahr verzweifelt und besorgt den Mund fusselig.

Wir übersetzen, achten auf die Ernährung, studieren die Beipackzettel der Medikamente, weisen auf Risiken und Unverträglichkeiten hin und leisten manchmal auch einfach nur Gesellschaft.

Langwierige medizinische Behandlungen zehren an den Nerven aller Familienmitglieder. Nicht selten begleiten wir Muslim Girls unsere Mütter oder Väter zu Bestrahlungen, Dialysen oder Rehabilitationsbehandlungen, spüren alternative Ärzte auf und füllen Anträge bei Krankenversicherungen aus.

Wir Muslim Girls tragen diese Bürde, viele sogar schon sehr früh. Leider findet das keinerlei Beachtung und es gibt kaum Bemühungen, gemeinsam mit uns Lösungen zu erarbeiten. Als 2006 in Berlin das deutsch-türkische Pflegeheim *Türk Bakim Evi* eröffnet wurde, feierten die Medien das als großen Fortschritt. Nun, bis heute ist es das erste und einzige Pflegeheim seiner Art. Ist es damit wirklich schon getan?

Gibt es nicht noch viel mehr zu tun? Zahlen wir nicht genauso Steuern, Krankenkassenbeiträge, GEZ-Gebühren? Haben wir nicht auch ein Mitspracherecht? Dürfen wir keine Ansprüche stellen? Natürlich dürfen wir!

Oder feiern wir doch endlich zusammen?

Es gibt noch viel zu tun. Ganz oben auf der gesellschaftlichen To-do-Liste stehen Chancengleichheit im Bildungswesen und Chancengleichheit auf dem Arbeitsmarkt. Gleich darunter die Ausweitung der Kinderbetreuung und Erarbeitung von pädagogischen Konzepten zur Förderung und nicht nur zur Aufbewahrung aller

Kinder. Mütter aller Konfessionen oder Nicht-Konfessionen wollen eine gezielte Förderung ihrer Kinder.

Es folgt die Diversität in den Medien, die doch eigentlich davon lebt, die Welt in bunten und schillernden Farben zu zeigen. Deshalb schalten wir den Fernseher ein, deshalb gehen wir ins Kino! We love to entertain you, heißt es bei *ProSieben*. Na, dann los! Macht, redet nicht!

Weiter geht's im Gesundheitswesen. Hier fehlen nicht nur Arbeitskräfte, sondern auch neue Betreuungsmodelle für alte und kranke Gastarbeiter. Sie haben so viel für dieses Land geleistet; man könnte sich auf diesem Weg endlich bei ihnen bedanken. Wir Töchter und Söhne sind sehr belastbar. Das haben wir mehr als nur einmal in unterschiedlichsten Lebensbereichen unter Beweis gestellt. Aber irgendwann sind auch unsere Akkus leer, und dann beginnt der Kreislauf der psychischen wie physischen Krankheiten wieder von vorne – und zwar bei uns. Das wollen wir doch alle nicht.

Wir brauchen Selbsthilfegruppen für die gealterte Einwanderergeneration. Hier sind vor allem wir Muslim Girls und Boys selbst gefordert, solche Organisationen, die heute ein unverzichtbarer Teil dieses Gesundheitssystems sind, aufzubauen. Wir müssen in unseren Reihen für Gesundheitsthemen sensibilisieren und unsere Eltern und Großeltern für dieses ihnen fremde Modell der Selbsthilfe erwärmen: Ay ay ay, sich mit Fremden regelmäßig treffen, um sich über Probleme auszutauschen …? – Wir werden dabei helfen, dass unsere Eltern solche Ängste ablegen!

In dieser Weise könnten wir weiterdenken, welche gesellschaftlichen Aufgaben noch erledigt werden sollten, von wem, in welcher Weise, bis wann. Wenn wir etwas zur Verbesserung dieser Gesellschaft beitragen können, sind wir dabei! Deswegen fordert uns! Aber bitte beteiligt euch auch selbst gleichermaßen daran. Denn es ist UNSERE ALLER Gesellschaft.

Nehmt uns wahr, erkennt unsere Fähigkeiten, Talente und Errungenschaften und hört euch auch unsere Ideen an! Wir beraten gerne und werfen all unser Fachwissen in Medizin, Wirtschaft, Finanzen oder Technik in die Waagschale!

Last uns gemeinsam für ein weltoffenes, politisches Bewusstsein in der heutigen jungen Generation sorgen, damit wir nicht die Fehler von einst wiederholen, die all unsere Eltern, die deutsch-deutschen wie die zugewanderten, vielleicht aus Ignoranz, vielleicht aus falsch verstandenem Stolz und aus Unwissenheit gemacht haben. Lasst uns zusammen die Zukunft in unserer Heimat gestalten – in Wuppertal, Flensburg und Augsburg, in Deutschland, im Iran und in Afghanistan, in Europa, Afrika, ja am besten in der ganzen Welt. Think big!

2011 – 50 Jahre nach dem Abkommen »Zur Anwerbung und Vermittlung von Arbeitskräften« mit der Türkei – feierten wir in Deutschland ein Jubiläum. Vergessen wir dabei nicht auch die anderen Einwanderer. Migranten sind nicht nur Türken. Feiern wir das friedliche Miteinander aller hier lebenden Kulturen. 2013 jährte sich das Anwerbe-Abkommen zwischen der Bundesrepublik Deutschland, Marokko und Korea zum 50. Mal, – 2014 das mit Portugal. Die Feierlichkeiten waren schön, aber wahrgenommen wurde es von der breiten Masse in Deutschland nicht. Keine TV-Dokumentationen, kein Straßenfest, keine Meldung in der *Tagesschau*. Als lebten sie nicht mitten unter uns. Als interessierten uns ihre Geschichten nicht auch. Oder sollte ich besser sagen, sie haben uns zu interessieren. 2015 könnten wir zum goldenen Miteinander die Tunesier und ihre Geschichte feiern, 2018 auch noch zahlreiche Menschen aus dem ehemaligen Jugoslawien.

Die Menschen, die damals in dieses Land eingeladen wurden, sie sind gekommen, sie sind geblieben. Ihre Töchter und Söhne, und oftmals schon ihre Enkel, sind hier geboren und hier aufgewachsen. Wir leben in diesem einen Land, in dieser einen Welt! Nicht dazwischen und auch nicht daneben. Sondern mittendrin.

Gemeinsam mit allen anderen, die hier aufgewachsen sind, befinden wir uns in einem spannenden Prozess, in dem wir unsere deutsche Gesellschaft immer wieder neu erfinden. Lasst uns unsere Ideen, Erfahrungen, Erlebnisse und Sprachen zu neuen Lebensrealitäten verschmelzen. Lasst uns bewusst weiterführen, was unsere Eltern und die deutsch-deutsche Gesellschaft unbewusst begonnen haben. Längst ist aus dem unachtsamen Nebeneinander etwas gemeinsames Neues entstanden: Es könnte ein spannendes und fruchtbares Miteinander sein. Die heutige Generation der Deutschen zwischen 20 und 50 Jahren hat sich längst wechselseitig in Sprache und Lebensform von vielfältigen Kulturen und Traditionen inspirieren lassen. Gemeinsam sind wir Deutsch-Türken, Deutsch-Libanesen, Deutsch-Spanier und Deutsch-Deutsche. Wir Muslim Girls und Boys sind mitten unter euch. Wir sind längst angekommen. Wir sind aktiv da.

Es gäbe in den nächsten Jahren so viele Gelegenheiten, das bunte multikulturelle Leben in Deutschland zu feiern. Und zwar alle zusammen. Heißt es in Deutschland nicht, man soll die Feste feiern, wie sie fallen? – Also, wie schaut es aus? Arbeiten wir zusammen und feiern dann ausgelassen miteinander?

DANK

Sträuße voller herzlicher Dankeschöns gehen an:
Ariane Hug, Waltraud Berz, Patrick Oelze, Mana Alia Mohammed, Danica Bensmail, Ali Aslan, Claudia Cornelsen, Malika Bouziane, Esmaa und Rachida Boudan, Malihe Berseger, Rodja Hojjatnezhad, Sebastian Lange, Tobias Render, Kai Döring, Nimet Seker, Milad Karimi, Mouhanad Khorchide, Nadia Doukali, Leyla, Anissa, Amina, Sabine Mohammed, Fatima El-Haddaoui, Sümeyye Algan, Leyla Purbachsch, Mina Hamdan, Amal Maakoul, Nadia Toumsi, Sahira Awad, Emynah Sargin-Ha, Baerbel Khadija Riedel, Hammudi, Jessica Guerbi, Shahram Parvin, Lali Mahazi, Abdelkarim Zemhoute, Naseem Khan, Jürgen Köhler, Sara Hojjat, Van Bo Le-Mentzel und an alle, die ich möglicherweise an dieser Stelle vergessen habe.